2021

中国当代艺术年度档案

CHINESE CONTEMPORARY ART ANNUAL FILES

主编 胡若冰

上海三联书店

年度关键词：**链 接**

互联网时代，形成了越来越多的认知孤岛、情感孤岛，而蔓延全球各个角落的疫情，无疑加剧了这种隔绝，壁垒愈发分明。整个世界逐渐进入一种奇怪的相处关系之中，人们或主动或被动地把自己置于一处安全的海岛上，而各个岛屿之间看似有海水连接，但激荡的浊浪汹涌着打翻所有船只，冲溃所有桥索。我们失去了走近彼此的路径，然后也慢慢失去了理解彼此的能力，进而我们不再试着理解这个多元而开阔的世界，而是让自己陷入一种狭隘的自足里、一种他人即地狱的自我保全里。

处在这样一个时代境遇里，我们依然渴望艺术、需要艺术。在这一年中，我们看到了不断涌现的优秀艺术作品，艺术家们尝试着用创作来勾连起这个世界，把他们的观察与想象、探究与追问、疑惑与希望，都留在了 2021 年这个时间的刻度里。当然，还有一些只有等到久远的未来才能揭破的关于此时此刻的秘密。

“链接”作为互联网术语，指的是一个网页指向一个目标的连接关系，那么艺术创作则可以帮助艺术家参与到和这个世界的连接关系之中。艺术作为链接，恰似一条通道，一条连接孤岛与孤岛之间的桥索。而进入这条链接通道的人在进入了艺术家作品的同时，也可能获得更多元的面向，如果愿意，他可以不断地进入新的勾连页面，然后进入到一种艺术的无限之中。

图书在版编目（C I P）数据

2021 中国当代艺术年度档案 / 胡若冰主编 . — 上海：
上海三联书店，2022.12
ISBN 978-7-5426-7874-4

Ⅰ . ① 2… Ⅱ . ①胡… Ⅲ . ①艺术家 – 访问记 – 中国
– 2021 Ⅳ . ① K825.7

中国版本图书馆 CIP 数据核字 (2022) 第 179813 号

2021 中国当代艺术年度档案

主　　编　胡若冰

责任编辑　陈马东方月
责任校对　周燕儿
装帧设计　马　非
监　　制　姚　军

出版发行　上海三联书店
（200030）中国上海市漕溪北路 331 号 A 座 6 楼
邮　　箱　sdxsanlian@sian.com
邮购电话　021-22895540
印　　刷　北京地大彩印有限公司

版　　次　2022 年 12 月第 1 版
印　　次　2022 年 12 月第 1 次印刷
开　　本　889mm × 1194mm　1/12
印　　张　34
字　　数　130 千字
书　　号　ISBN 978-7-5426-7874-4/k · 686
定　　价　198.00 元

目 录 | CONTENTS

策展人档案

批评文献

年度艺术家档案

拟像与实相

隐迹与显像

日常与超验

静帧与流光

2021

策展人档案

吴洪亮　WU HONGLIANG

策展人，评论家、北京画院院长。

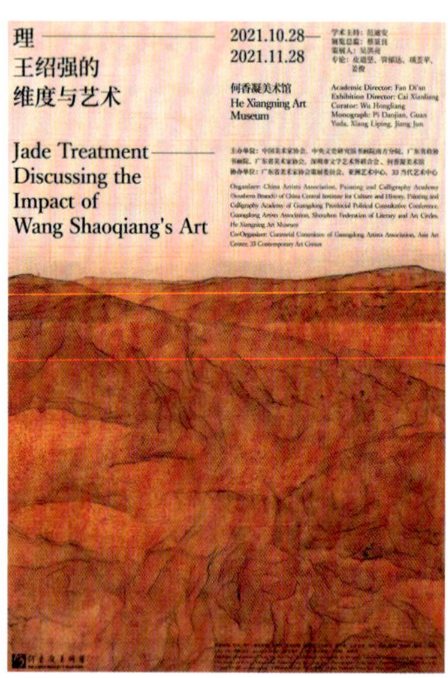

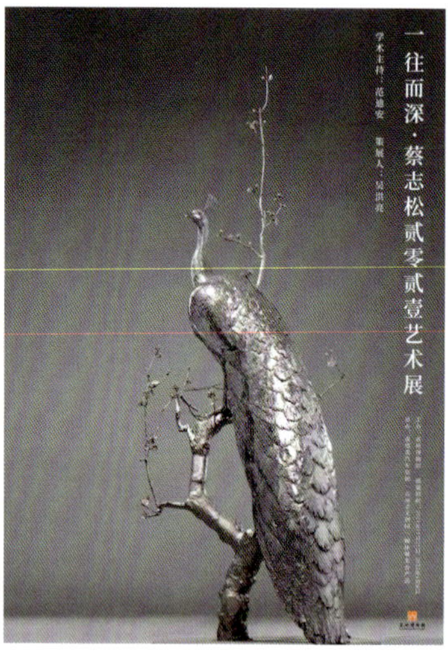

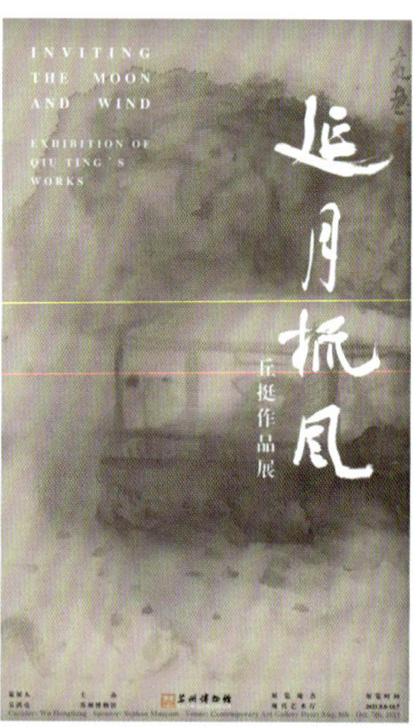

吴洪亮是国内少数几个既关注中国传统艺术文脉又广泛介入中国现当代艺术，具有艺术史视野的策展人之一。其学术理路既具有历史深度又不失当代的精神广度。吴洪亮 2021 年 4 月 11 日策划的“Re- 睿：第 58 届威尼斯国际艺术双年展中国国家馆巡展”在和美术馆开幕；4 月 24 日策划的中国园林“多维度”系列展——“窗，园林的眼睛”亮相中国园林博物馆；8 月 8 日策划的“延月梳风——丘挺作品展”在苏州博物馆开幕；8 月 18 日担任策展人的“缺题——梁铨个展”在广东美术馆展出；9 月 25 日策划的当代艺术展“糸——已知 · 未知的互文”作为苏州博物馆西馆首展与大家见面；10 月 28 日担任策展人的“理——王绍强的维度与艺术”开展；11 月 23 日策划的雕塑家蔡志松的个展“一往而深——蔡志松 2021 艺术展”在苏州博物馆启幕。

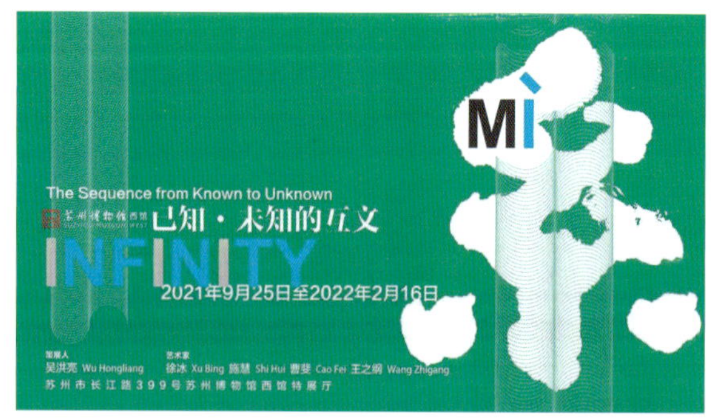

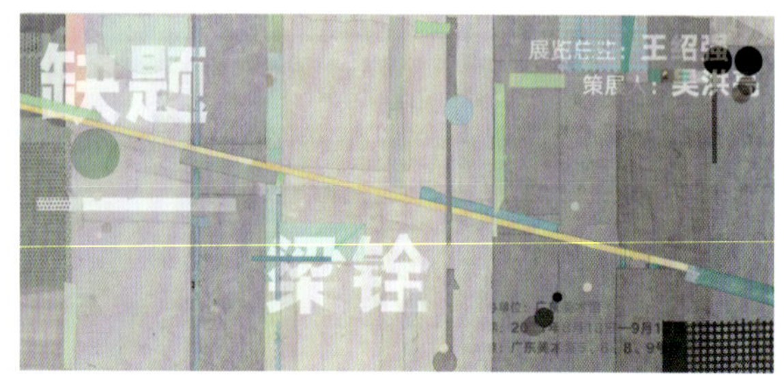

鲁明军 LU MINGJUN

历史学博士。复旦大学哲学学院青年研究员。策展人，剩余空间艺术总监。

鲁明军作为一位学者型策展人，近年来一直活跃在中国当代艺术领域，策展、著述齐头并进，双面开花。2021 年 5 月，策划了艺术家赵刚在龙美术馆的大型个展“Domestic Anxiety”；7 月，策划艺术家倪军偏锋画廊个展“海盗与猎豹”；11 月与 12 月接连策划艺术家徐震的两次个展“3 两可爱，一斤伟大”“一刻间的庄严”。学术著作方面，5 月，出版了《裂变的交响：20 世纪中国艺术的三个当代时刻》。

何桂彦　HE GUIYAN

批评家、策展人，四川美术学院美术馆馆长。

2021 年，何桂彦作为美术馆的管理者和策展人，或独立策划或参与策划了多项重要的展览项目。2021 年 5 月 18 日策划的艺术家庞茂琨当代唐人艺术中心个展“镜花缘”成功开幕；稍后的 5 月 29 日，策划艺术家焦兴涛武汉合美术馆大型个展“理想国”；10 月，担任张杰江苏省美术馆个展“重叠的目光”学术主持；11 月，作为联合策展人，参与策划“超融体——2021 成都双年展”。展览皆获得了良好的学术反响和社会反响。

杜曦云　　DU XIYUN

1978 年生，2000 年于陕西师范大学美术学院油画系，获学士学位。2006 年于四川美术学院美术史系，获硕士学位。曾任上海昊美术馆副馆长、上海喜玛拉雅美术馆副馆长。

杜曦云一直对时代现实保持着敏感与锐利的感知力，多年来从他策划的众多展览中能够清晰捕捉到他的视角与标准。杜曦云身上有着持重与敏锐的双重品质，这在新生代策展人中并不多见。2021 年，杜曦云依旧步履不停，持续策划了多个延续性的系列项目，以及重要艺术家的个展。策划的艺术家赵半狄的综合艺术项目“赵半狄的小窝”持续巡展至武汉、南京、沈阳、厦门等城市。开始于 2019 年的“我与博伊斯”项目在上海昊美术馆陆续展出，2021 年呈现了“我与博伊斯 ·王广义：人脸识别——寻找鞑靼人后裔”“我与博伊斯·尹秀珍：制动”“我与博伊斯 · 张羽：摁压触发”。5 月，联合策划“确实中的冲击”上海首届全球 NFT 加密艺术展；9 月，联合策划 798 艺术节主题展“乾乾：寻找绘画之‘意’”；10 月，策划艺术家颜磊个展“花火”。

戴卓群 DAI ZHUOQUN

策展人，评论家。

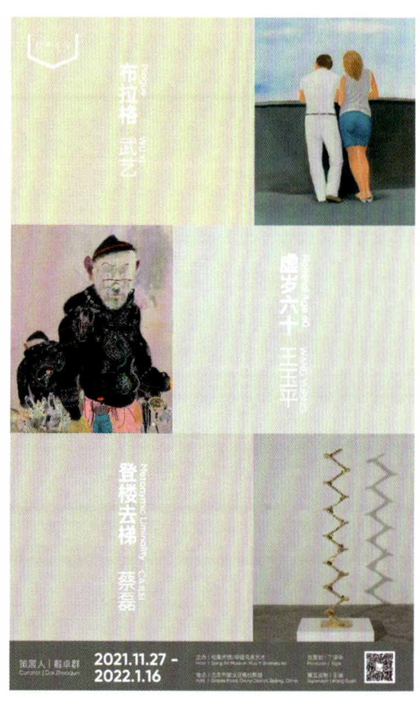

戴卓群是年轻一代的最为活跃的策展人之一，近年来持续发力，交出了十分亮眼的成绩单，而在展览项目的选择上依然保持着他相对独立的标准和趣味。2021年2月，策划艺术家武艺在当代唐人艺术中心的个展“风物写真”；4月，策划三远当代艺术中心段正渠个展“花儿依然开放”；7月，策划当代唐人艺术中心“永恒史：毛旭辉四十年回顾展”；11月，于松美术馆分别策划武艺个展“布拉格”、王玉平个展“虚岁六十”、蔡磊个展“登楼去梯”；12月，策划申亮个展“心跳草”。

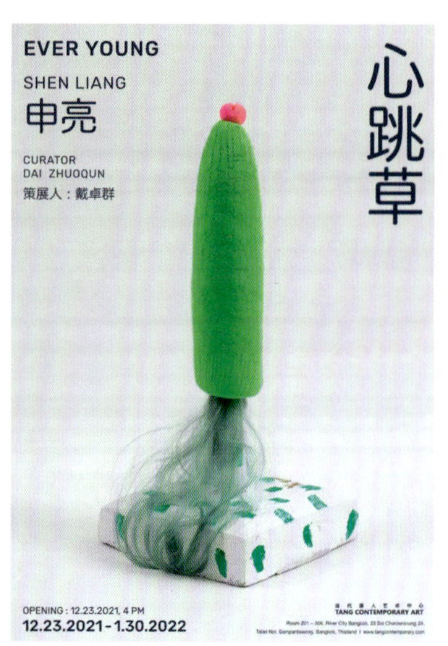

崔灿灿　CUI CANCAN

独立策划人，写作者。

崔灿灿无疑是近年来中国当代艺术界最有热度和话题的策展人。在整个行业下行触底的境况之下，崔灿灿所带来的效应无疑是正向的。2021 年，崔灿灿依然高效、高能、高品质地完成了众多策展项目。1 月，策划昆明当代美术馆举办的艺术家刘建华个展“白纸”和李季个展“树”。3 月，策划艺术家赵赵同名个展“赵赵”。5 月，分别策划了赵赵在大未来林舍画廊的个展“粉色”；谭平在当代唐人艺术中心的个展“绘画是什么”；坪山美术馆跨界项目“九层塔：空间与视觉的魔术”。6 月，分别策划了陈丹青个展 “Shallow”；山中天艺术中心联展项目“做更好的人——新一代的工作方法：新工作、新身份、新方向、新生活”。8 月，策划张永和个展“透视游戏场”。9 月，策划李青大型个展“灯塔与摇篮”。10 月，策划夏小万全新个展“无限”。11 月，策划薛峰个展“修拉研究：显示屏和打印机”。同时，作为坪山美术馆跨界项目“九层塔：空间与视觉的魔术”的策展人，2021 年持续推出多次重要展览。

王端廷，著名艺术评论家，西方美术史研究学者。中国艺术研究院美术研究所外国美术研究室主任，研究员。中国艺术研究院研究生院美术系教授，研究生导师。

批评文献

Critical literature

王端廷：今天的困局为重新评价当代艺术带来了契机

采访－胡少杰

漫艺术 =M：面对疫情持续的大范围的冲击，有些人会认为艺术是无力的、无效的。您怎么看这个问题？

王端廷 =W：其实我提出过这种说法，当然我相信也不止我一个人有这种感觉。2021 年农历岁末爆出了徐州铁链女事件，紧接着又发生了俄乌战争，一直到现在，全世界都处在一种紧张的氛围之中。我们都难以置身事外，这些事件无疑会对我们的情绪、我们的观念产生影响，这一切必然会让我们重新思考我们所做的事情。

那么反观我们的当代艺术、我们的当代艺术批评，我们需要作出新的价值判断，需要更新我们的认识。近来的这些事件对我的冲击非常大，我相信对很多有良知的人都会产生极大的冲击。

而面对这样的现实，我们的艺术对于社会的良性改变、对于人性的改善，几乎是无能为力的。你突然发现，所谓 40 多年的中国当代艺术好像就是一种新的象牙塔。当代艺术它只是在北上广，或者说在都市中存在的一个完全脱离于中国社会的乌托邦世界。

我们的当代艺术已经把社会现实中的这种痛苦、这种残酷、这种丑陋屏蔽得一干二净。当代艺术标榜的自由平等的价值观，标榜的人文关怀，并没有在作品中得到足够的体现。大部分人都从现实中扭过了头，艺术完全变成了所谓的中产阶级或者是富人客厅里的装饰品。这样的作品已经丧失了社会内涵，也丧失了精神内涵。我们那些所谓的观念艺术，其实已经变成了一种老庄的处世观念的当代表达，是一种新的逍遥。其实非常苍白，非常轻飘。

其实这么多年，我们整个艺术界，包括我们这些批评家一直处在幻觉之中，我们恍惚觉得我们的当代艺术取得了很大的成就，其实并不然。我们是学习了西方现当代艺术的方法论，这种方法论从西方移植过来，但是在我们这里却变成了一个空壳。它只是一个形式，只是一个修辞，只是一种语法，它没有足够的充实的人文精神的内涵，更谈不上宗教。

M：王老师，据您的观察，像您刚才提到的艺术对于现实的关照、批判的缺失，这是国内艺术界独有问题吗？横向对比的话，在欧美主流的当代艺术中也存在这个问题吗？艺术成了资产阶级客厅里的艺术，这是否是今天整个当代艺术的普遍问题？

W：我的观察是这样的，西方的艺术跟它的社会还是一种匹配的关系，西方艺术一直有参与社会改造、干预社会现实的这么一种传统。而中国艺术的主流自古就是出世的、逍遥的，是一种文人艺术，虽然儒家传统是入世的，但是中国艺术的主流一直是超脱现实，是避世的。西方艺术始终是求实求真，这种理性主义的传统至少从古希腊到今天一直都存在。而中国的艺术是务虚的，是感性的。那么到了今天，西方艺术仍然是关注社会的，是介入社会现实的。另外还有一个特点，因为他们自身的文明程度已经进入很高的阶段，他们关注的问题可能更具普遍性和终极性。而中国的当代艺术，可能因为多年的规训，在很大程度上失去了关注现实问题和更大格局的普遍问题的能力和意识。他们关心的是怎样在这样一个限制之中获得最大的利益。所以在我看来中国的当代艺术也已经体制化了。它已经形成了一种艺术语言上的所谓的规范，而在艺术表达的主题上，他们也知道边界在哪里。然后就在这样一个范围之中进行着他们的游戏，最大限度地从资本市场获得最大的利益。实际上这跟体制内的艺术家有相似之处，在某种程度上来讲他们和体制内的艺术家都是现实世界的逃避者。他们一起制造的看似繁荣的人畜无害的艺术景观，其实仔细想想，对于整个社会文明的进步可有可无。

M：这种对艺术的评判标准是您长久以来一直秉持的吗？像您刚才提到的接连的现实问题对您的冲击，包括今天正在面临的一个更大范围的困局，它会让您更加确认这套标准，还是会带来新的思考？

W：我觉得今天的困局给中国 40 多年的当代艺术带来了一个重新反思和重新评价的契机。这不是我一个人的感觉，整个学术界都有这种声音。我们的艺术已经离现实太远了，我们的艺术只是一种形式，一种徒有其表的装饰品，没有足够的精神含量，没有足够的人性的厚度。这都需要我们重新反思。我们今年的批评家年会，由我提议把讨论主题定为“回到现实”，具体的题目还没有定下来，但大概是这个主题方向。

其实在改革开放之后，我们的艺术界一直有一种倾向，包括我本人也有这种倾向，就是老想远离政治，远离现实，回归艺术本体，老是有这样一种愿望。但是后来发现，你现实问题没有解决，包括人的基本问题都没有解决，那么就没有资格谈论什么艺术本体了。再说，艺术本体的问题，西方人已经研究透了，也没有留下什么空白的处女地。我们中国人怎么研究？我们很难提出什么新的东西来。无非是一直在追逐西方现当代艺术潮流，都是别人剩下的。

M: 您个人的这种转变是从什么时候开始的呢，转变的原因是什么？

W: 在 80 年代，中国当代艺术初期，我是主张艺术超越政治的，主张回归艺术本体。我之所以倡导抽象艺术，是基于这样一个逻辑：我觉得中国首先要发展经济，要提高生产力水平，要提高人们的物质生活水平，在这个基础上再去解决更高层阶的问题。我觉得在一个贫穷的社会是不可能实现自由民主的，这是我从 80 年代起信守的一个观点。但是这个观点在这两年特别是最近受到了挑战，因为我发现即使我们经济水平达到了一定高度，但是我们的精神世界并没有和物质生活同步改变。我们依然要面临一些基本的问题，需要解决。

评价标准的转变，让我越来越不接受那些空洞的徒有形式的作品，我更重视有社会关切的、有精神内涵的作品。我相信这会是整个当代艺术界重新判断艺术价值的一个新的标准。

M: 那作为批评家，您认为厘清和重置标准需要做一些什么工作呢？

W: 其实我对这个事情的根本改变，并不抱太大的希望。我对我们自己的学术上的推动，并不看好。因为根本问题解决不了，其他的工作都是无效的。虽然分内的工作还是要做的，但是我对结果不抱期待。

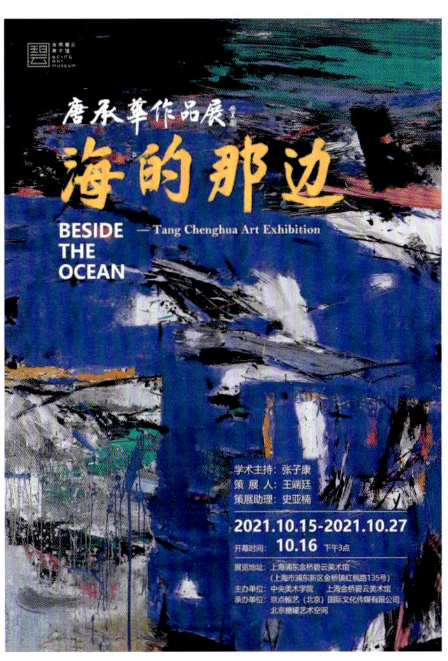

2021

年度艺术家档案

拟像与实相

隋建国 SUI JIANGUO

1956 年生于山东省青岛市。1984 年毕业于山东艺术学院美术系，获得学士学位；1989 年毕业于中央美术学院雕塑系，获得硕士学位。现居住和工作在北京，为中央美术学院资深教授。

图片 / 由艺术家提供 编辑 / 徐小禾

云中花园 · 40 个瞬间 现场装置 12m 高 6m 长 6m 宽 青岛西海美术馆 2021

答《漫艺术》问

采访 - 徐小禾

漫艺术 =M：隋老师您 2021 年的一年中有什么新的收获?

隋建国 =S：这我得从头说起。我 2008 年以来的工作，是通过遮住双眼，以暂时悬置认知型感知及工具理性之运作。由此出发而再睁开眼，摸索出了一套不成文的工作程序。也就是说，经过长时期重复捏握泥巴的动作，在工作中逐步形成了一个“自然而然”的“自己”，这个“自己”与作为社会世俗意义上艺术家的“我”相比，可以说是一个处于不同状态的“分身”。

这个分身是去功利化的，与整个人类甚至动物，以及存在本身同一的。这也许可以被视为一种新的感性方式，就是放弃雕塑家自我的主体意识对于材料对象的控制，是对于自我与他者、主体与客体二分法的消除与颠倒。由此我寻找到一种基于人身体运动形成的先天之“虚空”的表达。这样一个摸索的过程，就形成了我近些年的 3D 打印雕塑之路。

M：能讲一下您的 3D 打印雕塑作品产生的原理吗?

S：我 3D 数字技术放大打印完成的雕塑作品，它的形成是基于先后两个母体 / 模具。首先这个模具是我手的捏握运动，在不同的瞬间产生了一个个具体的泥巴的原型。每块泥巴的原型，其实就是我手的指掌运动所产生的“那个空”的一个替代性事物。只有通过这个“替代物”，我们才能看到并理解这一虚空的所在。作为人体的一个特殊的器官，我们手的指掌，不管是握拢还是打开，在它的运动过程中形成并持续的“虚空”，是我们的视觉无法触及的，我们只能看到作为实体的手本身。

肉身成道 视频截屏 2013

但这个“替代物”如果不经过放大，它就只是艺术家身体的一种个体私密性产物，无法呈现为艺术交流的中介物。所以 3D 数字技术就成为另一个不可缺少的模具。通过对于捏握后泥巴原型的高清扫描，将“那个空”转化为数字文件储存起来。再经过光敏树脂材料放大打印，才最终将“那个空”以我们的视觉可以把握的尺度呈现为公共化的对象，这一打印完成的形体及其表面的全部细节就是它的“出生证”。

手迹 · 星座 1# 光敏树脂 3D 打印 30cm × 22cm × 20cm 2015

2021 年 10 月由广州 33 当代艺术中心主办了我的一个小型个人研究展，作为策展人的评论家尹吉男在为展览所撰写的前言中，将我这种工作方法命名为“写空”。

M：关于“写空”这一说法，在历史上有什么线索可寻?

S：我是在自己的实践当中，发现贾科梅蒂当年可能就意识到了对于“虚空”表达的可能性，有他当时的一件名为《不可见之物（手捧虚空）》作品可以证明。后来，经过美国西海岸的艺术家布鲁斯 · 瑙曼，直到英国的女雕塑家瑞秋 · 怀特理德，才把雕塑中与“现成品”相关的负空间，以实体的形式明确表达出来。

我所发现与表达的“那个空”，是我们每个人自出生就先天携带的，与自己“身体”相关的“虚空”。我们经常说的“两手空空”“空手而回”，指的就是我们每一个人手中的“那个空”。

M：关于“写空”这一系列作品的最新进展是什么?

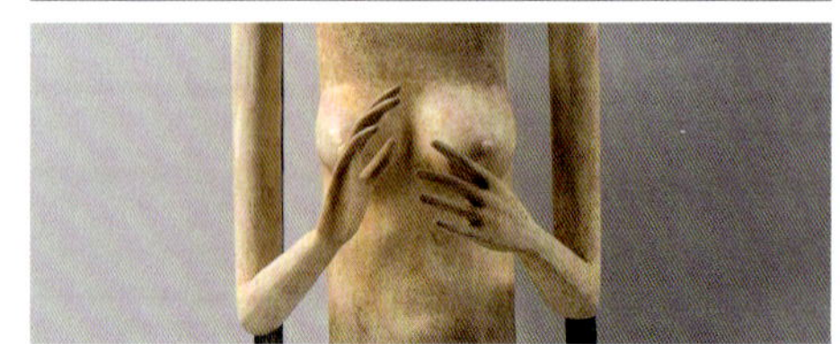

阿尔贝托 · 贾科梅蒂《不可见之物（手捧虚空）》 1934-1935 石膏 青铜 153cm × 32cm × 29cm 贾科梅蒂巴黎基金会收藏

S：我最新也是规模最大的一件作品现在正在青岛的“西海美术馆”展出，名为《云中花园 · 40 个瞬间》。因为组成作品的 40 块“虚空”，每一块都指向我的手捏握运动的某一瞬间。“云中花园”的命名则是来自我对于数据终端云盘中数据储存状态的某种想象。我储存在云盘里的几百个数据文件，它们是以什么样的状态待在里边？我把它们下载在电脑屏幕里，以光敏树脂材料打印出来，就是我们看到的样子。

2019 年初在深圳 OCAT 展出时，是一种最初的状态。2019 年底在北京的民生现代美术馆它们又是一种状态。2020 年在济南又是另外一种样子，突出了作品瞬间成型的特色。到 2021 年在青岛西海美术馆，就变成了我自己觉得是最理想的样子。是因为建筑设计师努维尔独特的空间设计，他的可升降天花板，给了我将云盘里的文件下载到现实空间中，作为一个独一无二的文化生活剧场的可能性。

盲人肖像 铸青铜 单体高 5m 于纽约中央公园弗里德曼广场 2014

云中花园 OCAT 展览现场 深圳 2019.01

云中花园（局部） OCAT 展览现场 深圳 2019.01

2021 年 10 月 10 日，由尹吉男策划的“写空·隋建国作品与文献研究展”，在广州 33 当代艺术中心开幕。作为对隋建国多年艺术思考的一次精准回顾，展览以三个空间，分别展示了隋建国多年艺术实践当中、转折时期的文献资料，以及近一年的新作品和“肉身成道”的视频。展览开幕后举行了研讨会。以下为部分展览文献资料选登。

“写空 · 隋建国作品与文献研究展”开幕式上艺术家与策展人尹吉男

我说“写空”

文 – 尹吉男

最近我在思考隋建国的近期作品。今年元旦，我们在北京爱慕大厦相聚时，我说：“你的作品是在‘写空’。”隋建国击掌，一个概念脱口而出，因此有了这次展览的题目。艺术家常常困惑于在实践中业已完成而在话语中不能说出。这个展览就有了特殊意义。

为什么以手捏泥，我不认为手在塑造泥这个实体，不认为手这个活动的实体在形塑泥这个实体，将其等同于其他雕塑家的工作。反而认为手与泥这两种实体运动的结果，是柔软的泥在描述手中之空，表现手中之空，以实写空呢！这基于隋建国的多年持续的思考和努力，他尝试过具象中的写实和写意，以及抽象的多重可能。他研究过时间里的空间问题和空间里的时间问题。

“写空”——将不可见的空状态用泥材料呈现出来，再用 3D 打印技术仿真泥材料的完成形态，最终达到仿真一种艺术之空的状态。这是一种“反雕塑”的雕塑、“反造型”的造型。其本意不在艺术的写实或写意、具象与抽象（凡此种种都是正向的造型表述）。实际上，当代艺术中“负形”的概念还是在描述一种形的实在，而不是“空”，落脚点在形不在空。隋建国的艺术其本意是“写空”，以实写空（非传统写意绘画中的“以实写虚”，基于虚实相生理论），以有生无，实空互因，有无一体。“无”不能表现“无”，“空”不能抒写“空”。在中国古代画论的“传神论”中有“以形写神而空其实对”的否定性的批评语（顾恺之语），我借用“空其实对”的概念来表达“写空”另一种动力——“实其空而见空”。

“空”是隋建国的主题或主体，“实”是隋建国的借体和手法，实手而作，完成空手而得，得空忘体，以写心中之空为至境。我则以为这是艺术之空，而我以实在性的话语在表述“空论”。

2021 年 9 月 26 日于广州

云雕塑记者采访策展人

Q: 您在前言中提到的“手中之空”“负形”和“具象中的写实和写意”，这些都是很新的说法。“写空”是否可以理解为艺术家将“负形”作为写意的一种材料、一个手法或一个问题进行探讨呢？另外是不是可以理解为实体和空是同时存在的？

尹吉男：如果没有一个实体你就不知道那个空间。比如说，我这样的话（打手势），你怎么知道空？你不知道。“空”是实体印证出来的，并且告诉你这是“空”。“空”是什么样的？这是“空”的形状，控制这样的一个形。“空”是人眼看不见的。“空”和“实”是有一个时间差。假如我没有（捏）这个形体的话，“空”在前；我捏了泥以后，“实”在之后就出现了。它是一个时间的（过程），是后来出现的一个实体在描述前面的“空”，有一个时差的关系。

Q:“写”是一种艺术创作中的特质吗？

尹吉男：至于我说的为什么用“写空”这个概念。因为从整体上讲，不论是在中国的批评语境下，还是在西方的语境下，至少在西方的汉学领域中，中国画的研究者都知道中国（历史上）有过一个被称作“写实”的阶段，还有一个被称作“写意”的阶段，它一直用的“写”。“写”是什么东西？“写”是“书写”，它不是制造的。

当代艺术中很多是制造出来的，比如版画是制造出来的，版画不是画出来的，最后是通过拓印完成的。那么雕塑也是一样，雕塑它还是要先制作成石膏，再翻制成玻璃钢、铸造成金属或者其他材料。这也是一个制造的过程，一个准工业化过程生产出来的东西，它不是“写”出来的。

我跟隋建国讨论过关于自然而然的问题。“自然而然”中的“自然”不是英文 Nature 的意思。我这里说的“自然”，就是“我的自由状态”叫“自然”。“自然”就是“你想怎么样你就怎么样”，这叫“自然而然”，自然就是一种状态，是这样一个东西。所以他（隋建国）的这种捏的过程是有“写”的成分在里边。

Q: 古典艺术中的“书写”与“写空”是一种什么关系？

尹吉男：一般来说，我们界定一个手法是现代的还是古典的，通常很简单。所有古典艺术都是有书写的成分，有肌肉记忆。不论你画国画写书法，都是有这样的一个东西，它是不一样的。

那么为什么版画的出现比较晚呢？它早在晚唐时期就出现了。印刷术是准工业性的，它不包含纯自然的肌肉（记忆）。所以它叫“印刷”。过去给人画肖像叫“写真”，画花鸟画山叫写意，它们都是“写”。

其实（隋老师工作中）这种随意性和自然而然的状态，就是过去古典的“书写”的部分。但是他完成的东西，是古典从来没有完成的，因为过去从来没有“写空”这样的艺术，都是写实或者写意，都是具象的。

Q:“写意”中的“意”也是具象的吗？它意味着什么？跟 " 写空 " 又是什么关系？

尹吉男：其实都是具象的，他只不过是画得更朦胧更表现而已，而不是说画的是不是还原现实。写实比较还原，最核心的就是肖像画，无论西方还是中国，在以前，如果你是画肖像画的话，你的地位就是最高的。山水画的地位是最低，静物更低。这种情况，在西方是这样的，在中国古代也是这样的。什么时候发生了变革？就是中小地主崛起之后，写意体现了中小地主的审美观和价值观。这些转变基本都发生在北宋后期，比如书法出现了尚意书法，绘画出现了写意绘画。

在唐代之前，真正意义上的写意绘画没有出现，这些都被称作写真。日本还保留着唐代的古语，日本摄影照相叫“写真”。“写真”的本意要把它还原。画的人，就像你看到那个人一样，所以叫“写真”。

但是那时候没有“写空”。因为没有任何理论可以支持这个真正意义上的“写空”。

Q:“写空”在隋老师身上是怎样发生的？

尹吉男：隋老师早期作品“盲人系列”，尽管他通过蒙上双眼进行创作，但还是在塑造，并不是写空。尽管他用拳头打、踹甚至把泥巴从楼上扔到楼下，但还是在造型，并没有反造型。塑造就意味着是按照人的意志，按他的理想，并用自己的眼睛来造一个东西。所以，“盲人系列”是塑造的过渡阶段。

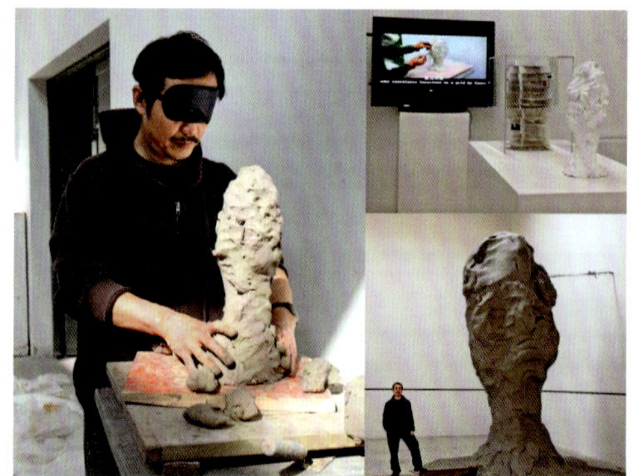

盲人肖像 泥 综合材料 2008

但是，从他开始捏泥之后，就发生了一个最大的变化。因为他不是在塑造这个泥。在艺术家“捏泥”的过程中，他是看不见自己所捏的东西的。但是，他继续维持了一个手感，这是一种不可见的“捏”的过程，这也是相当于一个盲人在捏。

但是，艺术家可以感觉到肉和泥之间的互动关系。这个互动关系是有生命的，可以被感觉到，虽然艺术家不知道它的形状到底是什么。但是，为什么艺术家会说“有 100 个瞬间”，或说“有 40 个瞬间”，而且每个瞬间都不一样？连他自己都不知道。也就是每个瞬间之空是在被捏出来以后才看到的，才能展现出每个瞬间的“空”的不同形态。这就是我讲的——“用一个实在表现一个非实在，就是‘空’”。如果没有这些实在，你就永远看不到“空”是什么样子。“空”是有形状的。

Q:“空”的形状不好理解，它是怎样形成的?

尹吉男：隋建国老师在广州美院讲座的时候，我参与了讨论，我提到过一个例子。我曾经学过考古，很多人误以为人骨头在若干万年之后就可以变成石头。这是一个假的知识。骨头永远变不了石头。作为一个基本常识来说，有机物只能腐烂消亡。它不会变成一个无机物。只有无机物才能以无机物的方式存在，比如石头永远以石头的方式存在。比如，北京周口店山顶洞人的头骨化石绝对不是头骨本身，它已经被无机物替换，彻底改变了。

是什么样的东西使得人的骨头变成了石头？是一个石化过程，因为原来的有机物它不断被腐烂，它形成一个空壳。一般在喀斯特地质才有可能形成空壳。但是，如果在日本就不太可能，因为它是酸性土质，它的腐烂的彻底性，是超出所有的土质的。那么在这个形成壳的过程中，你怎么知道曾经有“空”的状态呢？这种曾经“空”的状态跟隋老师的作品有关系。它是一种熔岩，不断地滴到里面，就像浇筑一样，一点一点地置换，需要几万年的时间才能填满。特别是熔岩，被滴久了会形成一个一个钟乳般的形状。这其实就是不断地向“空”里面滴流的过程。

这和骨头（化石）经历的过程有些相似。土质包裹下的骨头腐烂后，里面已经空了，这个空壳被一点一点地滴满。所以它是外来的物质的一个塑造过程。它填补了一个“空”，然后才显现出你看到的化石。所以，如果说“它是骨头消亡之后的一个状态”，这样更准确。

为什么我会想到“写空”这个概念？它跟前面说的这些背景有关。你有过这样的学术经验，找一个离我们最近的源头。那就是我们前面所说的一段漫长的，没有骨头的、空的时间。直到由石头替代这个空，这个形状才出现。

Q:“写空”这个名字非常特别，您是怎么把它和隋老师的雕塑联系在一起的呢?

尹吉男：如果我们把之前的东西切掉，隋老师的作品如同这个石化过程。他加速了这个石化的过程，瞬间的“空”，在瞬间就被填补了，那么这个瞬间的“空”就被表达出来了。它再通过 3D 打印放大以后，这个巨大的原本很弱小的“空”被通过高科技的手法展现出来了。

我们会注意到很多的批评家和学者在面对新作品的时候，特别容易把它归回到一个旧理论里面去，或者一个旧阐述里面去。这不是我的习惯，我永远要找一种比较新的说法，来描述这么一种新的状态。

这样的一个“写空”的实践，的确是在隋老师那儿发生的。我真的没有在别的艺术家身上看到过。在一个元旦的晚宴上，我突然来了灵感，想到“写空”这个名字。

它把一个传统的手工肌肉经验，表达的随意性以及“空”的概念都体现出来了。当然它不仅是一个只靠肌肉记忆，靠手感，靠书写的东西。就是说，用一种书写的方式，也可以做一个现代甚至是超现代的东西。因为大部分的当代艺术家都是在“制作”，通过制作来创造当代艺术，而不是通过书写的方式。

“写空·隋建国作品与文献研究展”研讨会合照

夏可君在研讨会上的发言

这个展览里我刚才只是仔细看了一些细节，虽然隋老师出的书我都看了，在里面我还是发现这些细节是值得读的。因为雕塑要阅读是很难的，所以年轻人要去看看，我希望你们可以好好看一看。我自己看的第一个当然是尹先生的前言《写空》。我简单概括为三句话，就是三个词组：虚实相生，实空互因，融为一体。这三个词组就把中国艺术的精髓以及隋老师的作品的观念点出来了。无疑，“写空”——是一个了不起的学术概念。

第二个就是在这个展览里面，隋老师有一个笔记，我就看到说雕塑有四种：一种是人的形象或者是形式，比如说古典雕塑要雕一个伟大的形象；第二个是材料，主要从材料出发；第三个是观念雕塑；第四个是行为和行动，手捏可能是一个行动。他说这是四重境界，做雕塑的年轻艺术家要去看一看这个过程、境界，自己应该怎么去面对与实现这四个方面。如果你们这四个方面有思考，你们也会成为一个更自觉的艺术家。

这个展览，在我看来，有着三个方面的贡献：第一个是学术性以及可读性，里面是隋老师的手稿、手写的文稿，这是很珍贵的一个方面。第二个就是尹老师的这个观念“写空”。“写空”很有意思，针对以往的写真与写意！第三个方面是展场的布置。我也看了展场隋老师的作品，但是展览的作品跟以前有点不一样，等一下我会稍微讲一讲这个方面。刚才我一进来，就奔赴展览的现场，看看是怎么布展的？还是超出我的想象，比如有新的展示方式出来，这是我感到很欣喜的一面。

“写空·隋建国作品与文献研究展”现场

现在我回到我想讲的主题上。因为这个月我跟隋老师会有三次对话，这是第一场。我们在山东艺术学院还有一场。第三场是在青岛，我会围绕隋老师有一次讲座。所以我在想三次我应该说什么？应该说得都不大一样才好。

这一次我想讲的是什么？我还是想非常快的把隋老师艺术的特点讲一讲，昨天在广美我也讲过。隋老师从 2008 年开始闭眼用“手捏”来创造这一堆作品。刚才王老师说得很有意思，那么这个后面有什么样的秘密，有什么样的启示性？对当代艺术，对整个中国的文明，对中国的哲学，到底可以给出什么样的提法？

用隋老师自己的话来说是“肉身成道”。肉身成的是什么“道”？他不是基督教的“道成肉身”。为什么是“肉身成道”？这是个什么样的“道”？这个道，是“天道”。隋老师是一个很有智慧的艺术家，在中国，艺术家很多，但有智慧能够跟我们这种搞哲学的，像尹老师这种搞历史的，反复地交谈，一交谈就是一两个小时，还不多。为什么一打电话就一两个小时？就是能够反复地讨论，所以每一次都有进步，我想把这个讨论非常快地给大家汇报一下。

第一次讨论是在隋老师工作室，提出了“艺术一般”，那是差不多三年前。“艺术一般”的概念提出，来自于德·迪弗写的《杜尚之后的康德》，这个书值得大家好好去看一看。也就是说，整个当代艺术和现代艺术是在杜尚之后得到重新理解，你如果不面对杜尚《小便器》的现成品就无法理解整个当代艺术，即，杜尚不是去做一件作品，而是要做出“一般的艺术”或把“艺术一般”在一个作品上做出来。有的人说是“非艺术”或“反艺术”，其实都不太准确。准确地说，杜尚在做这个作品的时候，是要把艺术的原理做出来，是“元艺术”。即我做的不是一个作品，我不是一个雕塑家，我不是个画家，就像刚才皮老师所言，隋老师不仅只是一个雕塑家，而且还是一个艺术家。就是怎么从一个画家或一个雕塑家变成一个艺术家，最后变成一个有着世界观的、有着哲学观的艺术家，这是三步的转换过程。

从一个局部专门行业里的一个雕塑家，走向一个观念性很强的艺术家，再走向一个有哲学态度的艺术家。这三步是非常重要的区分。

我现在谈“艺术一般”，也就是杜尚把小便器颠倒过来，他做的是对艺术本身的理解。比如说艺术在我手上是什么样子的，而不是说我就把一幅画画得多么好，在这个意义上对于隋老师而言，当他去手捏的时候，这个动作到底表达了什么？

他不再是塑造一个对象，也不是说要做出一个什么东西，怎么值钱怎么去卖。他是说手的一捏，尤其是在虚拟空间里面一储存，再 3D 打印出来，在空间里展示出来，这样一个过程到底对他意味着什么？对雕塑又意味着什么？甚至对艺术本身又有什么样的冲击？这里面是不是有一种新的哲学？他想的是这个问题，而不是说去想一个具体这个东西对象是什么。

当然隋老师也做过几十年的雕塑，他不是一个孩子，也不是一个所谓的素人艺术家，从毕业开始，他是做过几十年雕塑的艺术家。但 2008 年一旦闭上眼睛，就开始了彻底地转向，转向艺术一般。

我希望大家能够理解这个“艺术一般”。比如，就是文艺复兴以来的焦点透视的绘画，我们说广义的绘画，它也不是做一个绘画作品。它有两个一般：一个是基督教，说到底文艺复兴以来的绘画大多数画的是《圣经》的场景，《圣经》的场景就是一般的精神象征主题已经被事先给予；第二个是焦点透视法，透视法主宰了西方 500 年，它已经是个先在的观念。大家一定要注意，焦点透视不只是一个技法，因为你只有用透视法才能看到，看到画面的象征中心。这实际上是一个观念，这不只是一个技术，虽然它非常的技术。这是我说的“艺术一般”。就在现代性里面，艺术一般还有“抽象性”，要具有一种抽象的思维，这个抽象的思维能力实际是“一般性”的。

在中国的大学，尤其是国内美院的审美教育里面，对这个“艺术一般”的教育是缺乏的，我们只是说就在本科阶段怎么做得好，做得像，做得到位。但实际上“艺术一般”的理解是当代性，是现代性，我希望通过隋老师这个方面大家会有一个理解。这是第一个我要谈的方面。

第二个就是“写空”的概念。我们回到尹老师这里，尹老师是高人，是高手，提出“写空”。因为我跟隋老师有个对话，我叫“塑白”，塑造一个空白。有一天我跟隋老师在山东美术馆讨论，隋老师说有一个东西要出来，围绕空白展开，如何面对李禹焕的“余白”，如何反思他的动作，我们瞬间就一道想到了“塑白”。

我就想“写空”跟“塑白”确实各有其妙。我觉得“写空”的概念可能跟尹老师深深的中国文脉传统有关，即，书写性，书写性就是用手。注意隋建国的手，我就想写一本书就是《隋建国的手》。刚才几位老师也都讲了，所以这个手是很奇妙的。那么中国书写性的传统所谓的“写空”是很有魅力的。而我说这个“塑白”就是它有雕塑的含义，就是空白的塑造。

这是三重的写空或者是三重性的“塑白”，就像 33，三三生万物。就第一重而言是“抓空”。就是为什么说它不只是一个手，闭上眼睛去捏一个泥，它不再是塑造一个对象，不是我要捏出一个什么东西来，他只是这个手迎上去。

这个手导致我们人类巨大的进步，人类的第一个根本就是双手的解放。“手”在法语里面是“main”，与“人”（humain）相关，其词根也与“解放”（emanicipation）相关，与手段、手法，在法语里与拉丁词根，可能更靠近原初的“手”的意义。人不是动物，动物是爪子抓在大地上，人类直立起来的时候，这双手是最美妙的开始，因为他什么都不做了，因为他抓不到东西了，他只有抓天上的星星。所以对人类最初的感知是要用手去抓太阳、月亮，去抓飞鸟，可是这是抓不住的，所以它必须是两手空空，是最高的游手好闲。游手好闲，两手空空是人的解放开始，是人的第一原初感觉，就是这个手什么都抓不到，但是又要去抓。这个“抓”的第一个动作是最原始的动作，所以手指或者手掌是要用手去迎合一个无限的空间，他要去抓无限的空间，而不是抓一个物。

如果是抓一个对象，一个物，你就是做雕塑，就是在做对象性的艺术，就是局部的艺术。如果你抓的只是一个“空”，你就是“艺术一般”，就是原初的直觉。

所以在这个意义上面，第一步刚才前面说的法语，其实只是抓着这个动作，所以是抓，不是去握手。在德语里面这个词很好（fassen/ergreifen），用德语的单词就形成后来的概念（Begriffen），也就是真正的概念是来自原初的“抓”的直观理解。所以从这个意义上面，其实把所有抽象的语词都还原到第一个动作上，这个“抓”是所有文明、所有动作的开始。但是他抓的是空，去抓空，才能打开一个无限的空间，而不是具体的物或对象。这是第一件事，我说的是抓空。

肉身成道 视频截屏 2013

但第二重就来了，如果说什么都不抓，什么都不抓——因为不能落在对象里面，那艺术怎么展开？如果只做这一次，那就是行为艺术，做一下就完了。其实也没有留下什么，就像昨天在广州美院有同学说，谁都能做，谁都能够抓，人人都是艺术家，这没有问题。可是怎么把这个“抓”的动作进一步展开，就困难了。于是第二点，隋老师用了时代的技术，就是 3D 打印的最新技术。

第一个抓是回到人的天道，人直立起来两手放空的那一刻，这是天道，就是人跟自然的原初的关系，是人的天道。当然，这个天道里面还有指纹，因为 DNA 是个人的指纹。所以怎么可能把个人的 DNA 指纹，把个人的天道与这个空一道展开，我不是做一次性的行为艺术，而是把它延展，把它能够展开。

第二重写空乃是放大空，是存储在云端，作为虚拟的数据，作为可能的打印的放大，这是“扩空”，就进入了这个时代的天道。3D 最新的打印技术，能把个人的指纹通过扫描在虚拟的空间储存。这个储存是无限的，它来自技术的转录，数字技术可以不停地转录，不停地留存下去。即使不打印出来，它也停在虚拟的云端，它构成一个空的储存，一个空的存放，所以它还是保持在虚拟的空间，并没有实现出来。这是第二个空，就是这个时代的技术在空的功能性展开，是新的“虚空”。

第三重空还是要做出来，说到底它还是要成为一个“作品”，要展示出来，成为“展空”。就是王老师刚才问的，当它成为一个作品的时候，它应该是什么样的？在展示的空间里面，它要呈现出来也有一个悖论，这就是尹老师所说的“有无相生”。

中国的智慧一定是“有”和“无”同时观看。如果你看一个人，你只是把他看成对象物，或多大年纪，他穿什么衣服长得多漂亮，如果你只是把他看成一个具体的某个物，对不起，你只看了一半。一定要同时把他看成是一个“无”，一定要同时把他看成是一个“空”，就是“有”和“空”、“实”和“虚”必须同时在你的眼前显现出来。

如果大家觉得不好理解，其实在这个展场里面，在这个展场，效果就看出来了。就是说隋老师这个作品打印出来，他的 DNA 的指纹，他手握的那一下的 DNA，那一次的痉挛，那一次一个瞬间的余留，一下子的成形，他的痕迹在上面被放大，超过了指纹，而生出某种形式性，一个形式性的痕迹。在展示的时候，如果你只是把它看作一个雕塑，会觉得这个雕塑好怪异，整个这样一个雕塑好像不是人做的，好像是机器做的。这还不够，你必须把它看作是不存在，把它看成是一个空无的显示。

比如说隔壁展场里面怎么做的？当墙上的底座在前面把作品托出来，灯光在后墙的平面上呈现出两个影子，像蝴蝶的翅膀，就像双翼起飞，双翼就是他把一个看起来不是绘画的雕塑，就像装饰绘画把它的影子做出来，有一种轻盈、一种飞翔的感觉。这就不再是实物，不再是雕塑的对象，而是一种幻影。所以隋老师把自己的代表作称之为《云中花园》，明明是在地上的东西，怎么觉得这是一个花园？一个空中的花园？也就是说这是对我们视觉的一个巨大挑战。

当作品在展示空间里呈现出来的时候，不得不成为一个物，一个具体的雕塑一样的作品。但是你在观看的时候，你必须不只是把它看成一个雕塑作品或一个物，你必须把它看成是“空”。就像贾科梅蒂的作品，瘦长瘦长的《威尼斯女人》，你必须从很远去观看，你必须把 10 米的距离跟瘦长的雕塑一起看，你不能只是看雕塑，如果你只是看这一个对象化的雕塑，你其实仅仅看到了一半。因为你被有形之物所控制，你没有看到空无。

所以这三重——观空、扩空、抓空，就从抓一个空开始，到一个空的放大，在虚拟空间放大，最后到一个，空的展现。这三重的空是一个新的观看方式，是一个道。

他要塑造我们对空的观看，而通过捏一个物，把这个物变得很简单，好像很容易很随便，因为人人都是艺术家嘛！但这是观念艺术的秘密。只有回到人人都是艺术家，才构成一种对艺术的解放，才构成一种对我们的释放，把我们从很多的规则里面摆脱出来，这就是“艺术一般”。这就是写空、抓空或者是塑白的当代价值。这种艺术构成了一种解放性的力量，它已经不只是一个雕塑，甚至也不只是“艺术一般”，它是一种自由的艺术，是一种解放的艺术。

“写空 · 隋建国作品与文献研究展”作品图片 广州 33 当代艺术中心 2021

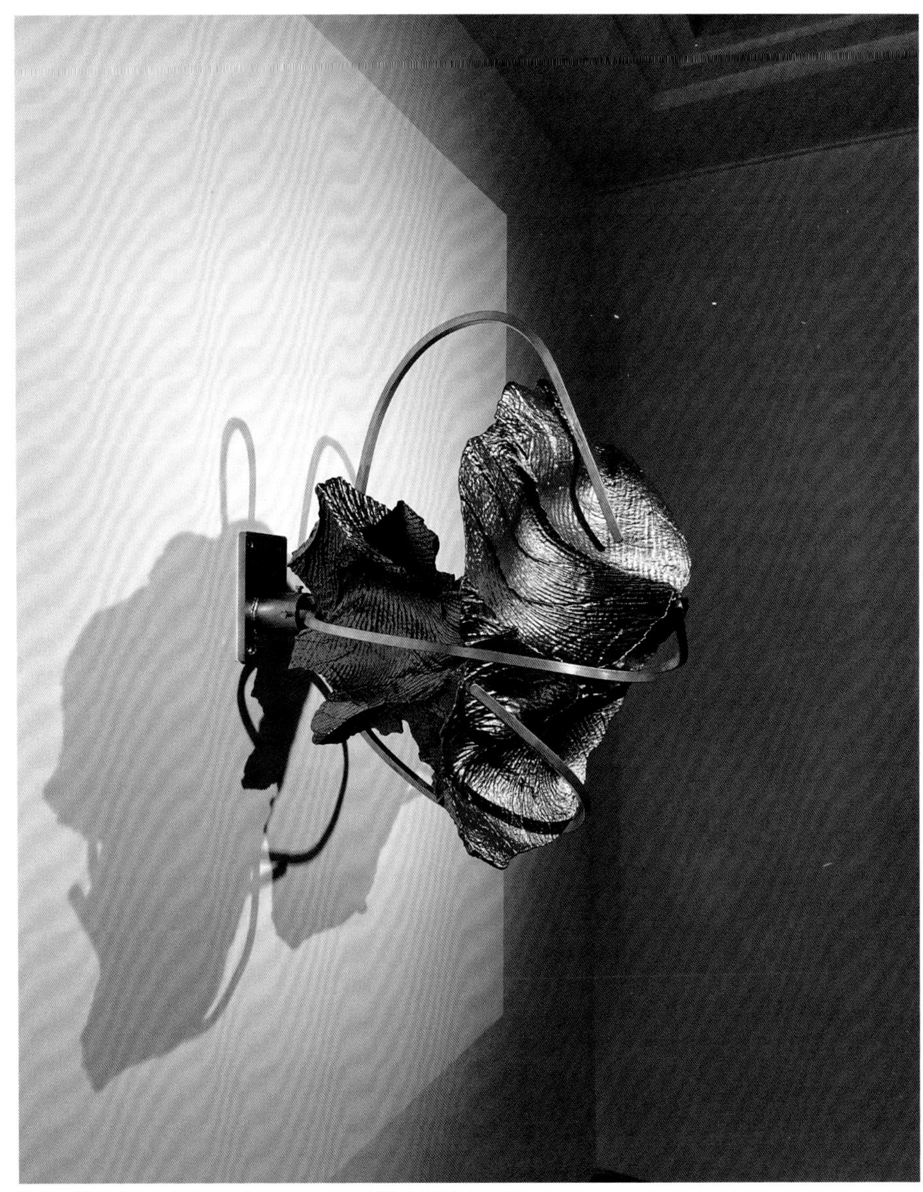

“写空 · 隋建国作品与文献研究展”作品图片 广州 33 当代艺术中心 2021

李象群 LI XIANGQUN

现任鲁迅美术学院院长，清华大学美术学院双聘教授博士生导师。全国政协委员，辽宁省人大常委务委员会委员，教育部高等学校美术学类专业教指委副主任委员，中国文联全委会委员，中国美术家协会副主席，中国国家博物馆展览审查委员会委员，全国城市雕塑指导委员会艺委会副主任，第九届中国北京国际双年展总策划。社科类万人计划、国家高层次人才特殊支持计划领军人才，中宣部德艺双馨文艺工作者，全国文化名家暨四个一批人才，获国务院特殊津贴。获第 54 届意大利佛罗伦萨国际缪斯艺术奖，缪斯学院终身院士。

作为中国当代雕塑的领军人物之一，李象群将“新人文主义”和当代现实主义创作理念融入到作品中使其作品具有强烈的艺术感染力。由李象群领衔创作的大型主题雕塑有中央党校的大型主题雕塑《旗帜》；中共党史馆广场的大型汉白玉主题雕塑《追梦》；广西湘江战役大型石刻浮雕《红军魂》；中国人民革命军事博物馆大型主题雕塑《走向胜利》；9.18 纪念馆汉白玉石刻《白山抗联军魂》等，他所表现的肖像人物带给人震撼与感动，雕塑在他的手中成为历史的记载与延续，显示出艺术家思想的强大力量。其雕塑代表作品有《堆云 · 堆雪》 、《红星照耀中国》 、《阳光下的毛泽东》 、《我们走在大路上》、《元四家》、《大紫禁城》等。多件作品被故宫博物院、国家博物馆、中国美术馆、中国现代文学馆、国际奥委会等收藏。曾获第三、四届全国体育美展特等奖、一等奖，第八届全国美展优秀奖，新中国城市雕塑建设成就奖，法国巴黎国际沙龙泰勒大奖，英国肖像雕塑年度展费瑞克里最佳作品奖、攀格林新人奖等。艺术创作的同时，李象群在 30 余年的教学生涯中，培养出了大批的艺术人才。为中国雕塑力量的延续做出了贡献。李象群曾在 2004 年作为北京市人大代表，向人大提交了《保护一个老工业建筑遗产，保护一个正在发展的文化区》等多项议案，多方奔走呼吁为 798 艺术区的保留及发展作出了贡献。他肩负着社会的责任和感使命感，他关注文化产业、艺术高校在社会中应发挥的作用，呈现其价值，并多次在全国两会上递交提案，积极参与社会公益事业，为灾区、疫区捐赠作品进行拍卖，并将拍卖所得全部善款捐赠给慈善机构。

图片 / 由艺术家工作室提供 编辑 / 刘雯

追梦 汉白玉 15m×4.5m×7.3m 2018-2021

追梦 汉白玉 15m×4.5m×7.3m 2018-2021

在当代中国美术界，李象群是一位怀有坚定艺术理想、始终坚持研究探索并形成丰厚积累的雕塑名家。他秉承学院优秀学术传统，以宽阔的视野融汇中西艺术优长，自觉担当起时代赋予的艺术使命，在党史主题、革命题材的主题性雕塑创作任务中领衔担纲，出色地完成了许多史诗性大型作品。在大量历史和现代人物的雕塑创作中，更是可见他感怀时代风云、塑造人物精神风貌的艺术追求。

—— 范迪安

李象群：我既是导演，又是演员

采访　胡少杰

漫艺术 =M: 鲁美有着深厚的现实主义传统，那么您作为领导者，同时自身又是杰出的艺术家，您如何看待这份精神资源？在传承的同时如何进行拓展？

李象群 =L: 鲁美的现实主义精神的传承与拓展，是一个很重要的议题，也是鲁美向前发展的一个方向。确实，鲁美有着深厚的现实主义精神传统，但是这并没有成为鲁美不断向前拓展的障碍，反而是因为有这样一个坚实的基础在，我们拓展的道路才是稳健的，有根基的。

我一直的主张是要不断地创新，但这种创新并不是说突然性的改变，不是为了创新而创新。一所大学必须要知道自己的优势在哪，要找到自己的特色，你才能把握住你的方向。所以现实主义的传承与拓展，就是鲁美的优势与特色，也是它进一步发展的重要方向。所以要先夯实基础，只有地基挖得深，上面的楼才可以起得高。

具体到艺术创作上，其实鲁美在现实主义的传承与拓展的这条线索上留下了很多很有说服力的优秀的作品。你比如说北京农展馆的《人民公社万岁》，虽然现在细看还有一些不足，但是整体的气势与面貌，以及强烈的时代感，在当时无疑是很优秀的作品，也能看到鲁美比较代表性的风格。还有哈尔滨的《防洪纪念塔》，现在已经成为哈尔滨的一个重要标志。包括沈阳中山广场那组大型组雕《毛泽东思想胜利万岁》，那应该是“文革”十年当中最好的组雕之一，应该说是从政治上、从艺术表达上，从其他各个方面来看都是有说服力的。

到了近些年， 2016 年我们创作的中央党校的大型组雕《旗帜》，还有去年剪彩的在中共党史馆的《追梦》，也都是在这条路上有里程碑意义的作品。当然现在来看，我也不是很满意，因为还没有达到我心中那个极致，还要更好，但是因为时间太短了，所以多少有些遗憾。

M: 具体遗憾是在哪里？

L: 你比如《追梦》里边有 73 个人物，包括 56 个民族代表、14 个职业代表、4 个儿童，因为汉族设计的是农民形象，所以这一个人物身上有双重形象，这样也就是一共 73 个人物。这些人物都是汉白玉大理石雕制而成，因为时间有点紧张，所以最后效果上多少有些不足。如果再给我一年时间，我带领这个团队会做得更好。我们前后用了三年时间，前两年都是在打磨稿子，最后一年是泥塑部分用了半年的时间，石雕部分用了半年，如果泥塑能给我一年，石雕再给我一年，我们会做得更好。

M: 这是遗憾的部分，那么在您看来这组作品相对于您提到的鲁美历史上的那些经典作品来说，有了什么样的发展与突破？

L: 它突破了一种固定模式。这 73 个人物就需要对应 73 个不同的形象，我们找各种模特，设计各种动作，争取让每个人都有自己的个性，然后总体奔向一个方向，而不是像传统雕塑那样固定一个模式。包括表情，并不是每个人都是笑脸，而是争取更自然，各有不同。这样的话就能从这些群像中看到真正的这个时代的精神面貌，它不是统一的，而是多元的。

M: 这种多元的个性与风格和主体性创作的宏大要求之间需要平衡吗？

L: 我觉得不需要，因为创作本身就是在一个总体要求下不断地去实现想要达到的效果，这个过程中更多的是解决一些具体的问题，而在这过程中自然而然就达到了所谓的平衡。

M: 领衔这种主体性创作，您更多的是扮演一个导演的角色，那么它和您个人的创作之间有什么不同？两者之间是一种什么关系？

L: 我是导演，也是演员，我全程都是参与者。当然，这个过程中更多的是要统筹全局，要主导方向，但是又要集思广益，最大化地激发团队的力量。

至于说和个人创作的不同，肯定有很多方面。比如说创作的诉求不同。你比如说我个人创作单独的肖像，其实肖像比较难，肖像不是简单的做个头像或者全身像。就像画画一样，有的叫画像，有的是写生，有的是肖像创作，概念是不同的。路边有画像的，他就是一种简单的手艺，写生是对着模特，进行一种转移摹写。但是肖像创作，这里边需要把你对人物更深层次的认识和理解表达出来，你要做到的不单单是活灵活现，你要让你创作的这个人物去感动观众，而感动观众的前提是打动你自己。就是说，你要怎么样看待你要创作的这个形象，他有什么地方是触动你的，然后抓住这个点进行深化。他的背景，他的个性，以及时代背景对他的影响和塑造，都要在这个肖像中体现出来。所以说肖像不好做，你的创作不仅仅是表面上要像他，骨子里也要像他，不仅仅是一张脸要像，背过身儿也要像，哪怕一个局部，都要像他。所以说这要建立在你对这个人物的深入认识和理解上，要品，要品到位。

M: 您对人物的这个理解和认识通常是落脚在他的生平叙事上，还是他所具有的普遍人性上？

红星照耀中国 铸铜 190cm × 80cm × 63cm 2008 国家博物馆藏
2015 年放大至 4.8m 落成于中央党校礼堂前广场

L: 你要综合起来，在这里边发现他的亮点，你不能平铺直叙，你要在他的这种起伏里面找到那个关键点，最重要的是触动你。哪怕是一个坏人，他身上也会有一些普遍人性的东西，也会有打动你的地方。你要创作这个人的时候，可以先研究他的材料，看到一定程度就放下，不要一直在材料上下心思，然后慢慢地去体会，去品，他哪个地方让你印象最深刻，哪个就是最主要的点，然后再根据这个点好好分析、提炼、深化。

M: 这种工作方法会根据创作对象而调整吗？您的创作中有一些历史人物和政治人物，也有一些很普通的人。面对不一样的身份，会有所调整和侧重吗？

L: 有些人物和时代有着更紧密的关系，他既是时代的产物，他又影响甚至改变了时代，他如何成为这样一个角色，这本身就是一个最大的亮点。所以说人物身上的这种时代性，这种和时代的关系肯定是需要被彰显的。你比如说毛泽东，我们都说毛泽东让我们站起来了，他怎么让我们站起来了？为什么这么说？所以我做毛泽东雕塑的时候，我就想，中国革命不容易，一次次地经历各种挫折，我们是在他的带领下在不断地挫折中慢慢站起来的。靠的是什么呢，是坚定的信念。所以说“星星之火可以燎原”，所以斯诺说“红星照耀中国”，他是一颗红星，带领着中国人站起来了。这就是他的贡献，他对这个时代的贡献。

M: 这是历史人物，他们带有公众普遍认知的符号性，有丰富的文本性和精神性可以依托、汲取。那普通人呢？像您创作的《山秀》，为什么可以感动那么多并不了解她的观众？

L: 当时创作《山秀》的时候，她正好怀着孕，正好也是春天，她脸上黑黑的皮肤上透着一点红，那段时间我刚去了一趟陕北，然后就想起了那首民歌：山丹丹开花红艳艳。她就特别像陕北的土墙边一朵正要开放的山丹花，然后还是开在逆光中。她就给我一种这样的感受，有人说女人怀孕的时候特别美，这是我捕捉到的一个打动我的点。

所以我说这已经不是简单的写生的概念了。但是你必须要有扎实的技术储备，把握好客观的规律，把握好科学的观察方法，在做好这两点的基础上，怎么做都不会差。

M: 那到了这个阶段，这些技术、规律在您的创作中扮演一个什么样的角色？

L: 这些东西已经不需要考虑了，已经成了肌肉记忆，是顺手带出来的。就像开车一样，到了一定程度已经不需要时刻想着哪个是刹车，哪个是离合，怎么打方向，它已经可以随心所欲、游刃有余了。

M: 您也做了一系列的“写意”风格的雕塑，其实它也不需要去分析结构、肌肉、骨骼这些，因为我们也不知道古人具体长什么样子，但是您同样可以做到形神兼备，创作这类作品的方法论和写实肖像是一致的吗？

我们走在大路上 铸铜 115cm × 50cm × 46cm 2008 中国美术馆藏
2018 年放大至 5.2m 落成于中央党校南校区（国家行政学院）

山秀 铸铜 17cm × 17cm × 23cm 2006

行健 铸铜 77cm × 32cm × 31cm 2011

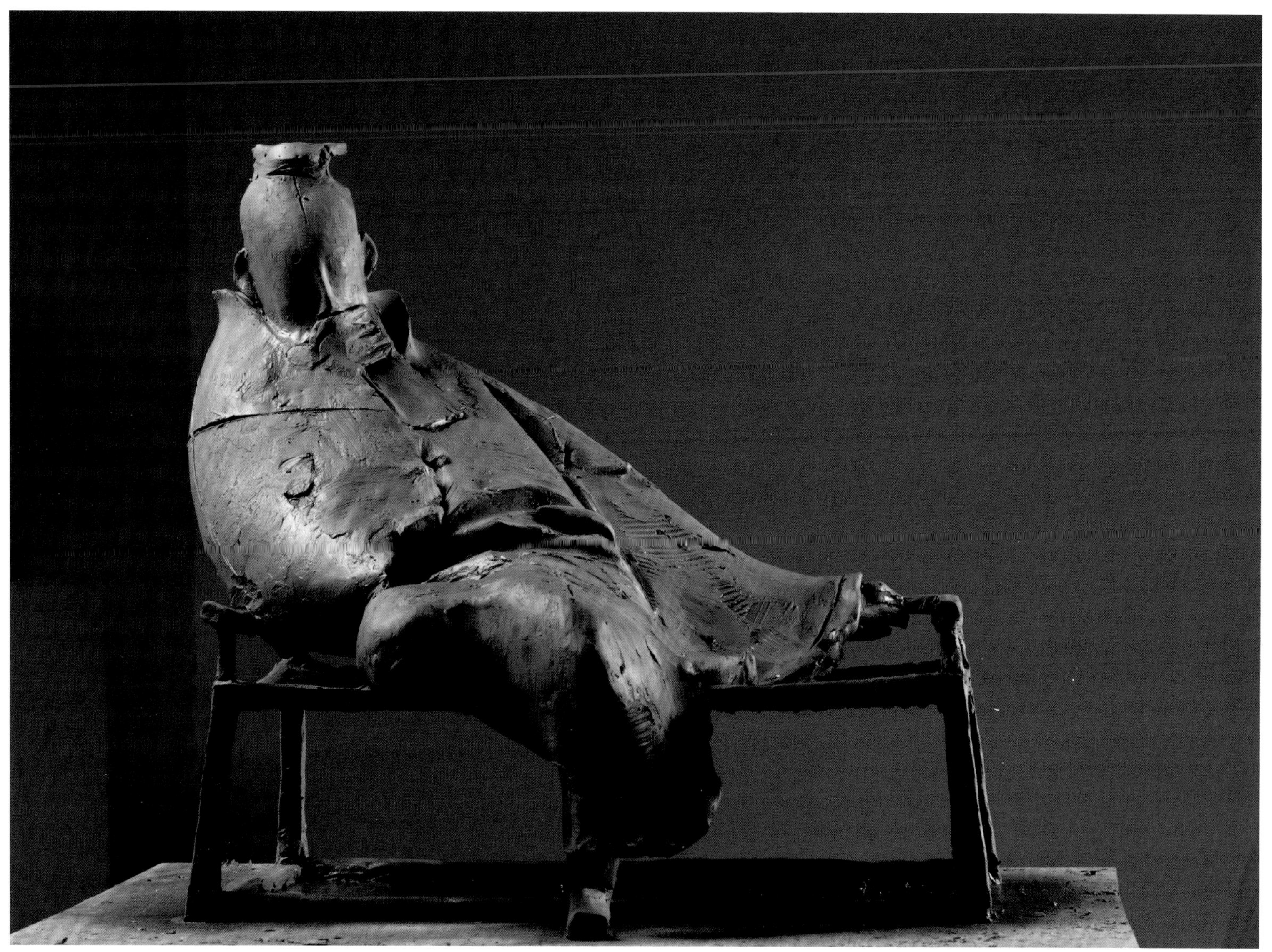

元四家之王蒙 白铜 61cm×24cm×26cm 2015

在“元四家”等作品中，可以看出，艺术家有意识地淡化作品的结构，相反，强化了“线”的表现。“线”在这批作品中具有不可替代的意义：一方面，它可以为作品注入“绘画性”，亦是说，以绘画的方式去理解雕塑，而不是将空间、结构放在首位；另一方面，当线条走向极简，使其成为至简至纯的形式时，那些不必要的细节就自然会被忽略，于是，“意象”的审美经验得以进一步的彰显。这里就涉及第二个层面的问题，即在新的形式表达与视觉机制下，如何让作品生成新的审美趣味。事实上，北宋以降，源于审美趣味的一次巨大的转变是“文人画”的诞生。“文人画”的精髓，在于放弃程式，消解叙事性，在解放语言的过程中，从而实现审美主体的超越。对“减法”的重视，对“意象性”的强调，反映出李象群对文人意趣的那种审美理念的推崇。

—— 何桂彦

堆云·堆雪：雪 铜着色 90cm×80cm×140cm 2006-2008

堆云·堆雪：云 白铜 300cm×120cm×180cm 2012

L：完全是一致的。你必须要有扎实的根基，才能做出所谓的“意象”或者“写意”。写意雕塑也必须要有体系。就像文人画、书法的草书，都是要有体系的。脱离了体系和根基，“写意”就不成立了。雕塑也一样，如果没有夯实的根基，不符合规律，那么就是一堆烂泥。真正的写意雕塑，你能看出创作者对观察方法掌握程度，对规律的把握程度，包括解剖结构、空间结构、形体结构的认识和理解的程度。

M：那这种扎实基础训练和肌肉记忆，是否也有可能成为一种“限制”？

L：这个最主要的是一个分寸问题，需要收手的时候必须能收住。根据表现的内容，有时候需要特别概括，有时候需要特别细腻，这种切换一定要游刃有余，做到一个什么程度，要随时能把握住。

M：其实您各个系列的作品面貌之间的差异性还是挺大的，有主体性的创作，有革命现实主义的作品，也有观念性的作品。那比如像“堆云·堆雪”这个系列的作品，它所表达的观念性和外界的一些解读之间出现了一些误差，您介意这些吗？

L：其实“堆云·堆雪”系列是想表达一种人性和权力的关系。因为权力是稳定的，是有建筑性的，所以纵向和横向的两条线是权力的符号，它是不动的，是死的，但是人性是动的，它有温度，是活的。做《堆雪》的时候，上半身是纵横的两条线，下边是被打乱的，这就是人与权力的关系。至于如何解读呢，这个我不能左右别人，它就是一种符号化的表达。至于说裸体，在我们做雕塑的人看来是最平常的载体，从上学到上课，已经成了工作中自然而然的了，但是在外界却引起了轩然大波。这个也是你没有办法左右的。

M：今天有很多新的手段、科技运用到了雕塑的创作中，这在拓宽了语言维度的同时，也进一步模糊了雕塑的边界。您怎么看待雕塑的边界问题？您会尝试新的技术、手段吗？

L：是这样，我会坚持适合自己的创作方法，我有自己要走的路。但是我不反对别人走其他的路。我支持那些不断创新的人，只要能把作品做好，无论哪条路，最终都是一个方向，都是给观众看的，都是要表达这个时代的真实的精神面貌的，不是自娱自乐的。所以说我认为不存在边界的问题。我把鲁迅美术学院雕塑系升级为雕塑艺术学院，而不是雕塑学院，就是想打破传统意义上的雕塑的概念。雕塑艺术，广义上来说就是占有空间的视觉艺术。

M：这可能是因为您并不仅仅作为一个艺术家来看待这个问题，您是作为一个管理者、一个引领者，所需要的是具备更包容、更宏观的格局和眼界。

L：一定要更包容，要更长远地看问题，因为你在这个位置上，需要考虑的更宏观，你要考虑整体，像个导演一样。

东坡 玻璃钢着色 200cm × 131cm × 78cm 2014

行者 高铬不锈钢铸造 500cm×200cm×200cm 2012

李象群创作照

焦兴涛　JIAO XINGTAO

图片 / 由艺术家提供　编辑 / 徐小禾

1970 年生于四川成都，1996 年毕业于四川美术学院获硕士学位。现为四川美术学院副院长、教授。

理想国金中心之二 光敏树脂 丙烯 海洋球 尺寸不定 2021

理想国金中心 光敏树脂 丙烯 不锈钢 海洋球 尺寸不定 2021

切真与修辞

文 – 胡少杰

从 1917 年杜尚把签名后的小便池送到沙龙展上，到 2019 年卡特兰把一根香蕉贴在巴塞尔的墙上，一百年来，时代风云变幻，艺术却始终在语言的闭环里萦回。语言到底是作为渠道，还是目的？这或许是一个没有答案的提问。既然如此，那么便抛却语言的进化论，闭环和边界，或许不攻自破。由此或许能够获得艺术真正的自由，抵达本质与真相。

焦兴涛是一位语言层次极其丰富的雕塑艺术家，他运用丰富且有效的修辞手法，把处于窄门中的雕塑语言带向了更为深广的维度。而焦兴涛逐步完成语言建构或者说破除语言藩篱的过程，也正是中国处于社会变革最为激越的三十年，鲜活的社会现场，提供了无尽的真实与荒诞的景观。艺术如何处理复杂的现实？活力与无序如何转化为语言的张力与意味？焦兴涛用他的创作给出了极具说服力的答案。

从《才子》《佳人》到《绿箭》，再到《真实的赝品》《汇成雕塑集团》，焦兴涛用了十数年时间寻找并逐步确立了他用来对应这个时代现场的语言，面对大范围的含混与不确定，语焉不详或许能够蒙混过关，但是如果想要表达生效，并要切中底层真实，那么必然要建立一套层次复杂、开放但准确的语汇。当然，艺术切真的方式不是扫描现实的切片。黑格尔在他的《法哲学》一书的序言里说："正如雅典娜肩膀上的猫头鹰，总是在黑夜降临的时候飞临大地，哲学总是来得太迟"。智慧总是在黑夜来临后才悄然发生，艺术亦然，艺术的切真应该是带着反思理解这个世界、解释这个世界、质疑这个世界。那么艺术所切的真、切的实，永远不是这个世界的即时现场，而是通过修辞建构的现场的赝品。

柏拉图在《理想国》中用三张床的理论来阐述真实、现实、艺术三者的关系——第一张"理式"的床来自床的"真实性"，第二张现实的床是对第一张床的模拟，而第三张床则是画家描绘的床，是对"真实性"的模拟的模拟。但焦兴涛在《真实的赝品》《汇成雕塑集团》等作品中，打乱了真实、现实、艺术三者之间的关系。作为艺术表现形式的赝品，和来自现实的现成品被并置同一层关系之中，从而消除了二者的界限，现实的物与赝品的物共同完成了对理式真实的模拟，而在这个过程中，艺术也就超脱了作为第三重真实的定位，开始直接面对第一重真实。在杜尚把规则用玩笑的方式破坏殆尽之后，一百年来的当代艺术大多数时间是不知所措的。而焦兴涛却在试着建构一种新的语言规则，或者说重组规则。

汇成雕塑集团之一 汉白玉 花岗石 现成品 尺寸可变 2014

汇成雕塑集团之二 石材 综合媒介 尺寸可变 2014

真实的赝品之一 玻璃钢 铁 铸铜 现成品 尺寸不定 2012

真实的赝品之二 玻璃钢 铁 铸铜 现成品 尺寸不定 2012

它的精彩在于，一旦作为陪衬的真实物品变成“作品”的图底时，由于这种相互证明的图底关系，使它们在整体上都必须成为观众所观看、所辨识的对象，这时候，“作品”需要“非作品”来证明；同样，非作品需要让“作品”来撇清。这场相互证明的视觉游戏让“作品”和“非作品”都变得不可缺少，也就是说，“非作品”一下也变成了“作品”之所以成为“作品”的必要条件，因为它不是“作品”，所以“作品”才成其为“作品”。更有意思的是，这些柱头、旧木箱、包装箱、玩具、手套本身就是“高仿真”的赝品，它不仅在和观众的视觉“躲猫猫”，也在和观众关于什么是艺术的常识“躲猫猫”。这里存在一个悖论：只有仿得越像，越能乱真的时候，才能证明它是“艺术”；同时，它仿得越像，越能乱真的时候，越发增加了被观众指认的难度，也就越难以证明它是“艺术”。在这个悖论中，艺术和非艺术的界限深度消失。何况，当代艺术中本来就有现成品艺术，焦兴涛所做的，是利用赝品挑战现成品，把艺术和非艺术的问题再向前推进一步，让它多加一个层次，让它变得更复杂、更纠结、更难以言说。这种自我相关、自我纠缠的情形，改变了主客体的关系，也改变了创作和观赏的关系，当然也改变了生活和艺术的关系。

——孙振华

天街与广场 玻璃钢 霓虹灯 电机 海洋球 2021

天街与广场 玻璃钢 霓虹灯 电机 海洋球 2021

2020 年，焦兴涛在上海浦江中意文化广场展出了一组名为“俱乐部”的作品，这组作品由“工人俱乐部的演出结束了”“整整迟到了 8 分钟”“社区里弥漫着幸福的睡意”“情绪与使命教育孵化中心”“好消息”“沮丧的流浪汉”六个部分组成。不同场景的语汇交叠，而个体与集体、时间与记忆、限制与自由等复杂的议题，在一种荒诞又具有趣味的现场体验中会心会意。开放与陌生化的修辞给每个人都留了入口。在困顿的现实之下，麻木与对抗从不能换来善待，只有思考与谈论一直进行，希望才不会湮灭。

焦兴涛 2021 年的新作《理想国金中心》与《天街与广场》则进行了更为直接的语言转换，现成物符号的混杂带来了意涵的混杂，语言的直接性则加强了混杂带来的张力，而挪用与戏拟的修辞则让语言和观念完成了交结。那些不同形状、不同部位的废弃模具被随机组合，海洋球和霓虹灯让宏大与虚妄在具体的荒诞面前变得切实又渺远，日常与陌生终是这个世界的本来面目。如焦兴涛在文章中所说：这是我看到的最真实的世界的样子。

狂飙的时代不会为任何个人的困惑与忧惧稍作停留，但是我们终究需要做些什么。焦兴涛作为一个艺术家在不断切真的过程中或许真的探求到了这个世界第一重的真实，但是如何解释它呢？到底要不要做柏拉图所描述的洞穴里那个站起身回头的人呢？艺术语言在这个时候或许可以消解真相的残忍，修辞或许是美好的，“国金中心”和“天街与广场”或许是真的“理想国”，这一切，或许真的是最好的安排。

天街与广场（局部）

俱乐部（展览之二） 铁板 漆 尺寸可变 2020

俱乐部（展览之一） 不锈钢 漆 视频 尺寸可变 2020

《沮丧的流浪汉》我们都是人生的流浪汉，超级玛丽式的流浪是快乐的，但面对通关欲望和有限生命的矛盾时，似乎沮丧才是常态。（扫码观看）

13896152153 木材 5000cm×350cm×300cm 2019

传来的总是好消息 藤编 声音装置 2020

在中国雕塑界，焦兴涛是 1970 年代最具代表性的雕塑家之一。20 世纪 90 年代中后期，焦兴涛因一批具有解构风格的作品而备受雕塑界瞩目。立足于对工业时代的机械废品——铜、铁等材料做形式与语汇上的转换，并用它们来表现一些传统人物，代表性的作品有《才子》《佳人》《门神》等。实际上，在其后二十多年的创作中，焦兴涛的个人创作脉络大致形成了四条发展线索：一类是延续了 1990 年代中后期的解构风格；第二类是对消费时代与大众文化的关注，代表性的是“绿箭”系列；第三类是将新具象雕塑的风格与观念化的表述相结合，这在《真实的赝品》中可见一斑；第四种方向是公共雕塑和公共艺术项目，这在《羊磴艺术合作社》中体现得最为充分。

面对焦兴涛近三十年的创作，我们发现很难用单一的风格、形态，或者发展谱系对其作品进行归类。那么，焦兴涛的工作方式与创作逻辑是怎样形成的呢？我们又如何进入艺术家的雕塑世界？在我看来，其创作至少有三个特征：首先，是从雕塑出发，即从语言与艺术本体的范畴进行拓展。如果以 2000 年为分水岭，早期的创作侧重写实、具象、超级写实、新具象语言的转换，基于此，我将其看作是学院雕塑向现代主义雕塑的转变期。2000 年以来，语言经历了快速的转变，比如探索作为景观的雕塑、作为剧场的雕塑，也包括部分跨媒介的雕塑，这一阶段的作品完全属于当代雕塑的范畴。第二个特点是强调观念性与实验性。亦即是说，超越艺术本体的范围，从与雕塑相关的工作方式、雕塑自身的叙事逻辑、展览制度，抑或是更宽泛的艺术制度切入，通过观念性的表达，改变人们既有的雕塑认知，拓展当代雕塑的形态边界。比如，《真实的赝品》对日常与异常、雕塑与非雕塑的讨论，《羊磴艺术合作社》中对“介入”“协商”与“在地性”等概念的涉猎。第三是将自身的雕塑构建一个社会学的阐释语境。这次展览，我们提取了一些关键词，比如国金中心、天街、广场、海洋球等。事实上，从早期的《绿箭》到最新的《理想国金中心》，我们会注意到，焦兴涛作品意义的生效，得益于作品背后融入了当代中国在高速发展与消费社会背景下的生存经验与文化经验。从这个意义上讲，焦兴涛的作品有着浓郁的现实性与当代性。

——何桂彦

梦的解析 玻璃钢 漆 高 500cm 2021

总体而言，焦兴涛过去近 30 年的艺术创作是围绕“现实”与“理想”、“现场”与“剧场”、“寻常”与“非常”、“先发”与“后发”这几个维度的关系展开的。他每一个时期的作品都历史地体现了对艺术本质的思考；他的每一次自我突破都是因为找准了看待世界的独特视角。“真实的赝品”是艺术家几年来持续思考“真”与“假”、“是”与“非”，这些形而上学命题以及“艺术”与“非艺术”、“生活”与“非生活”等关于“真”的表达的多样性的辩证逻辑问题的聚焦点和发力点。不仅关乎艺术的本体问题，也关乎当代艺术思想区别于其他艺术观念的本质特征。形式主义让艺术表达程式化，必然脱离实际生活，这正是现代主义的局限性。只有超越程式化和预设，才能获得真正意义的艺术自由。关于“真品”与“赝品”问题的系列表达所给予我们的重要启示在于，源自生活的艺术，未必能从生活中解放出来，与生活水天一色。而艺术一旦与日常生活混为一体、难解难分，则正好契合了当代艺术的价值主张，也就意味着向无限的可能性敞开了大门。意义虽然总要经过不断重复解释方能被认知，但围绕这些问题的每一次延展与深化都会加深人们的认知。只要人们对艺术与生活的话题依然抱有兴趣，只要旧问题还能带出新问题，当代艺术的价值核心也就存在意义。“羊磴艺术计划”与“每个人的美术馆”作为两个代表性群体参与式实验艺术项目，体现了当代艺术的另外一个重要的文化价值侧面——公众主体性，即艺术过程的公众参与性。文化的自然性、交互性和民主性是艺术的生命力之所在。焦兴涛十分看重艺术自然而然的状态，十分珍视这种“不预设”的“拒绝定型的力量”，警惕文化的先入为主，致力于通过作品提高这一艺术思想的浓度。特别有意思的是，脱离艺术史理解“羊磴计划”是有困难的。这是艺术欣赏中不可回避的知识障碍问题。但是借助“艺术扶贫”和“美丽乡村建设”概念，至少在部分政治相关的受众中就能消除这种障碍。

——黄立平

“理想国——焦兴涛作品展”展览现场

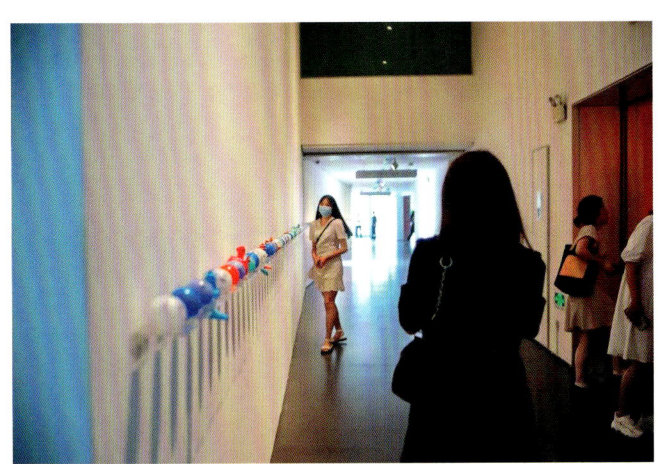
“理想国——焦兴涛作品展”展览现场

“理想国——焦兴涛作品展”展览现场

王志刚 WANG ZHIGANG

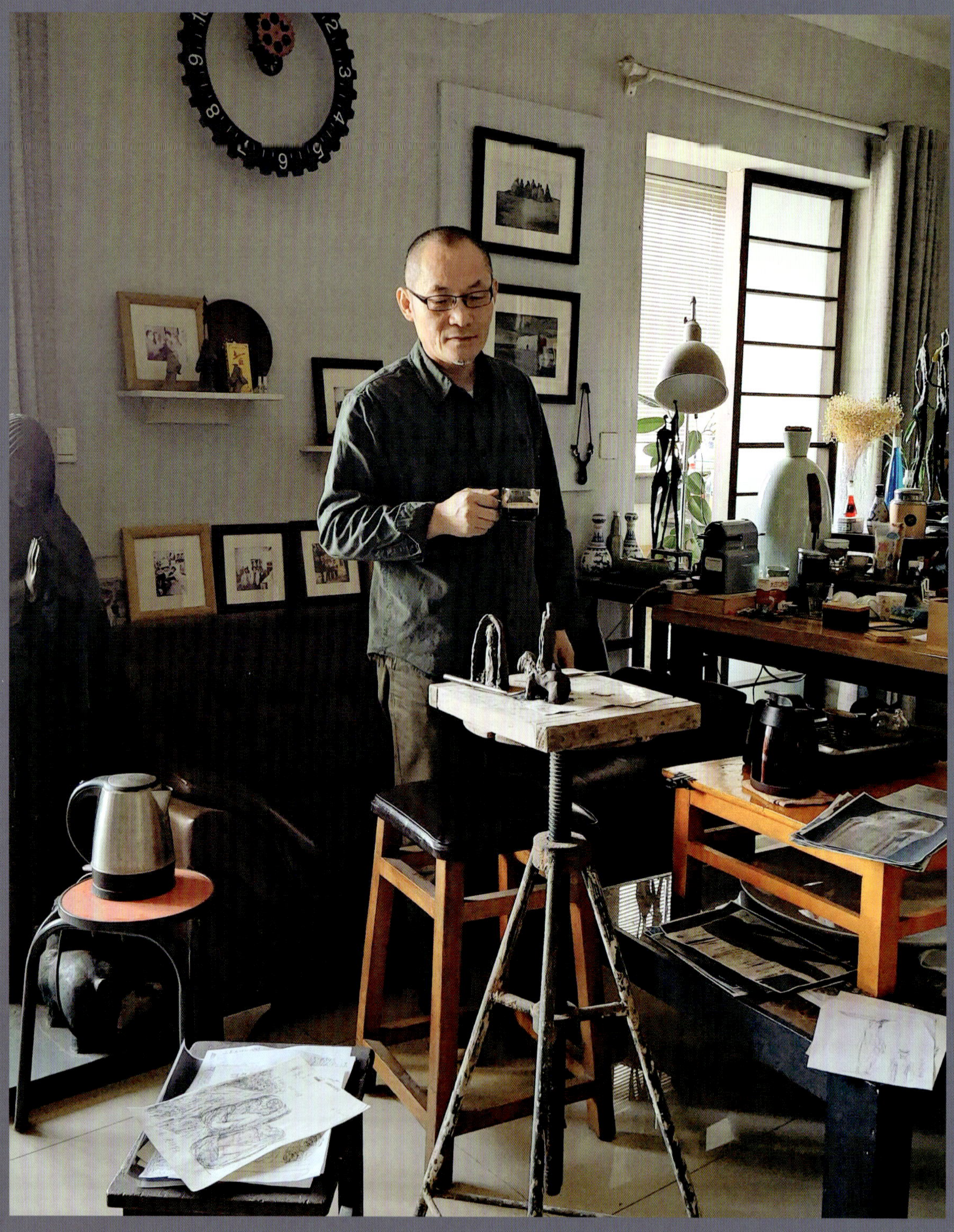

1961 年出生于兰州市，祖籍甘肃静宁，1982 年毕业于西安美术学院雕塑系，曾任职于兰州市园林规划设计院、兰州现代雕塑艺术研究所、兰州雕塑院，2001 年任教于西安美术学院。现为西安美术学院学术委员会副主任、中国雕塑艺术研究所所长、教授、博士生导师。中国美术家协会雕塑艺术委员会委员，陕西省美术家协会当代艺术委员会主任。

图片 / 由艺术家工作室提供 编辑 / 徐小禾

蓝梦 泡沫砖 190cm × 110cm × 200cm 2020

对我而言，艺术是回归本体的媒介，创作活动的意义应该在于如何保持生命的本真状态。其实很多事物的存在就是其意义所在，我们经常凭着人文知识的不断丰富，赋予那些质朴的自然现象很多人为的观念，结果归根到底还是原本的现象更有意义。同样，我们自己的思想被修饰得过多，离真实的心界也就越远，如此重复的太多，对别人认识你或是你自己展现真实的你，恐怕都是非常困难的一件事。因此，相对构思的完善，我更倾向于依着本能的感动而行动，那种作品在你手中自然生长的体验非常令人陶醉，如同你看到了你自己。

王志刚

无为系列－相守 金属 150cm×110cm×210cm 2018

拟像的剧场

文－胡少杰

在法国哲学家鲍德里亚的拟像理论中，我们已经进入到了后现代拟像社会，在这一阶段，自古希腊以来的“模拟说”，被彻底打破，因为模拟的对象消失了，模拟本身开始建构一种“超真实”。如鲍德里亚所说：“拟像不同于虚构或者谎言，它不仅把一种缺席表现为一种存在，把想象表现为真实，而且也潜在削弱任何与真实的对比，把真实同化于它的自身之中”。如此一来，真实隐迹于自身之中，隐迹于现实与虚幻之中，人类再一次失去存在的确证，不知何所来、何所处、何所往。

面对如此复杂的后现代的社会现实，再试图借由艺术描述真实、复现真实，势必是无所作为的。那么艺术如何再去面对真实，以及对真实的追问是否还有意义？这是当代艺术所需要面对的，以及亟需给出答案的问题。同样，这也是艺术家王志刚多年来在创作中持续思考、探究的问题。

在进入学院任教之前，王志刚有着广泛的社会生活经验，丰沛的现实阅历和积淀，让他对社会的不同切面有着足够深切的认知与体悟。因而，王志刚的艺术创作始终带有一种学者式的思辨性，但却并非象牙塔式的隔岸观火、空口玄谈，而是既具备直抵要害的批判性，又兼具了现实的悲悯与温度。面对当下芜杂的现实，依然试图以艺术的方式厘清真相，抵达真相，已然变得异常艰难，但以艺术的方式持续追问本真，以及追问现实与真实的内在关系，依然具有价值，哪怕注定得不到答案，但追问本身就是价值所在。

从王志刚近期的新作来看，批判性和现实追问被语言修辞转化为一种深刻的思辨性。创作材料和技术手段愈发多样，语言的多元性在丰富了能指的张力的同时，也让所指更加复杂与深入。2020 年的作品《蓝梦》，在题材上是对其 2009 年的“粉墨人生”系列中《梦之梦》的延伸，或者说再创作。同样的造型和场景，只是变换了材质和颜色。树脂彩绘变成了蓝色泡沫砖，这种转换像是一场巧妙的时空穿梭。作品在新的时空之中也被激发出了全新的观念和意涵。“无为”系列是王志刚重要的延续性作品，近期创作的《无为 · 相守》《无为 · 远方》同样是在表现一种生命的本真状态。在作品《无为 · 相守》中，半置于水波中椭圆形的人形符号，面对着一个立于水面之上的线条冷硬的瘦高人形——同样形象模糊，但从大致姿态上似乎可以联想到西方的宗教人物，那么这其中表达的观念就相对明了了。但在东西相守、交融之外，对应当下的世界时局，或许可以引发更为复杂面向的思考。而在《无为 · 远方》中，人形符号被置于一处扭曲的方形之中，表现出一种禁锢感。那么结合其创作的时间来看，其寓意自明。

无为系列－远方 金属 80cm × 80cm × 185cm 2020

环臂成井 水泥 80cm × 63cm × 110cm 2022

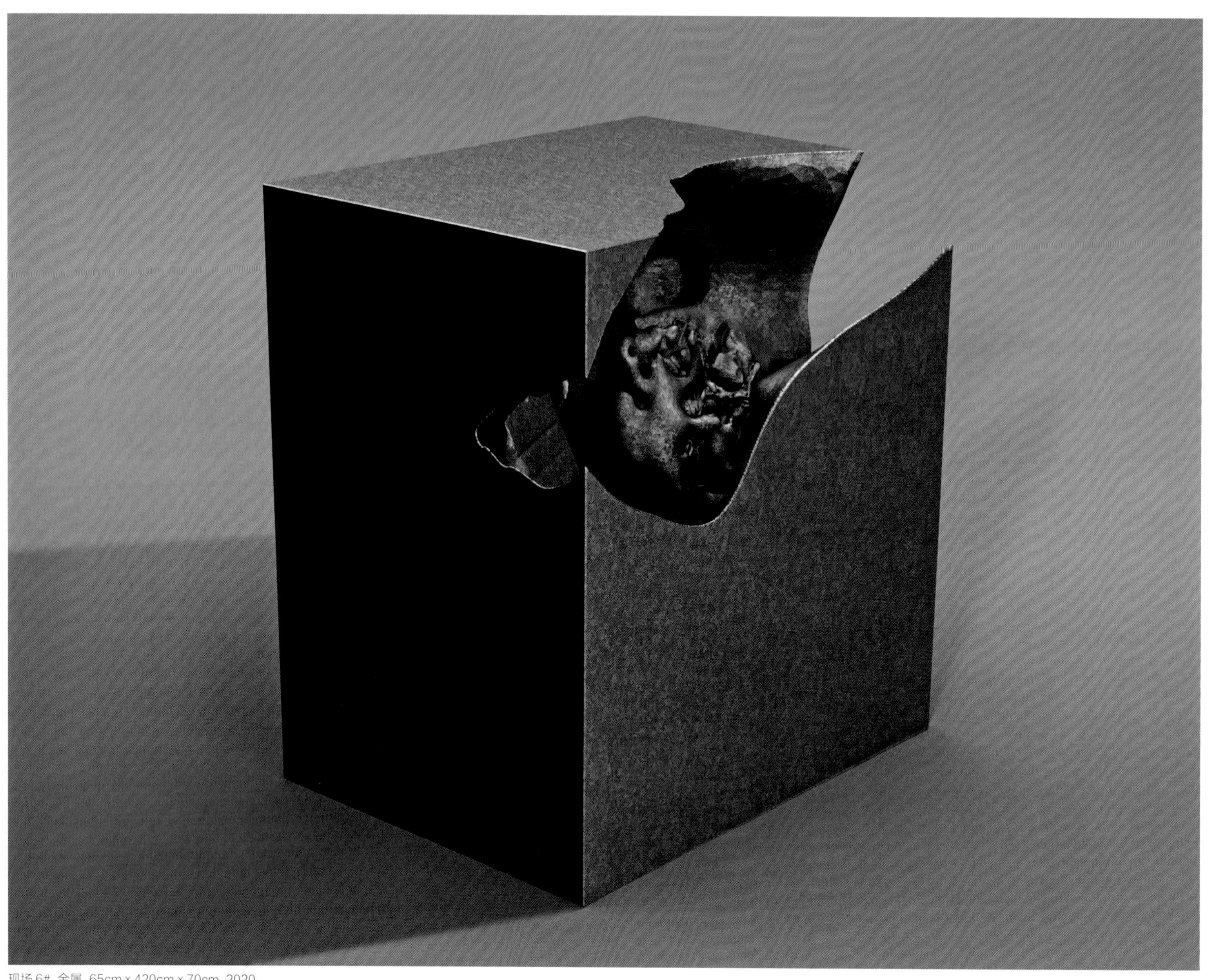

现场 6# 金属 65cm × 420cm × 70cm 2020

而贯穿 2020 至 2022 年的作品“现场”系列，可以视为王志刚近期最有分量的作品之一，这组作品集中体现了其近年来在语言上和观念上思考、探索的双重成果。“现场”系列运用数次测量和三维扫描等技术采集现实生活中的随机场景，然后再随机定格，切割成方块，而方块中定格的现实场景，变得陌生、荒诞，意涵不明。现场在特殊的境况之下，变得具体又抽象，真实又魔幻。而每一个方块之中的每一处场景，都是来自真实的社会现场的复现，这种蒙太奇式的手法，把这组作品变成了一处现实的拟像剧场。那么现场和剧场哪个才是真实的？王志刚当然不是在揭示真实，他只是在用他的方式追问真实。如他在作品阐述中所提到的：“那么真相到底是什么？我们在本体与客体这一对象关系中反复追寻，相互诘问”。

王志刚的追寻与诘问起因于对所处现实的深切反思，由此进而反思更宏观的现代性，这似乎是其艺术创作的长期课题，同时这也正是当代艺术于今天的价值所在。那么王志刚既具备语言张力又饱含人文性的艺术创作，无疑属于这种价值最有力的例证。

现场 11# 金属 860cm × 600cm × 110cm 2021

现场 17# 金属 60cm × 56cm × 56cm 2021

现场 21# 金属 70cm × 70cm × 78cm 2021

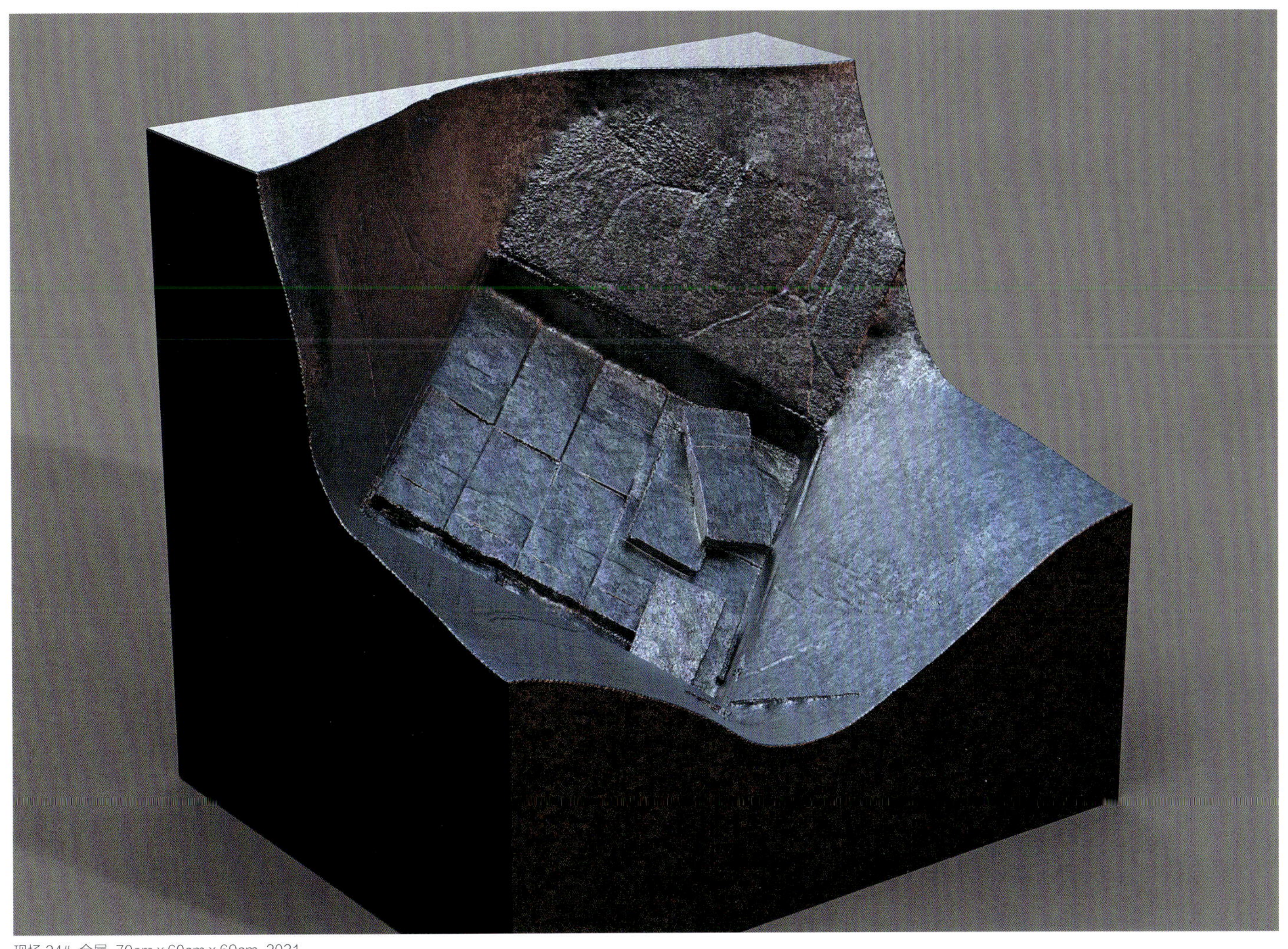

现场 24# 金属 70cm × 60cm × 69cm 2021

自述

文 | 王志刚

“现场”这组系列作品所展现的是某个现实场景的一角，用数字测量、三维扫描等手段全方位采集形成定格，在数字复原的基础上进行选择切块输出。作品意在追寻现实场景与数字复原并切块的某个局部场景之间的关系。同一现场，在动态与定格之间会如此不同，值得追问。

我们总在追问真相，而如何看待真相是一个越来越复杂的问题，这些思考其实一直都贯穿在我的艺术创作当中。记得上次出书时，我的一件作品《座位》，也与此思考相关，每个座位上有一张历史旧照片，座椅被黑色塑料袋所笼罩，历史与照片上的历史哪个才是真相?

“现场”作品创作实验中有两个问题值得思考。一、日常生活场景被瞬间定格，特别是其局部凝固之后，有时会变得非常陌生和莫名其妙，但同时又变得高度集中、抽象。一个局部现场的瞬间被固定、被记录，会具有很强的纪念碑性。二、数字采集的现场被复原并切块后，会变得很孤立，实际变成了另外一种东西，仿佛不再和原来的环境相关。那么真相到底是什么？我们在本体与客体这一对象关系中反复追寻，相互诘问。

如果将这些思考放置于宏观的社会背景下，我想“现场”这个系列作品还探讨了个体与群体的关系，以及个体的存在价值。在抽象的宏大的社会叙事当中，个人的具体的生命体验如何真实再现，本系列作品的实验提供了一个探寻的角度。

现场 27# 金属 70cm × 70cm × 63cm 2021

现场 31# 金属 65cm × 70cm × 60cm 2021

现场 36# 金属 86cm × 70cm × 55cm 2022

陈志光 CHEN ZHIGUANG

1963 年出生于福建厦门。1988 年毕业于福建师范大学美术系，现为中国雕塑学会常务理事，中国美术家协会会员，美国国务院国际领导者访问项目会员，福建师范大学当代艺术研究所所长、教授。

图片 / 由艺术家工作室提供 编辑 / 刘雯

树非木 不锈钢 270cm×110cm×220cm 2020-2021

在当代艺术界，陈志光这个名字几乎与“蚂蚁”这个符号连在一起，这些年里极尽可能地用不同手法为蚂蚁造型，将蚂蚁的形象“放大”到让人不能忽视它们存在的程度。在他的手下，蚂蚁这种微小但具有普遍认知的生物被幻变为各种各样的造型，通过拟人化的塑造，它们成为生活中的角色和现实空间的存在，这是陈志光的普世存在主义。自 2006 年起，多次在北京、上海、厦门、福州等全国各地举行大型个人展览，均受到艺术界及当地市民的广泛关注。曾多次受邀去美国、法国、德国、瑞典等全球多地参加国际性大展，并以艺术家的身份到欧美访问及交流。其作品大量被美术馆及国际友人收藏，在国内各省市都可见其大型公共艺术作品。

蚁巢美术馆外墙

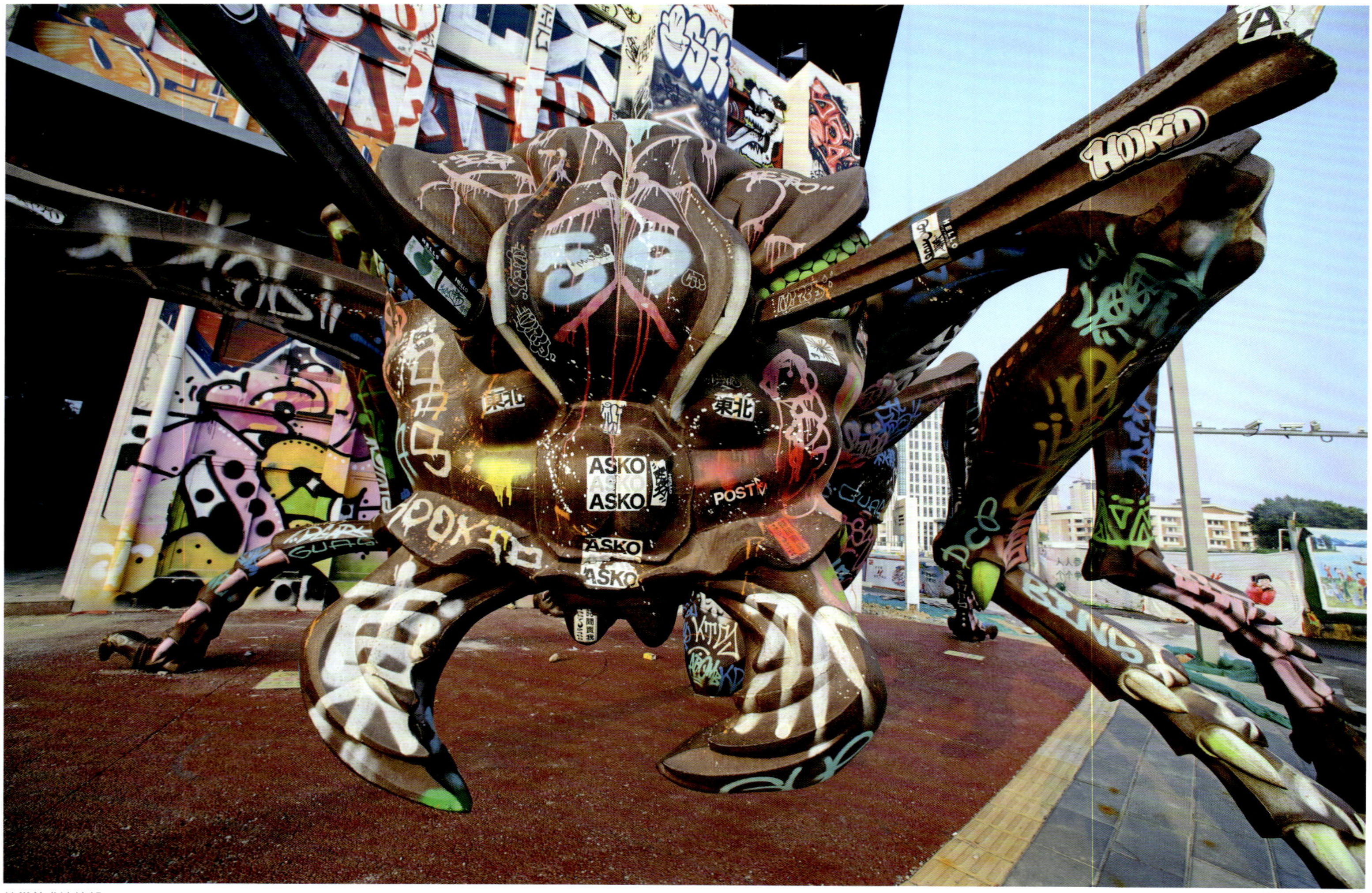

蚁巢美术馆外部

陈志光：直觉的元气

文 – 胡少杰

在今天这样一个图像时代，打造一套个人化的艺术语言，甚至是制造一个被普遍认知的艺术符号，或许能获得一种传播学上的成功。然而艺术的多元性、间接性和符号化的单一性、直接性之间似乎存在着天然的矛盾。如何打破这种矛盾，似乎成了在今天的时代语境下艺术家必须面对的课题。陈志光是今天少数既具备符号化的直接性张力，又不失艺术的多元性与深刻性面向的艺术家之一，这也是其可以在国内甚至是国际范围被普遍认知，并且获得声誉的重要原因。

或许是因为陈志光的“蚂蚁”太深入人心，极具视觉张力和心灵震撼的大小蚂蚁，以个体或群体的方式占据着观者的视觉记忆，但是这多少掩盖了陈志光艺术中的多样性与复杂性。如果更深入与整体地了解陈志光的艺术脉络，你会发现其创作早已延展到了多种语言媒介，甚至其艺术母体也是多层次的、不断生发的。当然，这种价值认定只是外界的事后指认。至于艺术家自身如何完成价值的建构，从陈志光以往的访谈或自述文字中可知，其并没有刻意去为了实现某些明确的观念指向而创作，也没有计划性地去进行语言的扩展，而是凭借敏锐的感知力与极强的创造力进行着一种自然而然的言说与输出。这样的创作方式需要借助第一手的直觉捕捉生命经验中稍纵即逝的鲜活感受，然后运用极富想象力的语言进行视觉的转化。如果细究陈志光的艺术创作，你会发现其全然有别于西方当代艺术的诸多方法论，如果仅仅因为其“蚂蚁”的符码化，就简单地用本雅明的“机械复制时代的艺术”理论来论述其艺术价值的建构机制，那么必然是偏颇的。陈志光的艺术创作更多时候是发乎于个体的生存体验，其对生命本身的关照与极具张力的视觉描述对于处在不同地域、不同种族、不同文化经验的观者来说，可以有效地建立一种普适性的连接。

无论在什么时代，艺术价值的实现必然要借助于有效的传播，而传播是建立普适性连接的基础条件。陈志光一直都保持着极高的个展频率，并且每次展览都能给外界带来冲击。这对于一个艺术家来说，需要极强的创造力以及极其敏锐的艺术直觉。在柏格森看来，直觉更多的是一种方法，是认识的一个过程，也就是从发展的过程中理解所有存在的东西。柏格森把发展的过程理解为形成的过程，也就是在艺术创作中出现的过程。那么显然，陈志光的创作就是从直觉出发，然后根据外在世界的发展变换，提供源源不断的创造力和想象力。

或许是因为陈志光的艺术创作的逻辑源于自身的生命逻辑，所以才能建构出极其个人化的艺术语言。也正是因为这种个人化的不受所谓学理文本影响的创作方式，才使得其艺术创作捕捉到了更贴近时代现实的底层逻辑，并且先验性地提示出了时代的隐患和远虑。经历了近年来世界性的困局，经历了困守与隔绝，我们回头再看陈志光的“蚂蚁”，便能体会到更深长的意味。

更让人惊奇的是，在疫情肆虐的近两年，陈志光的蚂蚁依旧没有停止它的“迁徙”，2020 年 3 月至 2022 年 2 月，陈志光在德国的巡回个展《龙蚁变》《神奇空间》依旧顽强地在欧洲大陆持续上演。在无论是物理空间层面还是精神层面都面临着隔绝的当下世界，陈志光代表着朴素生命力的“蚂蚁”系列，代表着生命本体关怀的“树非木”系列，必然会使德国的观众感受到更为深刻的触动。

个展“龙蚁变”德国波恩美术馆现场

树非木 不锈钢 118cm×70cm×218cm 2020-2021

树非木 不锈钢 195cm×150cm×211cm 2020-2021

与此同时，陈志光潜心于福建漳州的工作室里，开始进行更深层的关于生命的思考，他从“盆景”这一东方传统的美学景观中反思出了生命的残酷性，“盆景”的本质其实是被严酷抑制的畸形生命体，这又和我们当下的现实对个体生命有形或无形的控制与驯化何其相似。“盆景”被陈志光用光鲜的不锈钢放大，那些扭曲的枝干，看起来变得美丽而残忍。而另一件新作《“壁”鞋》则是陈志光用一种诙谐的方式对外部世界的一次幽默的回应。《“壁”鞋》取“辟邪”谐音，化用闽南民间的驱邪祈福的民俗，表达了一种感性化的朴素诉求。而对于民间文化的汲取与化用，是陈志光艺术创作中重要的线索之一，像之前的《古戏台》《拴马桩》等，皆是如此。

这就是陈志光的方式，直接、强烈、多元、深刻并存。当外界用各种概念去试图指认陈志光的艺术价值，并且言之凿凿地论证价值背后似是而非的“道理”的同时，陈志光就这样不断地用直达生命本质与问题要害的方式给这个虚弱的行业，甚至是给这个依然困顿的世界持续注入了新的元气。

树非木（作品局部）

树非木（作品局部）

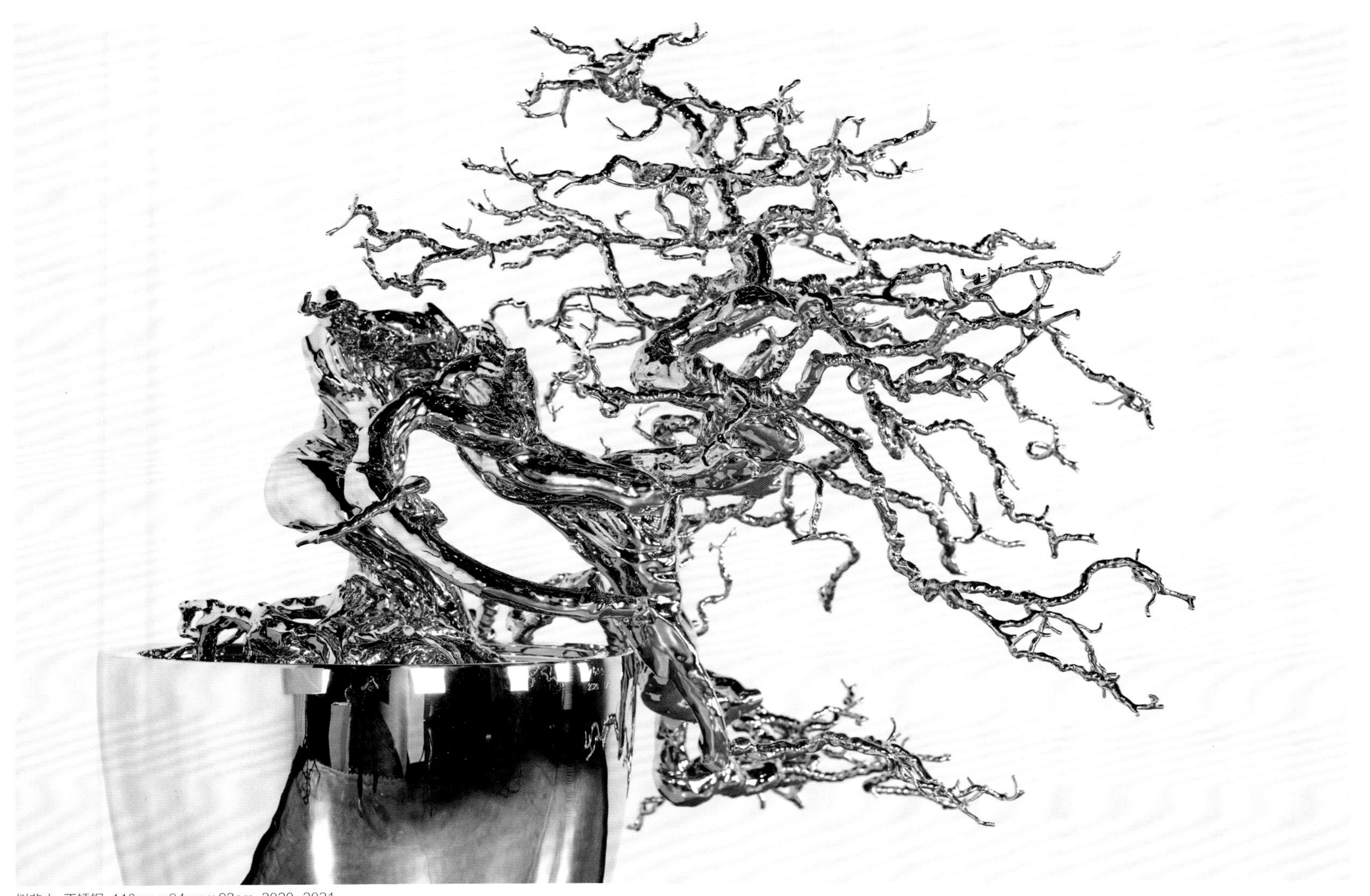

树非木 不锈钢 110cm × 94cm × 93cm 2020-2021

蚂蚁系列 不锈钢锻造 50cm×350cm×300cm 2021

蚂蚁不仅是有趣的昆虫，而且还被理解为中国人心态和生命观的代名词。他们生活在国家结构中，个人的重要性服从于社会。蚂蚁的忙碌工作，是有严格规定和组织的。陈志光在大量的作品中赋予了它们独特的灵气，尤其是它们超大的个体形态。 而在他的枯树绘画作品中，陈志光还处理了中国传统绘画与自然的特殊关系。这些树枝仅仅剩下了树干，显示出它被破坏的力量。

——— 贝亚特 · 艾芬沙德（路德维希美术馆馆长）

展览现场

陈志光是一位在艺术上孜孜以求、勤奋探索的当代艺术家，多年来他涉猎绘画、雕塑和公共艺术等不同领域，艺术思想十分活跃，艺术眼界也十分开阔。他立足闽南从事创作，但他参与的活动已然超越地域，在中国当代艺术的许多重要学术性展览和国际艺术交流中成为引人注目的一位。在我看来，陈志光艺术创造上的突出特征是感知与感性两方面的结合。他总是认真思考当代艺术面临的文化课题，敏感于艺术界争鸣和探索的焦点问题，思想上不固步自封。

——— 范迪安（中央美术学院院长）

徐冰　XU BING

艺术家，中央美术学院教授。被广泛认为是当今语言学和符号学方面重要的观念艺术家，他始终以极具突破力的艺术创作拓展着艺术的边界。作品曾在中国美术馆、纽约现代美术馆、纽约大都会艺术博物馆、古根海姆美术馆、英国大英博物馆、英国 V&A 博物馆、西班牙索菲亚女王国家美术馆、美国华盛顿赛克勒国家美术馆、加拿大国家美术馆、捷克国家美术馆及德国路德维希美术馆等艺术机构展出；并多次参加威尼斯双年展、悉尼双年展、圣保罗双年展等国际展。

1999 年，由于他的“原创性、创造能力、个人方向和对社会，尤其在版画和书法领域中作出重要贡献的能力”获得美国创造性人才最高奖“天才奖”。2003 年，由于对“亚洲文化的发展所做的贡献”获得第十四届日本福冈亚洲文化奖。2004 年，获得首届“ArtesMundi 国际当代艺术奖”，评委会授奖理由：“徐冰是一位能够超越文化界线，将东西方文化相互转换，用视觉语言表达他的思想和现实问题的艺术家。”2006 年，由于“对文字、语言和书籍溶智的使用，对版画与当代艺术这两个领域间的对话和沟通所产生的巨大影响”获美国“版画艺术终身成就奖”。2010 年被美国哥伦比亚大学授予人文学荣誉博士学位。2018 年，荣获中央美术学院颁发的“徐悲鸿艺术创作奖”。

图片 / 由艺术家工作室提供　编辑 / 刘雯

“徐冰天书号” 火箭发射 2019-2021

环形山 + 蘑菇云 北京红砖美术馆展览现场 2021

卫星上的湖泊 北京红砖美术馆展览现场 2021

徐冰：艺术的特殊价值是诚实

采访 – 胡少杰

漫艺术 =M: 我们正在面临一种持续的且具有极端复杂性的现实考验，隔绝、限制、混乱的生存现实，会让您对艺术的价值产生疑虑吗?

徐冰 =X: 艺术的特殊价值是诚实。现实中，我们可以表演、掩盖、炫耀，但在艺术里不行。比方说我内心觉得不能表现得太落后，要现代一点，那作品中形的处理、颜色的处理，展览的规模、材料的选择，自然就会变得更直接、更刺激人。每一个闪念都会反映在作品上。我们之所以对艺术信赖，也是因为这个原因。

M: 大数据、人工智能、航空航天等先进科技背后是现代文明的急速发展，而面对近年来接连不断的人类困局，我们以理性为主导的现代文明似乎并不能给出有效的解决方式。近年来您在艺术创作中不断和科技结合，目的是为了提示出新的反思，还是为其提供一种补充?

X: 近些年我与科技结合的作品都不是刻意计划出来的，全是跟着时代走的，艺术面对大时代其实是被动的。比如说太空艺术，我觉得值得做是因为我们的日常生活跟太空科技越来越近，尤其这两年普通人都感觉自己和太空这个领域开始接近起来。包括元宇宙、NFT、区块链等，其实都像手机一样，成为我们生活现场的一部分。像 NFT 的底层逻辑，其实是一个交互系统，但是我相信它的思维底层逻辑会改变很多东西，而且会给出新的启示。所以我觉得这些领域的出现会给艺术家的思维打开更多的思想空间。简单来说，这类的艺术作品都是在回应这个时代，我的创作灵感来源其实不来自艺术系统而是跟社会现场更近，跟现实问题更近。其实不同的方式与材料都是在给你一直追求的核心命题提供新的参照数据，对你的思维有所推进，最终诉求的是一个东西。

M: 您提到作品背后的思考力和能量来自社会现场，那么社会现场的能量如何转化为艺术作品的能量，这其中的关键是什么? 语言方式? 艺术家的思想? 生命能量?

X: 艺术家要说过去的人没有说过的话。怎么把过去人们没有说过的话说得到位、有感觉、深入，就得找到特殊的方法和语汇。历史上大师用过的，甚至自己过去用过的方式都不能直接拿来再用，因为外环境和自己都在变化，这就要求艺术家寻找更有效的语言，这就是新的艺术表达法被创造出来的缘由。这创造具体到对一块形或色“度”的把握；对选用材料或对几种材料之间关系的判断，最终的决定都会落在作品上。这是艺术家工作的重要部分，当属本职工作。这就是，艺术家对世界处境的敏感而导致的对旧有艺术语言和方法的改造。

“徐冰天书号” 回落地表的一子级箭体 2019-2021

M: 您提到“艺术家一生所做的事，其实是在修建只属于他自己的艺术的‘闭环’”，那么艺术“闭环”的“确定性”和社会现场鲜活的“不确定性”之间的关系，如何处理?

X: 艺术灵感来自社会现场，但艺术家的工作其实是建造只属于他自己的“闭环”，这其实是他独有的艺术方法。这方法只属于他而不是属于社会现场的。但随着时代的变迁，这个“闭环”总会露出缺口，这时就需要找来新“材料”去弥补。社会现场的“不确定性”会源源不断提供新的同时更有效的“材料”，从而艺术创作也是一件持续生长的事情。

M: 一个共同的区域或者时间，势必会形成一种共识化的文化语境与共同经验，而置身于此的艺术家、知识分子，大多不可避免地会被限制，那么面对这种局限性您怎么应对？

X: 时代和区域的限定性是不可避免存在的，也许懂得把这个局限性用好，就可以发展出独有的别人没有的创造力。

M: 您的艺术语言虽然在不断地变换，但是长久以来您的作品并不故作深奥，观众和作品之间可以很快产生连接，这得益于艺术语言本身的简明、准确? 还是由于作品所阐述的观念思考具备普遍性?

X: 应该是都有的。故作深奥的作品也许是因为创作者自己也并没搞清楚他在说什么。自己清楚了就可以用最简明的语言说出来。

地书立体书 大白本内页 2015-2021

“徐冰的语言”展览现场 上海浦东美术馆 2021-2022

英文方块字书法教室 上海浦东美术馆 2021-2022

天书 浦东美术馆 2021

天书魔方 2019-2021

M: 您写过不少文章，出版过《我的真文字》这样的文本集，2021年出版的《徐冰：思想与方法》中的文字也都出自您手，那么相对于作为艺术作品的“伪文字”，这些“真文字”更多时候扮演的是一种什么角色？

X: 一是工具层面的角色。从很早我就知道自己记性不太好，习惯把平时的想法记下来。刚去美国时创作想法多但没钱，就听朋友建议先记下来，记来记去，真记了不少。但这些东西很少回头去翻看，偶尔看了也没有当时的感觉了，这些记录纯属一堆“真实的文字”而已。二是承担了“文人”的角色，很早就听过“一本书不穷”这句话，从此仰慕能写书的人。特别是后来做作品的过程中要考虑展厅、材料费的限制，就羡慕“坐家”了。一支好用的笔、一杯咖啡，就看你的思维能走多远。三是写作能满足我“完美主义”这部分生理嗜好，与文化无关。

对我来说是一种码字的技术。反正就这么多字，每一个字、词是一个意境场，与另一个意境场组合，构成新的意境场。把这些方块字颠来倒去，放到最恰当的位置，一直调整到自己要的那种感觉，可以调到无限好，没人管你，只取决于你对完美程度的要求。

M: 作为一个持续创作和思考，具备丰富经验以及高远的视野格局，并且紧密连接当下时代的艺术家，在您看来，我们所处的历史阶段，是否已然到达了一个新的历史节点？而艺术，除了技术手段的更新换代之外，是否做好了进入新的历史时期的准备？

X: 毫无疑问世界整体上都进入了一个新的历史阶段。由于世界现场变异之快，不是说艺术是否做好了进入新历史时期的准备，而是要思考艺术应该反省修正旧有艺术的盲点，而不被下一个时段抛弃。

背后的故事：鹊华秋色图 正面 2019-2021

背后的故事：鹊华秋色图 背面 2019-2021

凤凰 上海浦东美术馆 2001–2022

施慧　SHI HUI

艺术家，中国美术学院教授，博士生导师，当代纤维艺术研究所主任。1982年毕业于浙江美术学院（今中国美术学院）染织专业，获学士学位。1986—1989年在“万曼壁挂研究所”研修当代纤维艺术创作。1987年，作品《寿》（合作）参加瑞士洛桑“第十三届国际壁挂双年展”，实现了中国当代壁挂艺术走向世界的零的突破。施慧是20世纪80年代中国第一批从事当代纤维艺术的艺术家，她坚持纤维艺术在当代艺术中的创作方向，作品以棉、麻、宣纸、纸浆等纤维材料为特征，在当代艺术的层面上体现出东方精神的底蕴。作品先后参加国内外许多重要展览及提名展、双年展，引起广泛关注。

图片 / 由艺术家提供　编辑 / 徐小禾

“糸——已知·未知的互文”展览现场 苏州博物馆 2021

施慧持续使用中国宣纸和纸浆为主要媒介，在这种钟爱的后面，显然既是对媒介与自己心灵默契的那种特殊属性的体认，也是对中国传统媒介在当代的价值转换的信念。施慧的作品在中国当代艺术的图式中，呈现出独特的视觉特征，她将传统意义上的编织拓展为一种视觉空间的建构，编织的过程被作为经验的流程，而成为一种“后现代的万物有灵论”的图像演绎。

施慧 | 寻找通向彼此和未来的途径

文 - 尹菲

施慧是中国当代艺术领域非常具有代表性和独特性的艺术家。这种典型性和独特性不在于性别，而在于她对中国当代纤维艺术从材料语言、“编织”的表现方式到其文化性、社会性的拓展，甚至是重新定义。

艺术界对于施慧的艺术多有论述，大体而言，20 世纪 90 年代的《巢》真正确立了施慧的艺术风格，以微观的视角探索神秘的空间结构，使得纤维艺术摆脱“工艺”范畴介入当代艺术领域。此后的《假山》《老墙》《悬础》等不仅显示了她对驾驭“材料语言”和“结构”“空间”的极高天赋，也昭示着施慧开始对纤维艺术进行的一些文化性的思考。而从“本草”系列之后，包括此后的《归一》等作品，施慧作品中东方的审美自觉和文化自觉更加显著——尽管“纸浆”这一带有东方文化基因的材料早在 90 年代就出现在施慧的作品中——而且哲学意味渐浓。这一阶段的作品进入了一个更加主体性的思考阶段。

2021 年 9 月 25 日，在苏州博物馆西馆举行的“糸——已知 · 未知的互文”的展览中，观众得以见到施慧的新作《书非书》与《一千年以后》。《易 · 系辞下》中有“上古结绳而治，后世圣人易之以书契”。文字之于文明的意义不言而喻，文字的形态演绎几乎也暗合着人类社会文化经济的发展。而在文字发明以前人类活动结绳以记事。在作品《书非书》中，施慧反其道而行，以“结绳”的形态来重新演绎书法的线条。纤维的“编织”与文字的“辗转腾挪”形成一种陌生与熟悉、传统与当下的互文，赋予“书法”和“纤维”以新的审美意象和想象。

书非书 棉线 木板 320cm × 200cm 2021

施慧的作品中关于白色巨石的意象并不陌生，《假山》《老墙》等作品中多有出现。而在《一千年以后》中，一块块白色巨石上更增添残存的来自书法和古典书页的文字，犹如历史遗存。

英国历史学家卡尔曾说："历史是现在与过去之间永无止境的问答"。我们似乎能够看见施慧如何以自己的方式赋予纤维巨大的能量，展开过去和未来、此刻与彼时的对话。

从某种程度上说，施慧这一阶段的作品似乎已经跳脱出了西方线性艺术逻辑语境下所谓的"当代"，她以一种沉静、低调而又颇具力量的方式回应着当下的现实，于古老的、逝去的神秘中解锁、构建新的可能，以此寻找通向彼此和未来的途径……

有论者认为"施慧的艺术创作始自编织，而编织所牵系着的，却不只是一种特殊的材料或手艺，也并不止于创作手法或者表现形式，在更加深远的意义上，编织之于施慧，是一种理解世界的方法和路径"。在施慧这里，纤维显然本身就是一种态度、一种选择、一种文化基因和社会基因的携带者。正是施慧的艺术探索，使得纤维艺术在当下的这个后现代之后的复杂的社会现实中重新绽放出旺盛的生命力。

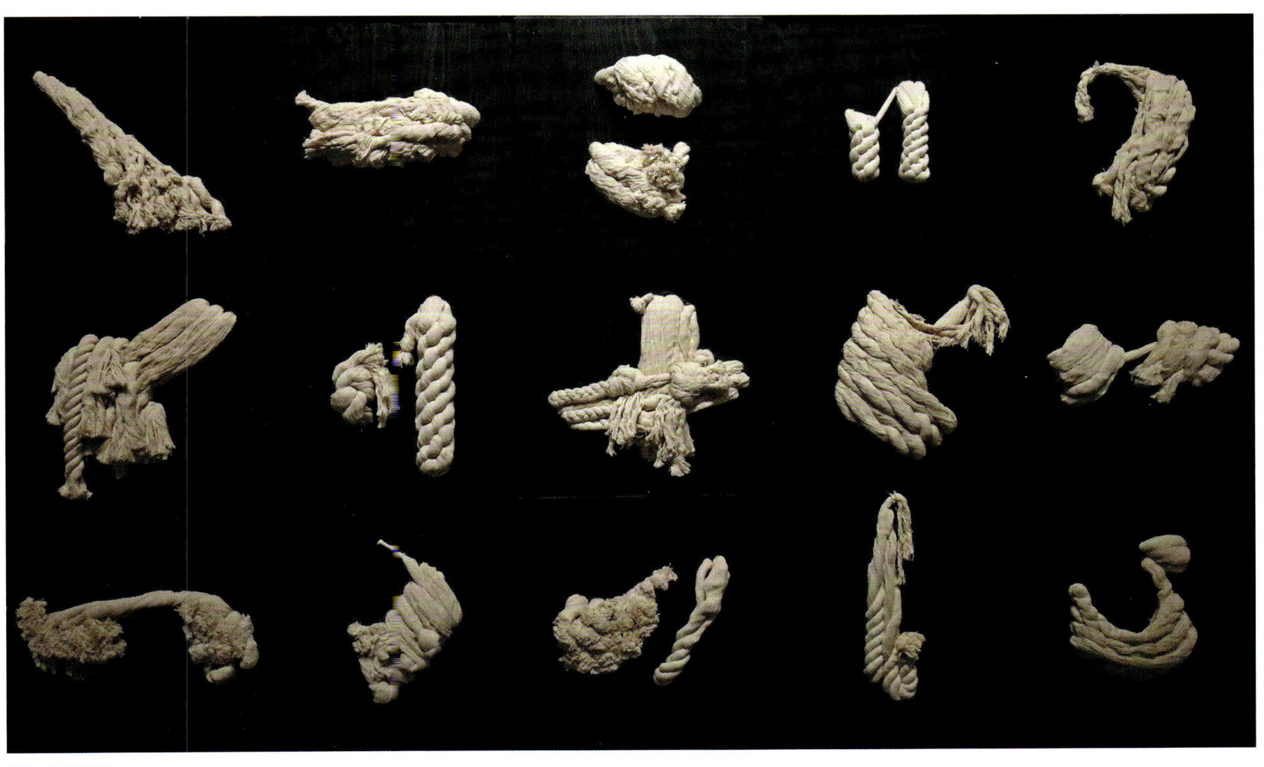

书非书（局部）

作品文字说明：《书非书》

中国的书法如何可织？

远古伏羲观天象，察兽迹，演练八卦，始创文字。周代象形，六书俶始，图写文字，由来久已！文字的结构点划蕴情，横斜含意。那点如坠石，横若长河，撇当疾风，捺即远涉，文字不唯记事，万般兴味俱在其中。练字如炼万物，字的笔划构架皆合世界的道理。

结绳是另一种人类原生的表情。绳之粗细、聚散、顺逆、深浅，带着身体的力量，正有书织共生的诸般表情。结绳如书，正是将身体的运动还原为书写的运动，呈现诸般幻变无尽的表现。绳结如划，抑扬顿挫如书之边旁部首，别有一种书的快意，带着生的活的力量扑面而来。

书，非书，非常书！

一千年以后 综合材料 纸浆 1000cm × 200cm × 110cm 2021

一千年以后（局部）

一千年以后（局部）

作品文字说明：《一千年以后》

千年之后，会是怎样？

数千年以来，人类结绳记事，河洛占卜；虞廷作绘，五采彰施；致使技艺象道，迭经嬗变，若断若续，延绵不坠。远古的遗迹，支离斑驳，留下多少千年秘案。古金石之学、文字之学，将深山古陵中的旧物，做了深入无断的考察，祈望还原当时的情事，再现原初的面貌，让千载之事莘莘然活于手下。

当年苏子与客泛舟游于赤壁之下。清风徐来，水波不兴。有洞箫和歌，如泣如诉；有客羡长江无穷，感生之须臾。苏子慨然而言：以变者观天地而不能一瞬；以不变观天地则物我皆无尽。万物各有其主，惟江上清风、山间明月，耳得为声，目遇成色，是造物者之无尽藏也！千古名篇《前赤壁赋》声犹在耳，这千年之后，万物嬗变，但那文化的遗存，仍是未来造物的宝藏。今之视苏子，亦若未来之视今，此千万年之无尽矣！

艺术家工作照

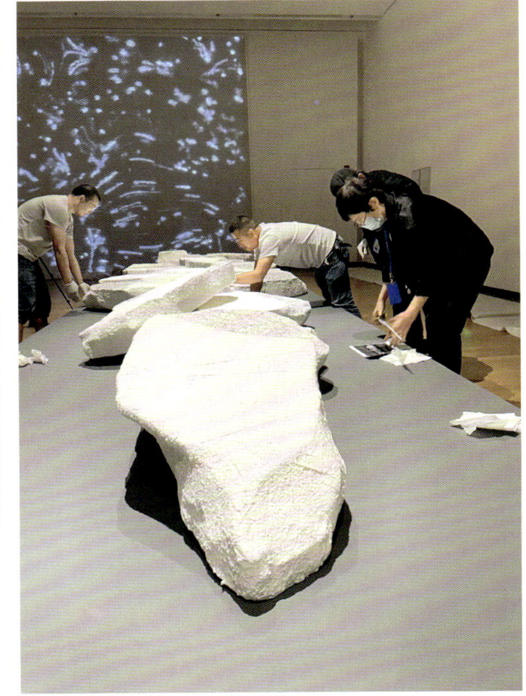

艺术家布展现场

一千年以后（局部）

杨千 YANG QIAN

出生于四川成都一个教师家庭，1982 年毕业于四川美术学院油画系并留校任教，1988 年获得佛罗里达大学艺术硕士学位，2002 年从美国纽约回到北京工作和生活至今。杨千是一位善于探索、勇于突破自己的实验性艺术家，从他回国后的早期作品“水珠”系列到随后的“动态绘画”“双重绘画”和“纸屑绘画”无不反映出他不断突破自己的创新精神。近几年来，他把探索逐步转向了多媒体和装置方面的实验。如他利用运动 APP 卫星定位的功能在大地上走出各种有意味的图像等。作品曾参加国内外的重要大展包括西班牙塞维利亚双年展、韩国釜山双年展、波兰波兹南双年展、上海双年展、德国 ZKM 当代美术馆 “潜流 - 亚洲当代艺术展”以及威尼斯双年展等国际大展，并多次在纽约、伦敦、布鲁塞尔等城市，以及国内成都当代艺术馆、今日美术馆、上海证大美术馆、三亚当代艺术馆、北京白盒子艺术馆举办个展。

图片 / 由艺术家工作室提供 编辑 / 徐小禾

北京弃物 现场图

这些作品可以看出杨千的用意是把装置中的一些关键的现成品同时赋予内容和形式方面的视觉效果。于是视觉语言从非现实的层面进入一个现实的层面，以此来表达杨千对自我存在境遇的思索与追问，以及对中国当下现实社会出现的诸多危机的深刻关注与忧患意识，并在真实与虚构的作用下，构成真实朴素的力量。正是因为他敏锐地感受和意识到了这种变动不居的公用空间，才在他的这些新作中显示出几分幽暗的狰狞。这与其说是杨千内心深处强烈的人文关怀，不如说是他作为艺术家的品格与情结。因而，在解读这些作品的过程中，我们可以深刻地感知到杨千的破碎激情，不仅值得尊敬，或许也是每一位当代艺术家不可或缺的社会责任。

——冯博一

北京弃物 现场图

北京弃物 现场图

北京弃物 No.6 现成品 水晶树脂与综合材料 30cm × 30cm × 40cm 2017

北京弃物 No.14（俯视） 现成品 水晶树脂与综合材料 40cm × 36cm × 40cm 2017

北京弃物 现场图

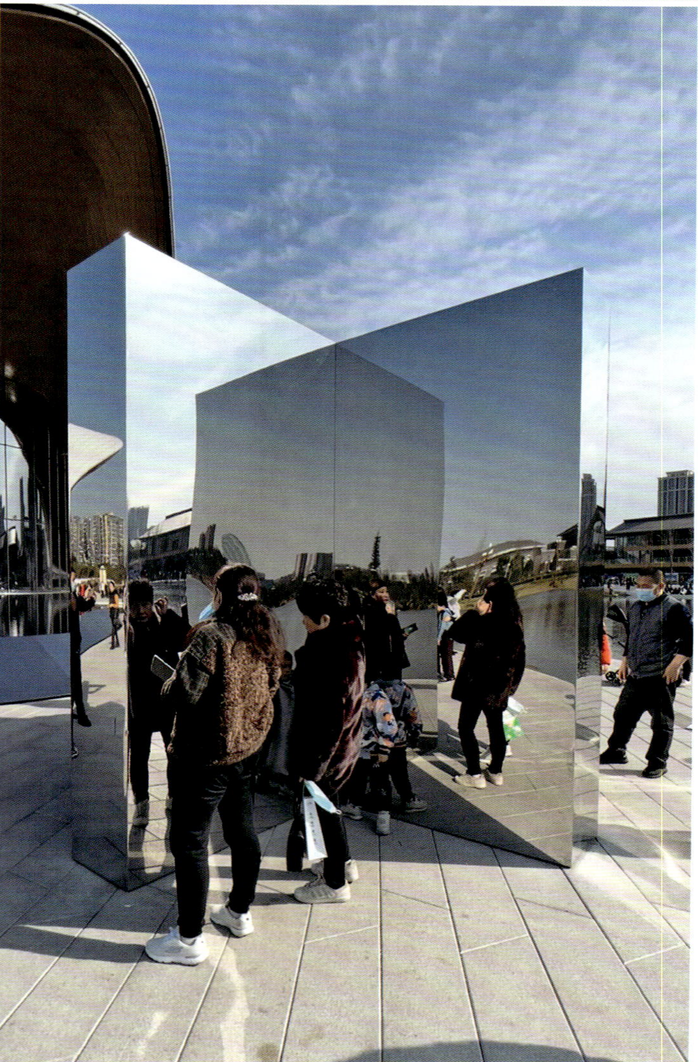

启示 不锈钢 300cm×350cm×350cm 2020

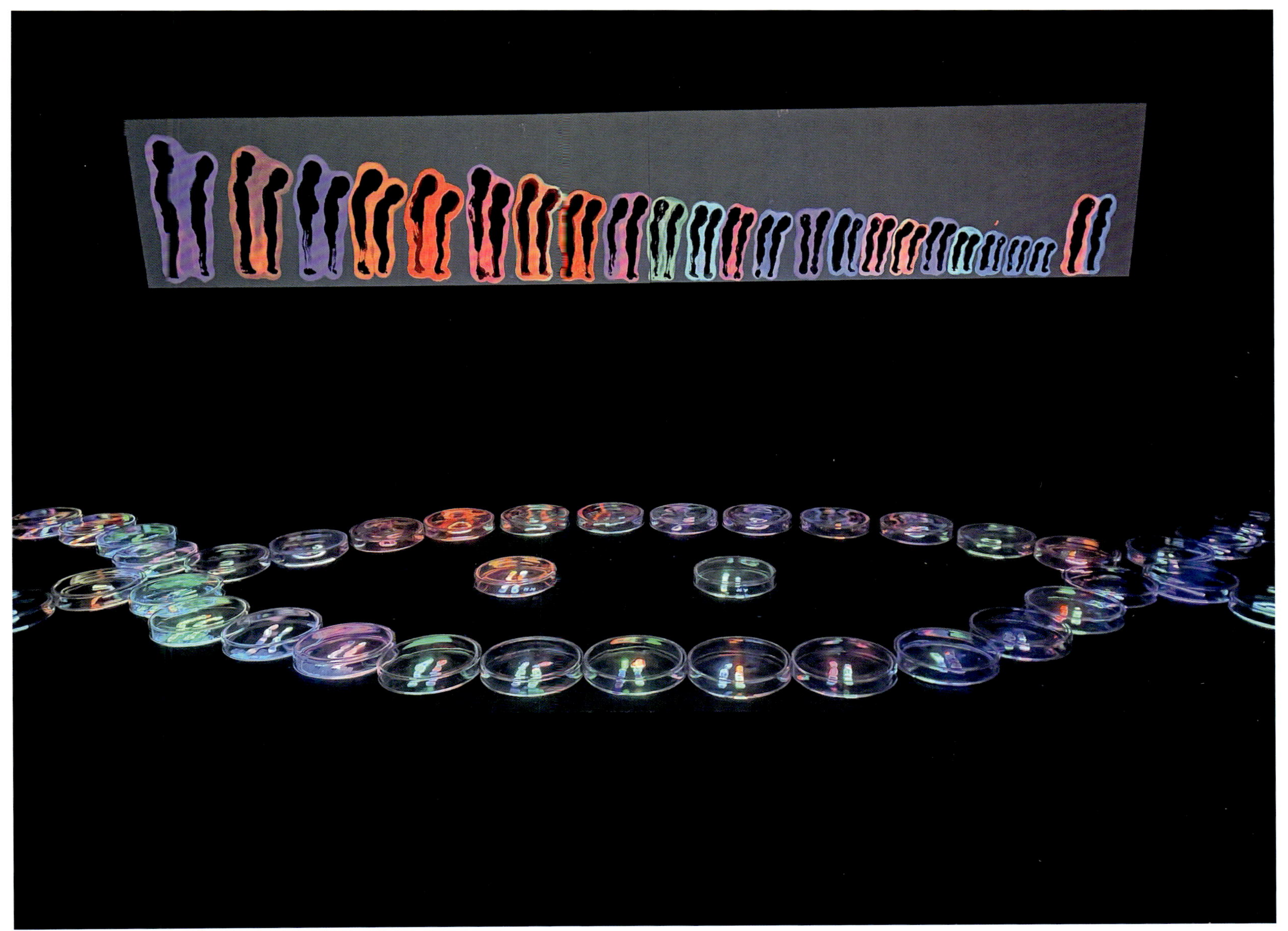

基因重构序列 1 号（场景 3） 荧光材料 玻璃 宣纸 墨 木桌和紫光灯 可变尺寸 2019

杨千从生物科技入手，结合荧光颜料和希伯来字母，演绎着他对生命源头的综合领悟。仰望浩瀚宇宙时，人渺小如微尘。通过显微镜观察时，方寸肉身里又满盈着巨量的生机。从宏观到微观的张力空间里，非物质的神秘能量，随机外化为各种形象和符号。

人类的基因包含在染色体中，染色体存在于细胞核中。每个正常人类细胞的细胞核均含有 22 对常染色体。通常，希伯来文是世界上最古老的语言之一，也有 22 个字母。在《基因重构序列》里，杨千将这两种神奇“密码”的形象透叠、融合，按 DNA 双螺旋结构组合起来时，肉体、精神的来源神奇重合、难解难分。

—— 杜曦云

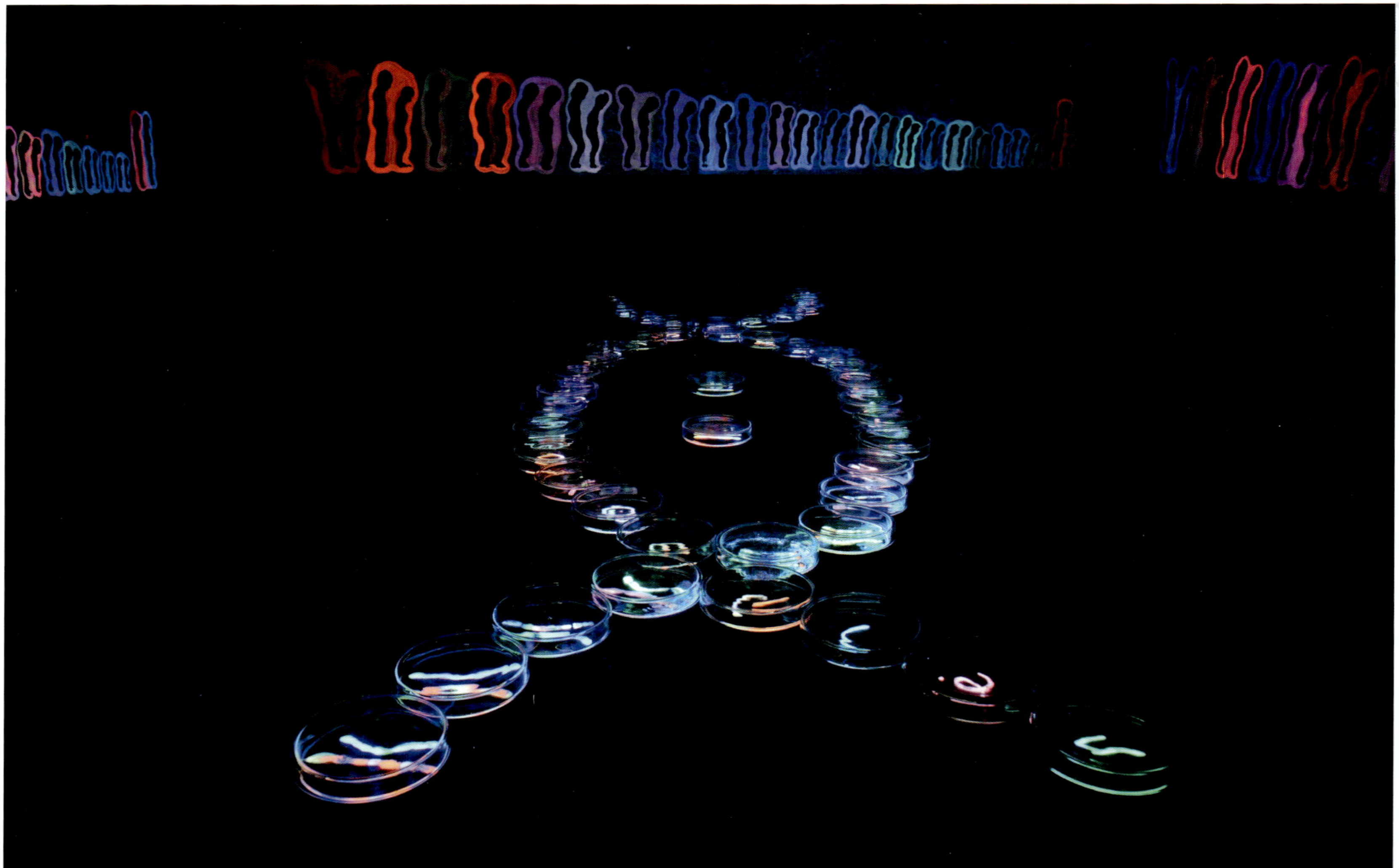

基因重构序列 1 号 荧光材料 玻璃 宣纸 墨 木桌和紫光灯 可变尺寸 2019

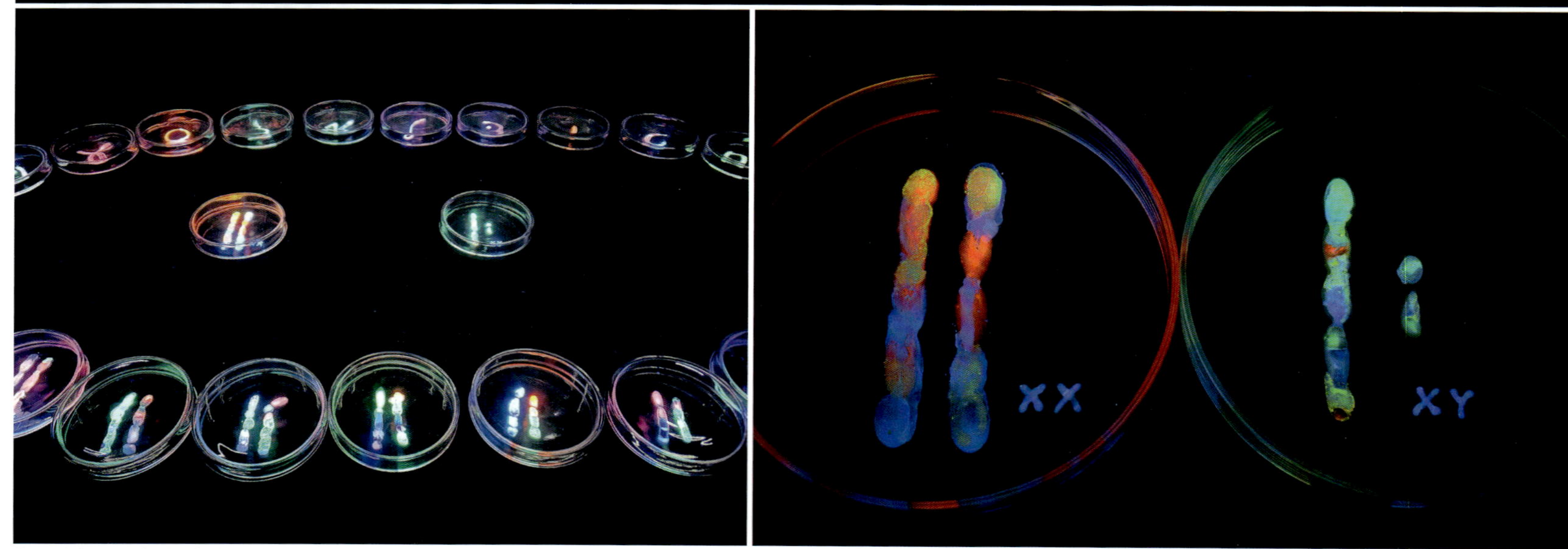

基因重构序列 1 号（局部 4） 荧光材料 玻璃 宣纸 墨 木桌和紫光灯 可变尺寸 2019

基因重构序列 1 号（局部 1） 荧光材料 玻璃 宣纸 墨 木桌和紫光灯 可变尺寸 2019

溪山清远 No.2 霓虹灯 丙烯 喷绘和综合材料于帆布 150cm × 200cm 2014

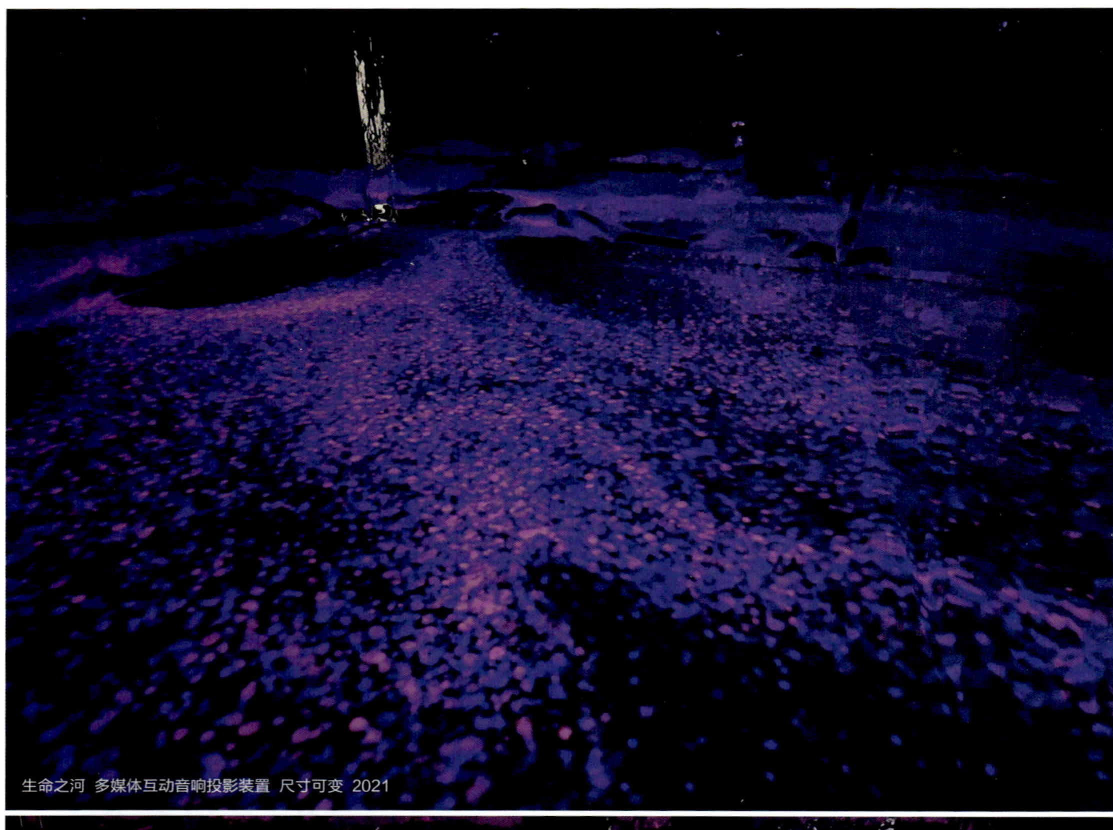
生命之河 多媒体互动音响投影装置 尺寸可变 2021

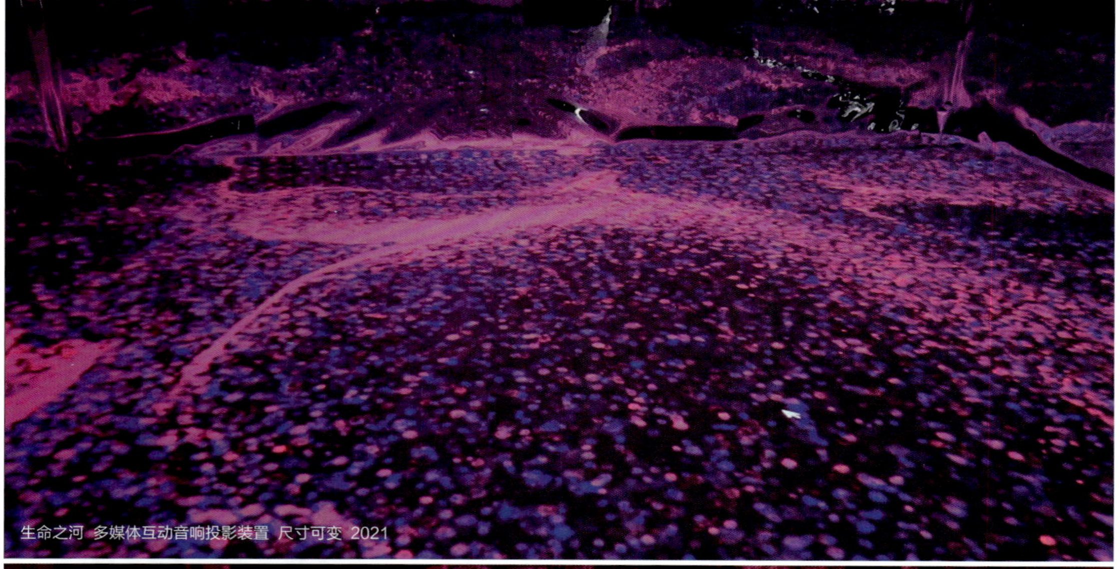
生命之河 多媒体互动音响投影装置 尺寸可变 2021

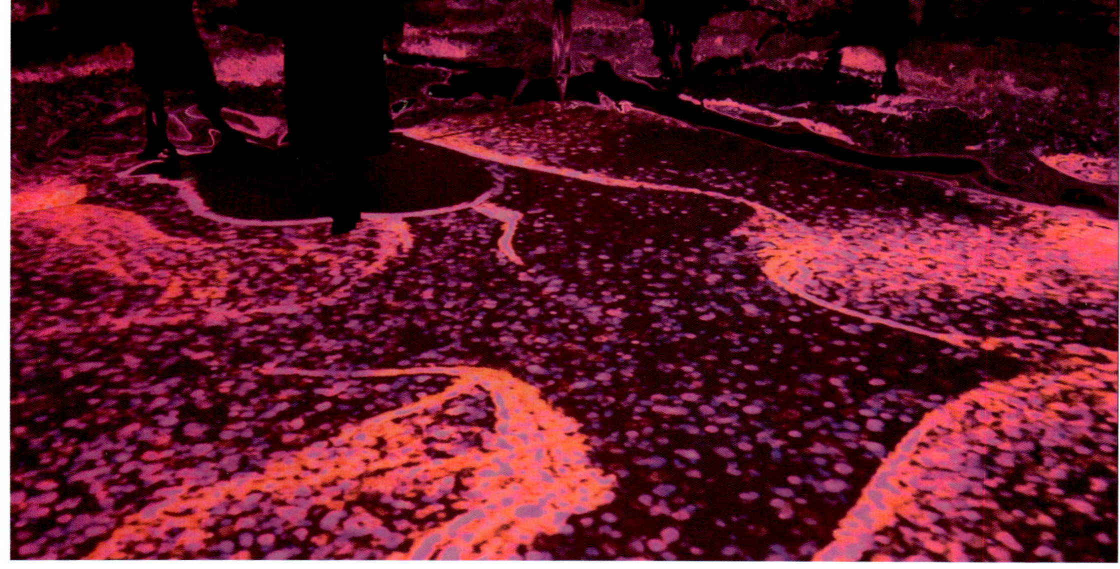

《生命之河》是追根溯源冲动的空间化。他用互动式影像，组建了一个放大的微观世界，观者如同缩小后重返母体之中，有机会窥探生命的孕育过程。在这个沉浸式体验空间里，伴随着胎儿的心跳声，无数细胞在缓缓流动、变化形色。在这流淌的细胞世界里，观者的走动坐卧，如同进入河流，会敏感地引发“生命之河”的丰富变动。我们从哪里来？世界如何无中生有、丰富浩瀚地生长至今？

——杜曦云

生命之河 多媒体互动音响投影装置 尺寸可变 2021

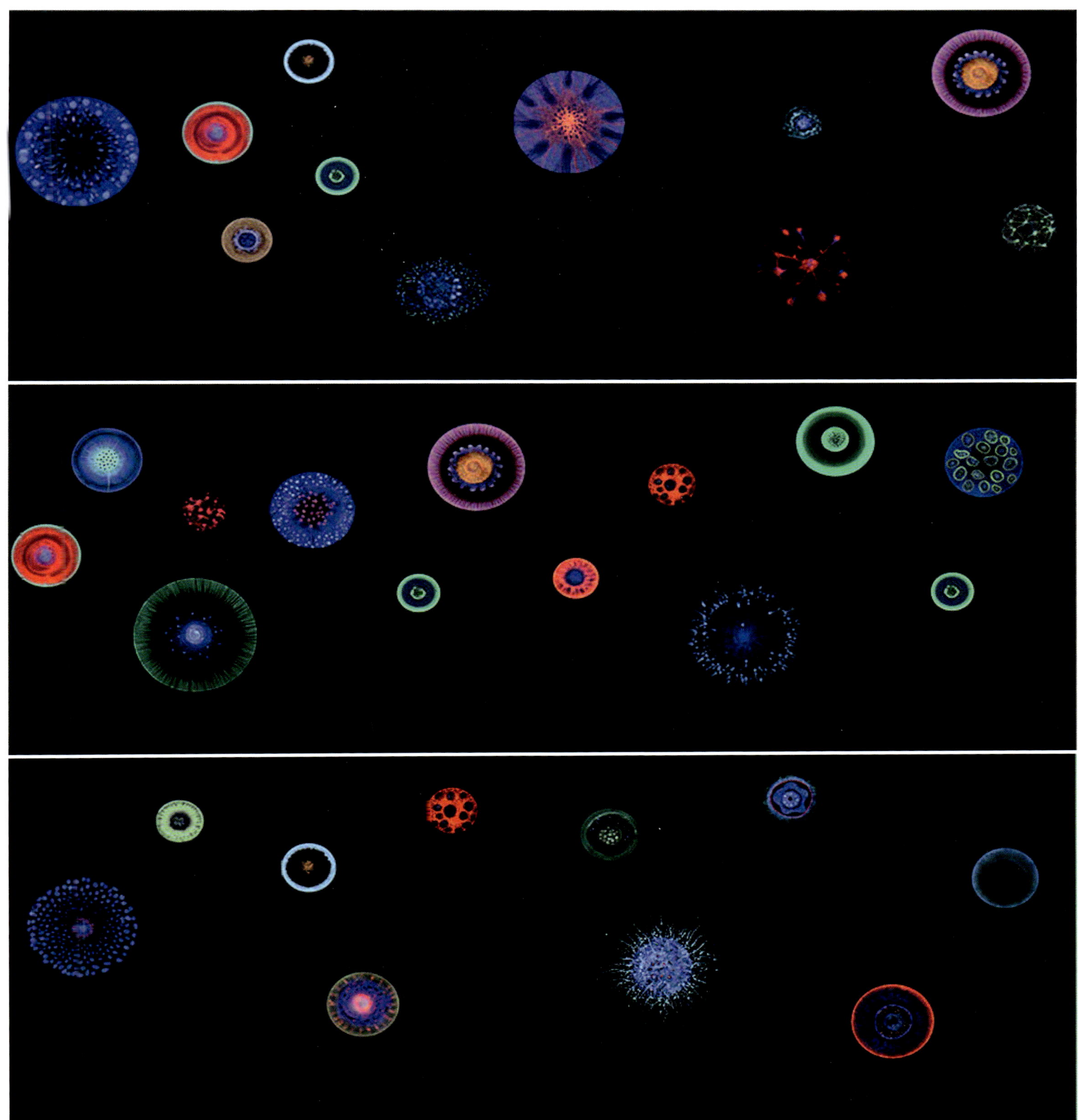

异度（紫光灯下）丙烯与荧光材料于布面 2022

在圆形画布上，他用荧光颜料涂绘滴洒出星星点点、环环圈圈的形色，和明灭闪耀的紫光灯相搭配，形成奇妙的视觉效果。当紫光灯亮起时，“空虚混沌、渊面黑暗”的展示空间里，生机忽然闪现、定形、光耀。生命的诞生，是不可思议的奇迹；生命的成长，是历历在目的实证。每一个单体生命都有独一无二的魅力，又相互效力，如星空般璀璨……用纯属视觉的手段，杨千让这一系列名为“异度”的物件辐射出打动视觉、感染心灵的能量。

——杜曦云

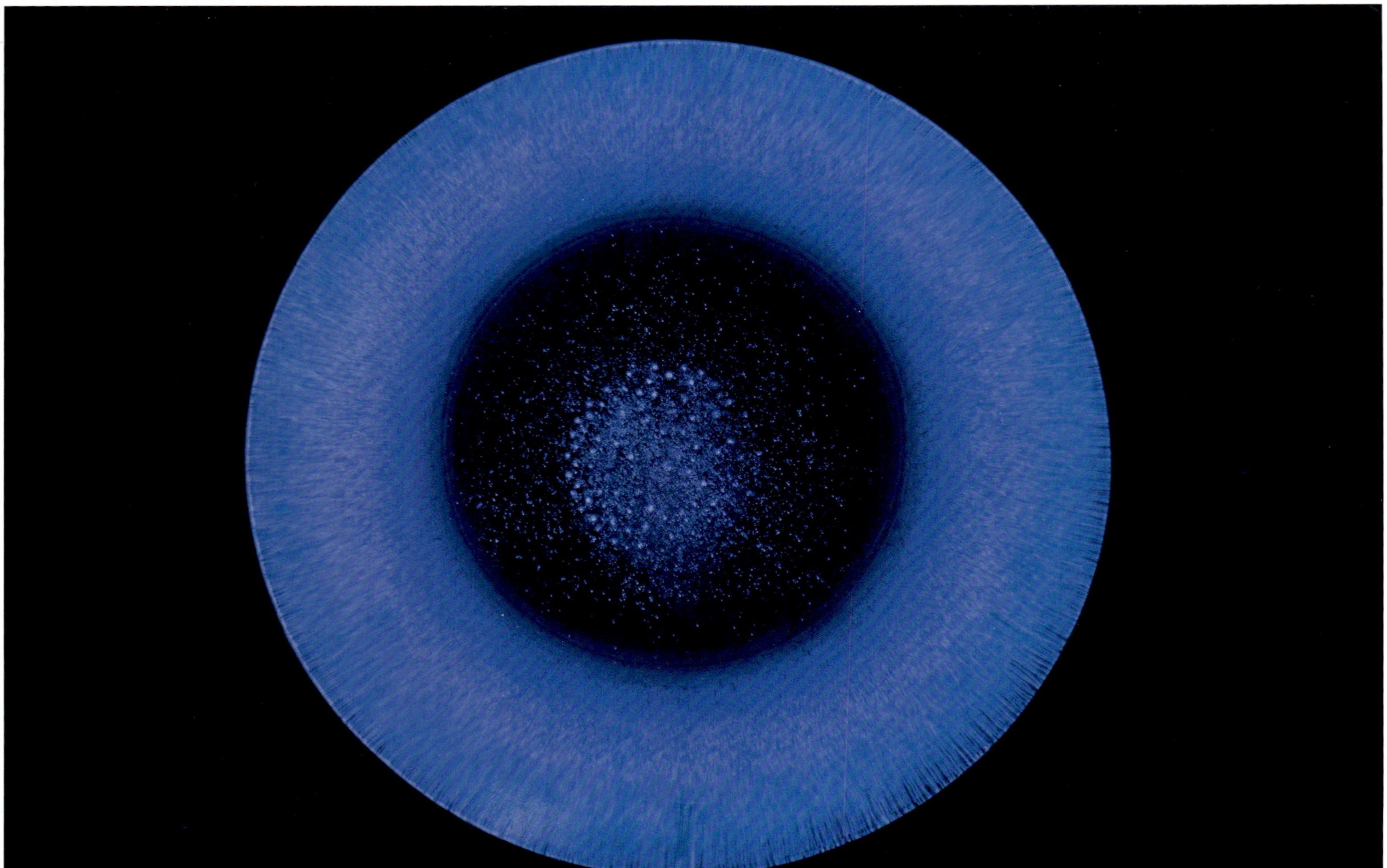

内视 NO.21（紫光下） 综合材料于木板 直径 120cm 2022

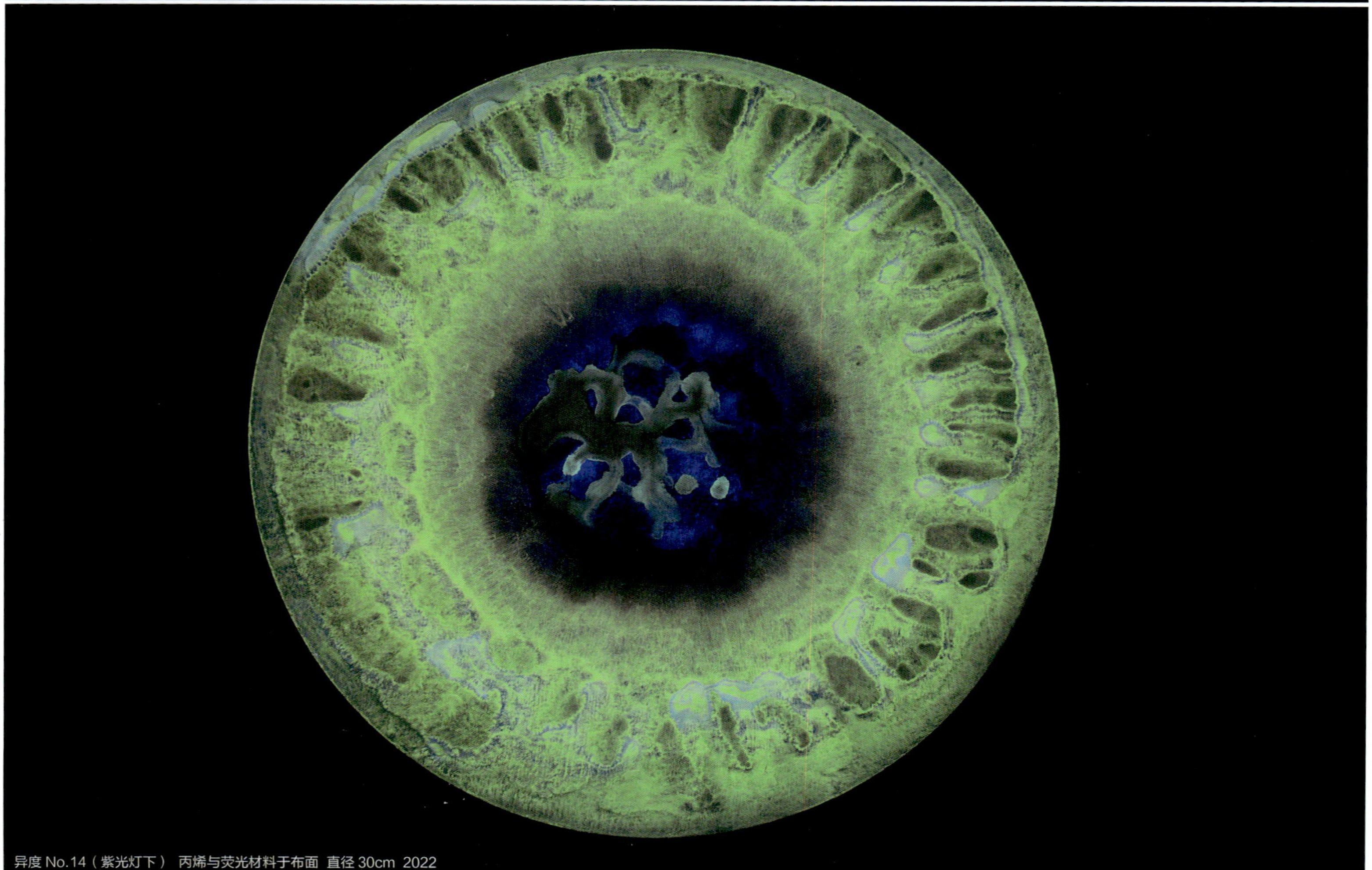

异度 No.14（紫光灯下） 丙烯与荧光材料于布面 直径 30cm 2022

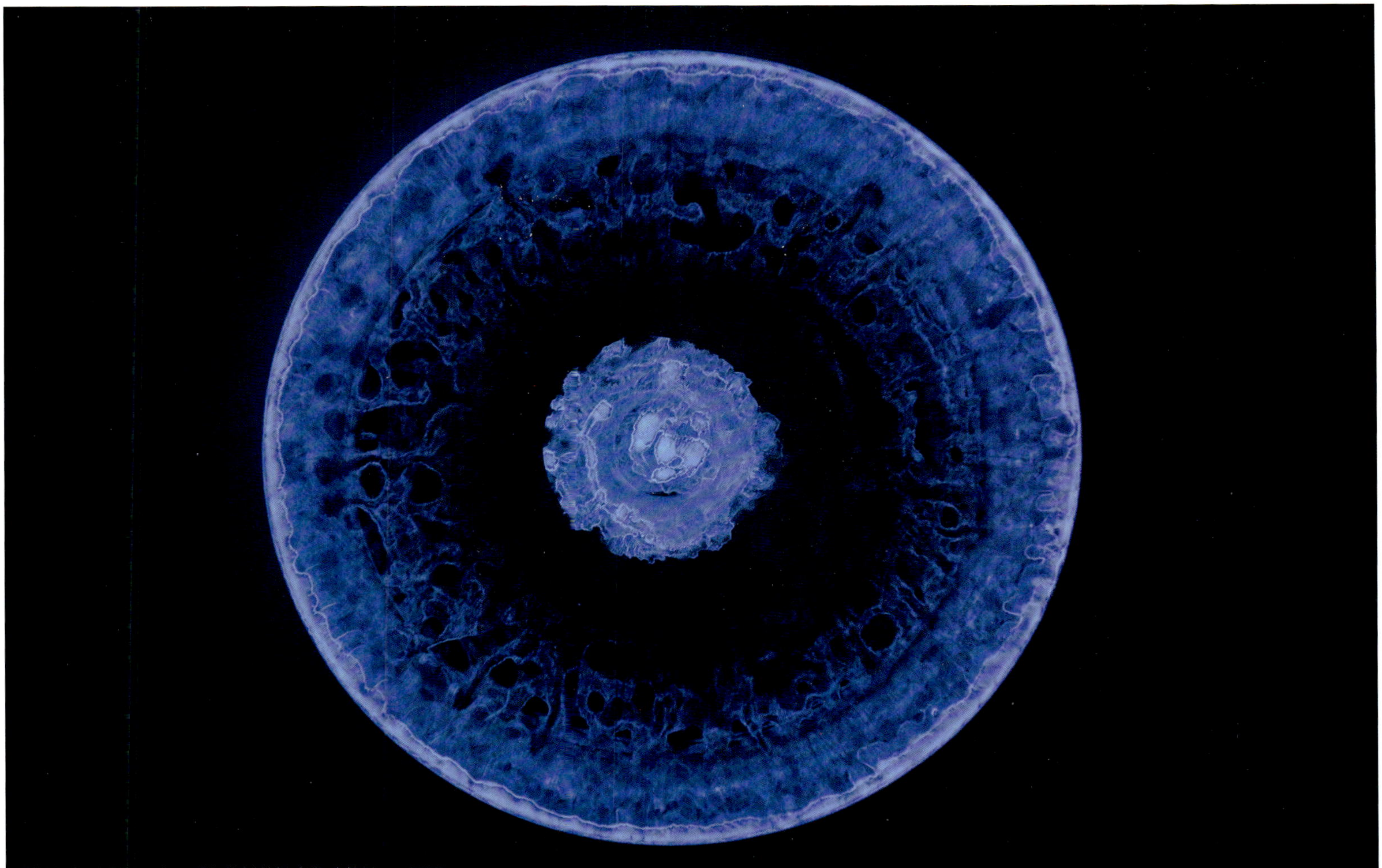

异度 No.16（紫光灯下） 丙烯与荧光材料于布面 直径 30cm 2022

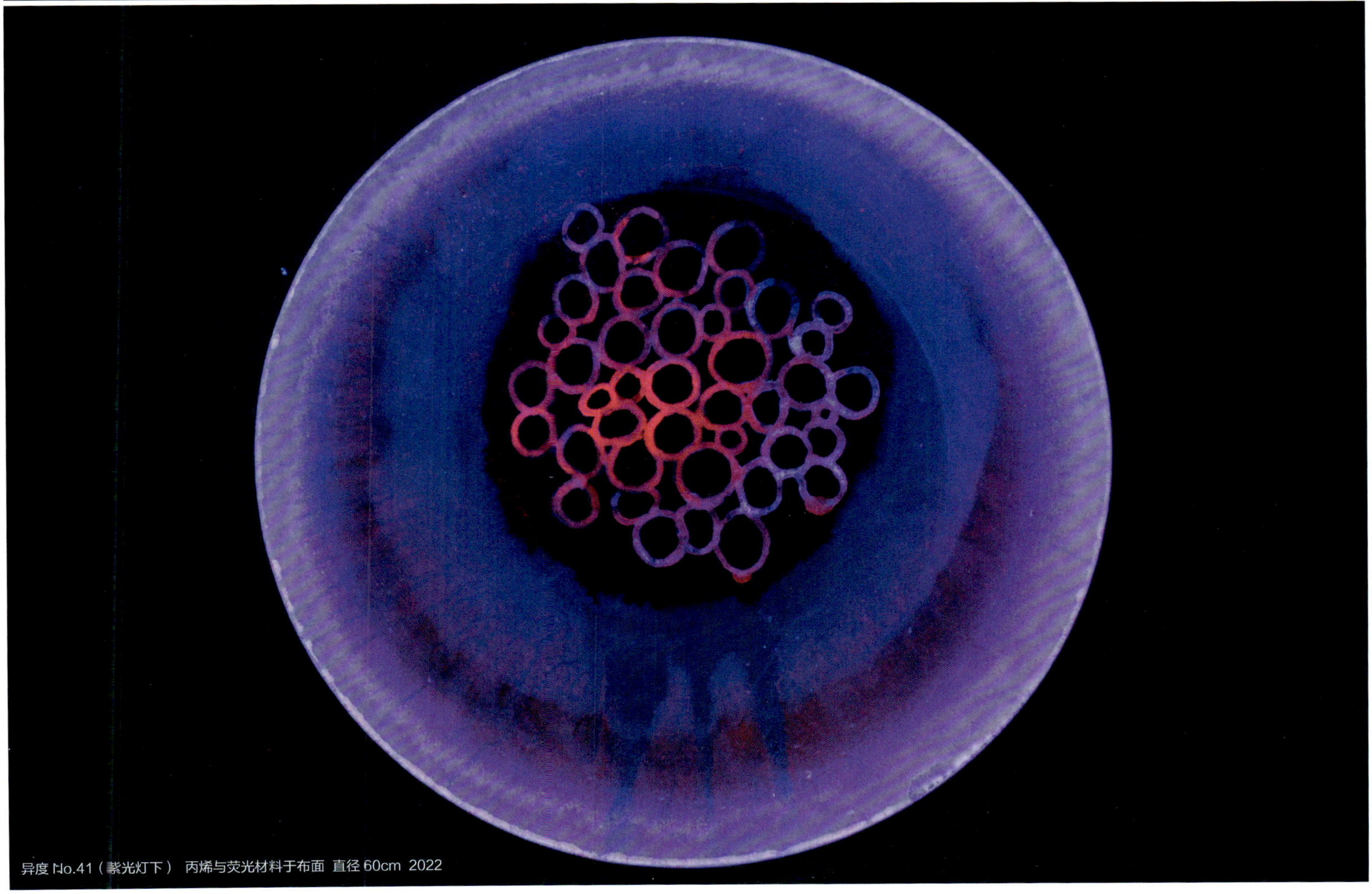

异度 No.41（紫光灯下） 丙烯与荧光材料于布面 直径 60cm 2022

李向明
LI XIANGMING

图片 / 由艺术家提供 编辑 / 刘雯

李向明的艺术历经了具象到抽象、绘画到综合材料及装置、平面到空间的形式跨越实践；提出“土语”精神母题，建构“补丁美学”概念；注重国际化语境下艺术本土性研究，强调艺术创作的根源性与艺术家生存经验的统一。作品收藏于中、美、德、法、英、俄、日、新、马、泰、港、澳、台等地美术馆、艺术机构或私人藏家；出版有《土语者》（三联书店 2011）《有序无序》（河北教育出版社 2004）《土语 - 李向明》（文化艺术出版社 2011）等十多部。近年来，作为一种文化态度和对当代艺术的思考，远离中心，走向边缘，关注问题的现场，寻找艺术与现实关联的新可能。

几十年自我加压，注重观察、阅读、思考、实践，不断在脑海中滋生新的问题。渐渐，“乡土”成了问题的中心。其实，直到现在，我一直在寻觅未来。如果把艺术当成一件事要做好，就得不停地探究。

李向明

01-1- 抱团取暖 装置 直径 550cm 高 255cm 2020

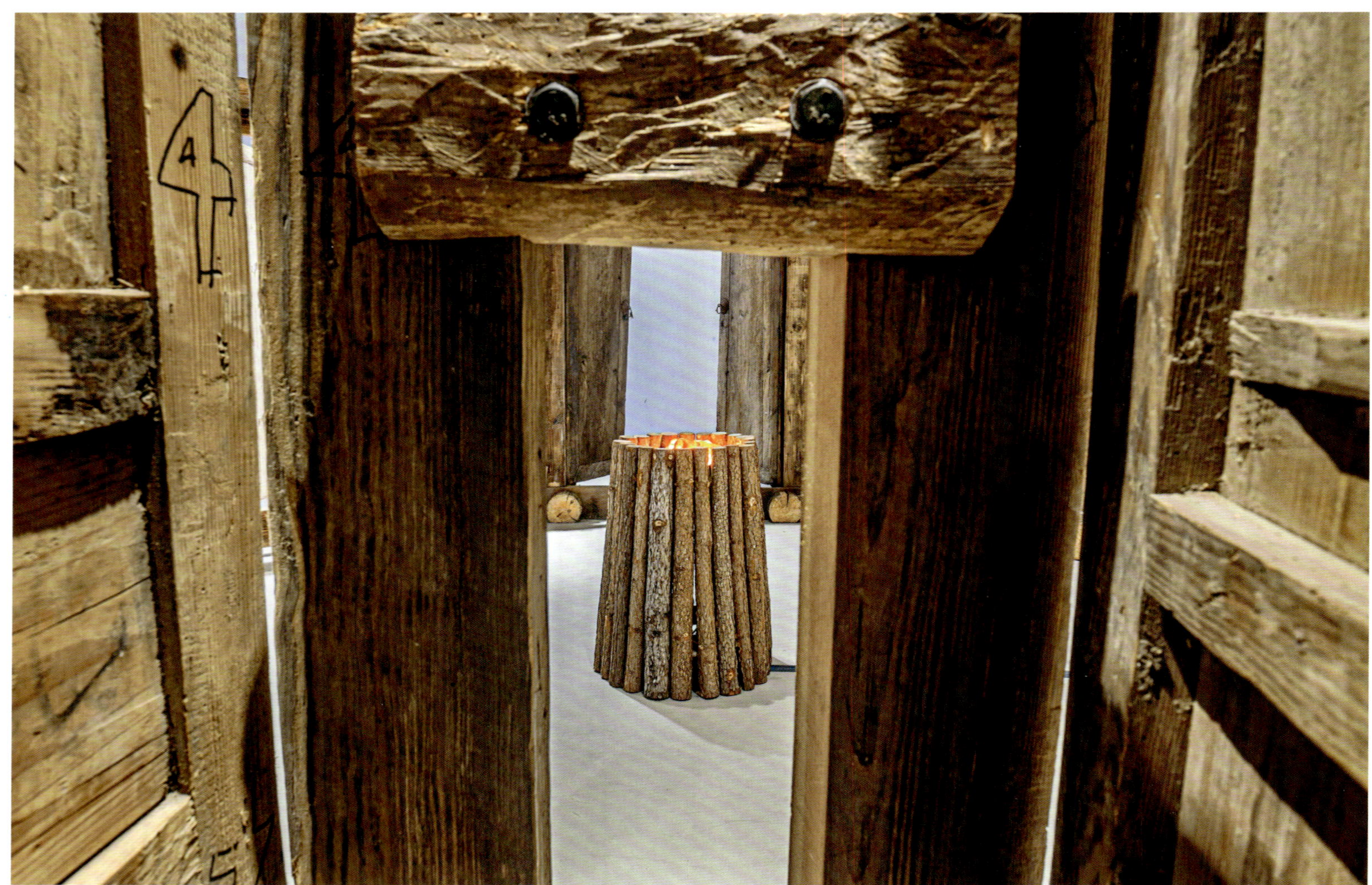

01-3- 抱团取暖 装置（局部）

李向明："乡土"这个词在中国有着特殊而复杂的含义

采访 - 胡少杰

漫艺术 =M:"乡土"在今天的中国已然是一个十分复杂的概念，因为它既保留了部分前现代的农耕文明，又承受着商业化带来的文明红利以及不可避免的负面影响，形成一种既交杂又割裂的现状。作为一位长期以艺术的方式介入"乡土""乡村"中，持续地思考和创作的当代艺术家，在您看来，面对今天的现实状况，艺术是否可以起到一定的弥合和厘清的作用?

李向明 =L: 你说得对，"乡土"这个词已经超越其原始词性变得越来越复杂。即使曾经的乡土文学、乡土艺术类作品普遍表达的田园诗般的乡土意象，也变得泛泛的甜熟而无张力。尽管从鲁迅到当代莫言所构成的乡土文学，从来没有停止过对乡土的鞭挞，尽管从梁漱溟、费孝通等对乡土的理论阐述，指出过乡土作为中国社会结构的基础而存在的深层问题，尽管百年来大大小小的乡建运动从来没有停止过，但乡土的根性问题并没有实质性改变。直到当下，"乡土"与现代文明之间的冲突或不和谐是真实存在的，如伦理胜于法理、人脉胜于规章等。我们从表象上看，轿车、手机、洋楼等各种现代形式的产品与生活样貌，在乡土已不罕见，但人际关系、人与社会关系、私人与公共关系等，依然是农耕时代的思维与观念。特别是乡村人群的社会角色不清晰、不确定，既是户籍上的农民，职业上又是城市工人或杂务工，他们与土地的关系越来越模糊不清。他们既是乡村土地的主人，又没有处置土地的权利，还不靠土地吃饭。城市人也一样，社会身份的混杂，在现代社会形式结构中显现出异常的混乱。所以，"乡土"这个词在中国有着特殊而复杂的含义。这与中国乡村的历史性演化，尤其是乡制与乡治的演化，给"乡土"这个词蒙上了思考的惆怅。

当然，一系列的乡土问题靠艺术“厘清”，不可能，起到一定的“弥合”作用还是可能的。艺术有时候就像润滑剂，它不能直接构成改变某种机制或结构性矛盾，但有非常强的感染力与影响力，它在潜移默化中揭示与改变着世界的某些丑陋。艺术不是万能的，但却是不可替代的。事实证明，什么地方有艺术及艺术家集群，什么地方就会泛起波澜、涟漪，就会被激活带来生机与朝气。

M：在当代艺术的创作方法论中，似乎并没有能够适用于“乡土”的指导范式，也没有明确的理论依托，所以可能就会遇到一些认知和认定的问题。但是在某种意义上，您的创作却可以看作是中国真正的当代艺术，这并非因为您运用了当代的语言方式，而是因为您直面的是中国当代最核心的问题。您是从什么时间开始明确以此为方向的？

L：回想起来很难说有一个明晰的时间节点，正如你讲的，并没有能够适用于“乡土”的指导范式，因此也就不可能先举起这杆旗帜，确定从此走向了什么方向。只有在艺术实践中，潜心思考，苦心探索，循序渐进，不断调整思路，形成相对清晰的方向。走向今天这个状态，不是一种预设或既定的结果，可能符合水到渠成的规律。如果非要确定一个转化的节点，应该以 2005 年在中国美术馆举办的第一个展览算起。那次展览，既是一次对以往的总结，也是对今后方向的把脉。通过一批批评家、理论家、艺术家朋友和观众等的反映、研讨，形成了一次深度的多方对话，梳理了以往不确定的因素，逐步坚定了信念。从内在因素讲，与自己童年、少年时期在乡村生活的记忆，以及青壮年之后在都市生活的反思有关。几十年自我加压，注重观察、阅读、思考、实践，不断在脑海中滋生新的问题，渐渐，“乡土”成了问题的中心。其实，直到现在，我一直在寻觅未来。如果把艺术当成一件事要做好，就得不停地探究。

M：您从 2018 年进驻贵州洪江村进行艺术创作以来，也有四五年时间了，如今回望当时初入洪江村时的一些思考和诉求，是否已经有所成效？这期间您遇到的最大的困难是什么？

L：做事情一定会有得有失，来洪江做的事情也不例外。决定做一件事情，往往是有美好愿景和想象的，其来源于某种理想。来洪江的缘由也是为艺术的理想而来的。但是，来到问题的现场，当你置身其中，发现有些事情不会那么理想化，不会完全按照自己的思想轨迹行走。那就得采取适当的妥协。不管怎么说，收获还是蛮大的。这种收获首先是我以往的补丁美学思想的延伸拓展。从平面到空间的视觉形式转换，拓宽了视野，积累了经验，产生了一批新形态的作品。在选择材料上涉猎了以往从没接触过的砖、瓦、木、石、金属等材料。其次，是对少数民族村落的了解、理解、融入，都是一场田野调查，一场切身体验，对中国乡建中的诸多问题有了进一步的思考，对边远乡村的原始特质与现代文明的差异也有了进一步感悟。再一种收获是对生态问题、废墟问题的理解有了一些新的认识。这些都将成为今后一段时间的创作依据和资源。还有一种收获，就是艺术家们来到洪江村之后，对村落经

01-4- 抱团取暖 威尼斯建筑艺术双年展平行展 现场

01-2- 抱团取暖 装置（内侧）

02-1- 重生乎之一 废木头 胶 200cm×200cm 2020

02-2- 重生乎之二 废木头 胶 200cm×200cm 2020

济、文化的影响，提高村民整体素质，都起到非常积极的作用。这方面在各种媒体的报道中有许多体现。总的来说，远离文化艺术中心，可以静思，可以不被都市的繁华以及文化圈的各种力量所左右。这种感觉，是我最珍惜的。

在洪江期间遇到的最大困难是从北京的快节奏生活到少数民族村落的慢生活，落差太大，做事效率太低，久久不能适应。适者生存，我们转换一下角度看，也许这里的“慢”，是对我们都市的“快”的调整。但是，文化理念的差异，却是无法妥协，无法在短时间内弥补的大障碍，因此常常被误解，常常被怀疑。

M：用艺术的方式对老建筑进行改造，这其中涉及一个悖论式的问题，就是如果您把它作为艺术作品去打造，那么艺术的语言逻辑和建筑本身的实用性之间天然的矛盾性，您如何调和？

L：许多人问起过这个问题，我也在一些文字中做过表述。本来，艺术与建筑，一般来讲，一个形而上，一个形而下；一个务虚，一个务实；一个不可使用，一个被使用，其实这只是最原始价值意义上的逻辑。建筑有史以来就与艺术结缘。建筑，本来就是人类美学研究的重要对象。建筑，除了实用功能之外，都与艺术有关。建筑的体量大小、比例、空间关系、材质等等都与视觉、感受、心情等有关，那就是与艺术有关。在我看来，修一座房子与画一张画，实际是一回事。一张画的构图，讲究结构关系、疏密变化协调，讲究色调的和谐统一等。一座房子，也不例外需要结构关系与空间大小的合理协调，统一中求变化，变化中求统一。在美学上非常一致。所不同的是，建筑需要选择各种建筑材料，要有一定建筑材料方面的认知，还需要有一定结构力学知识。一方面，我为此做了一些知识弥补；另一方面，这些问题都是可以通过请职业人搞定的。这个问题的核心是艺术家做建筑与建筑师之间的差异，就在于：一个偏重于视觉形式，一个偏重于功能与结构。但是，像贝聿铭那样的大师也许不会有这种偏重，因为他们都是真正的艺术大师。梁思成也非常强调建筑与艺术的结合。建筑是一个复杂因素的综合体，是一门综合艺术。作为艺术家搞建筑，最重要的是将非常规的艺术想象用科学理性的方式呈现出来。

M：无论您的抽象拼贴作品，还是您近年的现成品装置作品，都很注重语言形式，那么在您创作的时候，强调形式本身的创造性和作品背后的观念性之间会互相消解吗，您如何平衡？

L：一般情况下，我注重语言形式多于作品背后的观念。一句大家共知的老话，也是吴冠中先生一贯遵循的原则，即：形式就是内容。过去曾经批判“形式主义”是主观唯心主义，是不切合实际的空想形而上学。德国哲学家赫尔巴特的形式主义美学认为：美只能从形式来检验。可见形式在艺术中是多么重要。没有形式，也就没有艺术。艺术的形式，有许多时候是超验的，是与精神、意志、灵魂有关。至于形式与作品背后的观念之间的关系，实际上可以做到无缝连接，或者可以称为手心手背的关系，也可以解读为物体与影子的关系，如影随形。如果没有对事物的观察、实践、思考，也就没有我的语言形式。对于我来讲，不存在刻意平衡问题。

至于形式与作品背后的观念之间的关系，实际上可以做到无缝连接，或者可以称为手心手背的关系，也可以解读为物体与影子的关系，如影随形。如果没有对事物的观察、实践、思考，也就没有我的语言形式。

李向明

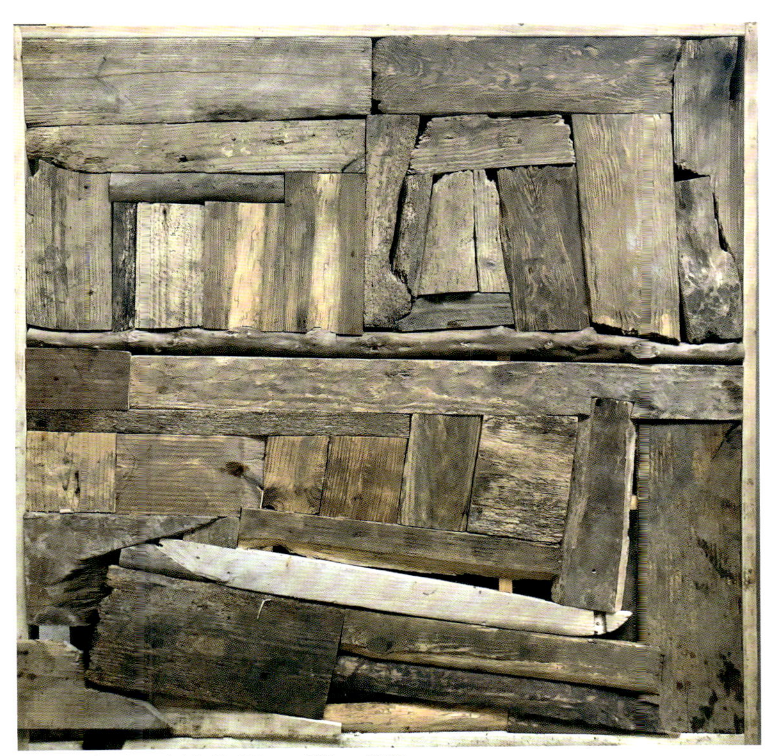

02-3- 亘生乎之二 废木头 胶 200cm × 200cm 2020

02-4- 重生乎之四 废木头 胶 200cm × 200cm 2020

05- 秩序 木板 布料 乳白胶 146cm×261cm 2020

M: 中国的“乡土”概念背后应该是一种传统的东方式的世界观，这在一些村落的构成排布，以及旧式建筑上也都有所体现。而在您的一些作品中，如《抱团取暖》《重生》，也能体现出这种观念，那么面对今天复杂的时代困境，在您看来，这种古老的东方式的世界观，是否有可能提示出一种新的出路和选择？

L:《抱团取暖》材料源于乡土的传统老门，但表达的是人类共同面对的问题。我选择了百姓最普通的门，在传统中被誉为“柴门”“寒门”“蓬门”。门，在传统文化里是有等级和身份之分的。比如北京老胡同里的各种老门，一看就知道这家的门第高下。特别是官门，尺寸大小深浅都有讲究，颜色也分朝野。朱门，就是官府的门，百姓的门不是黑色就是素色，黔南这边的门大都是素色，即木头本色。这种传统文化，正可以借用成为作品符号的所指。《重生》就是利用传统材料表达了对破旧的弥合。这些传统材料符号所带给作品的信息，自然会有传统世界观问题。比如赣州客家族围屋建筑所体现的封闭、保守的意向，显然与开放的当代格格不入。但是，在人类不得不正视现代发展所面临的环境、资源、生存等问题的时候，人类的内心是孤独的，甚至表现出无助，“围”“抱团”的理念就带来了一丝温暖。

浏览人类艺术史，你会发现越是原始的东西就越具有共性，特别是形式上的共性，比如最初的图腾、最初的洞穴、最初的材料等。事实上，带着原始基因的各类传统，稍稍做一些转换，就特别容易在当下产生共鸣。比如中国古代哲学中关于“天人合一”学说，就与当今世界研究人与自然如何相处的问题时有着非常理想的契合。虽然，由儒释道文化长期孕育下的古老东方世界观，与西方以基督文化影响下的世界观具有很大差异，但在不同的历史时段、不同的地区，有其不同的价值与作用。丰富的人类思想史、哲学史，给当今世界留下了可以选择的巨大遗产。就像500年前的王阳明心学，今天被哈佛大学教授杜维明归于二十一世纪。这就是一种时代的选择。

M: 今年已经进入了疫情的第三个年头，面对这种激变的外部环境，作为一位极具问题意识的当代艺术家，您的思虑肯定会在艺术创作上有所反映，比如您2020年的作品“隔离”系列，那么这种新鲜的生存经验以及所带来的体悟，会带入您长期的创作课题中吗？

L: 这次全球遇到的疫情，带给人类的思考很多，都是人类学家、社会学家的大课题。艺术家关注的更多是感受。我的“隔离”系列作品也是一种感受的表达。这种感受会不会长期影响我的创作？我不敢预期，起码目前的重心还在“废墟”“环境”“乡村”等概念上。

04- 乡土密码 木板 亚麻布 树皮 树脂胶 丙烯等 390cm×390cm 2020

在人类不得不正视现代发展所面临的环境、资源、生存等问题的时候，人类的内心是孤独的，甚至表现出无助，“围”“抱团”的理念就带来了一丝温暖。

李向明

07-1- 屋之殇 设计大型装置方案 2021

07-2- 屋之殇 设计大型装置方案 2021

07-3- 屋之殇 设计大型装置方案 2021

M：面对飞速的工业化以及全球化的冲击，乡村正在不断地萎缩，乡土作为文化概念所依托的农耕文明已然临近崩坏。作为一个长期的观察者和参与者，一个深度介入的当代艺术家，您对中国乡村的未来持什么态度？

L：中国乡村目前存在的问题，追根下去，是文脉的断裂，乡村教育的缺失。目前乡村都从前几年的“脱贫攻坚”转向了大搞“乡村振兴”战略。怎么搞？振什么？兴什么？反正一群驻村干部每日忙得一塌糊涂。大多数村落的思路都放在找投资、找项目，眼光盯着观光旅游、游学之类，目标就是立项要钱。这些都可以搞，但改变不了根本问题。不从根本上下功夫，也就解决不了长治久安的发展问题。就像大夫治病，治标不治本，能解决问题吗？目前的乡村，普遍存在等、靠、要的心态，怎么养成的？农民群体普遍没有理想、没有主动性、对自己的明天无所适从，怎么造成的？传统乡村的“耕读持家”荡然无存。乡村就像一只没有码头没有舵手的小船，随波飘动。走马灯一样的行政班子，换一班人一个指令，周而复始，形式主义，希望在哪里？如果土地的主人没有觉醒，哪有乡村的未来？可以说，今天的乡村处在最无话语权的时期。不抓教育，不提升农民群体的素养，不提高他们自觉奋进的意识，希望在哪里？

M：简单总结一下您的 2021 年，对 2022 年有什么期望？

L：年复一年，时间过得飞快，2021 年，又是紧张而忙碌的一年。虽然《抱团取暖》作品参加了意大利威尼斯建筑艺术的展览，但由于疫情，并没有亲临现场体验作品与观众之间的反应与交流。参加北京、重庆、深圳等地的几个展览，也没能去到现场，对于我只是增加了几次参展的记录，留下许多遗憾。首次参加了行为艺术活动和数字艺术展。考察了十几处黔南古寨和一家前些年关停后的煤矿废墟。对新的一年还没有具体安排。如果条件许可的话有可能做一个回顾性的展览或其他形式的活动。另外，争取把关于艺术与乡村主题的一本书稿完成。今天世界存在许多不确定性，每个个体的小规划往往受到大格局变动的影响。比如个体的经济问题，也是受大环境影响的，所以，对自己明天的设想实际是个假象，不需要有大规划，只需要一如既往努力便是。

07-4- 屋之殇 设计大型装置方案 2021

2020 至 2021 年活动小结

2020 年

● 1 月去赣州龙南考察客家围屋。返回途中新冠肺炎传播开始。

● 3 月正式接受中国东盟教育周美育基地的设计、实施，主体建筑由废弃洪江小学主楼改造而成。

● 8 月参加“围屋之变：各自为艺 共同生活展”深圳国风艺术馆。

● 9 月“李向明：土语者”，收入《漫艺术》编撰的《1979—2019 中国当代艺术四十年个案样本》。

● 10 月顺利举办“洪江论坛 – 当代艺术与中国乡村暨对话 – 当代艺术邀请展”。

● 11 月参加“再生——2020 年生态艺术作品全国邀请展”。

●完成“重生”“修复”“抱团取暖”等系列作品。

●被《库艺术》评为“年度艺术人物”，专访《一个知识分子型艺术家抹不去的土语乡愁》。

●《艺术市场》专访“李向明：抓住自己的泥土”。

●撰写“我所体验的乡村问题与艺术乡建”等。

2021 年

● 1 月参加“围屋之变——2021 第 17 届威尼斯建筑双年展展前展”深圳雅昌艺术中心。

● 2 月（春节）去荔波立化、白岩等地考察煤矿、村落废墟。

● 3 月应约撰写乡建话题，即“废墟上的光”。

● 4 月参加“周而复始——综合材料绘画学术邀请展”中央美院美术馆。

● 5 月参与策划“洪江国际——智慧教育论坛与当代数字艺术展”并主持论坛。

● 7 月《抱团取暖》大型装置作品参加第 17 届威尼斯建筑双年展平行展，于 16 日正式开幕，展期 6 个月。由国际著名批评家、策展人王林及其团队担任中方策展，著名艺术家应天齐担任中方艺术总监，威尼斯大学教授、意大利策展人 Angelo Maggi 担任意方策展与展览现场开幕式主持。

本次展览包括朱成、何多苓、应天齐、师进滇、傅中望、李向明、焦兴涛、顾雄、叶放、李枪、李川、安海峰等中国艺术家创作的关于中国龙南客家围屋的当代艺术作品。

出席本次开幕式的嘉宾有意大利孔子学院院长马晓辉教授，意大利围屋专家、博罗尼亚大学教授 Sabrina Ardizzoni，马尔盖拉堡艺术区主席 Stefano Mondini，威尼斯美术学院教授委员会委员、版画系教授 Paolo Fraternali，威尼斯美术学院教授、米兰美术学院研究生导师 Stefano Mancini，展览总设计师 Andrea Nalesso 等。同时受邀参加开幕式的还有意大利威尼斯艺术与建筑方面的相关媒体《艺术之舟》《威尼斯新闻》《职业建筑师》《艺术杂志》《灯箱》《艺术宇宙》《拉帕塔》《埃希巴特》等。

● 9 月担任“通感——第九届“在云上”国际现场”观察员。

● 11 月参与夜郎谷公共艺术学术研讨会发言：“艺术家的自由创造是打造公共艺术成败的核心”。

06- 隔离——感悟疫情之一 箱体装置 长 145cm × 高 83cm × 厚 80cm 2020

06- 隔离——感悟疫情之一（局部）

2021

年度艺术家档案

隐迹与显像

谭平 TAN PING

图片 / 由艺术家提供 编辑 / 斐子

1960 年生于河北，现为中国艺术研究院教授，博士生导师。1984 年毕业于中央美术学院版画系并留校任教。1989 至 1994 年，获得 DAAD 奖学金留学德国柏林艺术大学自由绘画系。2002 年，任中央美术学院设计学院院长；2003 年，任中央美术学院副院长。2014 年，任中国艺术研究院副院长，中国美术家协会实验艺术委员会主任，国家当代艺术研究中心主任。

无题 布面丙烯 100cm × 80cm 2021

绘画的边界在哪儿，对于每个人来说都是不同的吧，我觉得不能寻求一个共同的边界，包括绘画是什么、艺术是什么，每个人都有他自己的理解，很难得出一个普遍适用的结论或者定义。我们不需要去定义什么，下定义不是艺术家该干的事儿。

——谭平

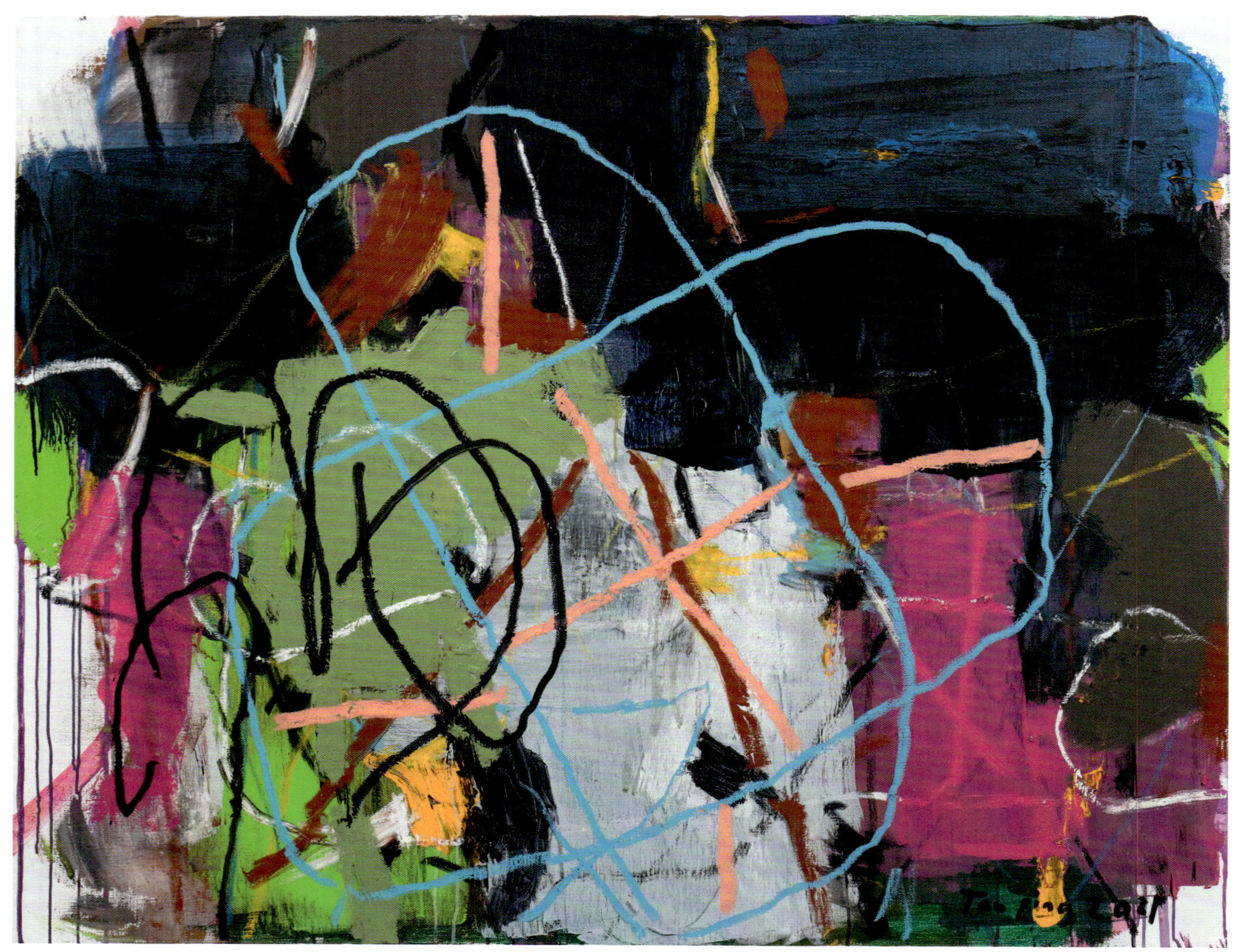

无题 布面丙烯 120cm×150cm 2021

谭平：不确定状态

采访 – 胡少杰

漫艺术 =M：您在唐人艺术中心的个展主题叫作“绘画是什么”，这是一个持续的疑问？还是您通过四十年的探索已然得到了相对确信的答案？

谭平 =T：当时起这个名字，一是因为很多人都在讨论绘画在今天到底还有没有意义，总感觉绘画已经在垂死挣扎了，所以，这个题目也算是一种回应吧。其实对我个人来讲，在今天你用什么语言并不重要，选择最合适的呈现语言，才是最重要的。

另外，“绘画是什么”其实是说“艺术是什么”。在这次展览中，从最早的 40 年前的画儿，到德国留学时期，然后又有不同阶段的抽象绘画，其中还有一些影像作品、版画作品，都并置在了一起。我们应该非常宽泛地去理解绘画，它就是我们用于表达的一种艺术语言。真正重要的还是艺术家。比如说展览中的“点”的版块，有旧的“点”，也有新的“点”，旧的“点”是 2004 年细胞系列的“点”，而新的“点”是近期病毒，它是艺术家在不同生命阶段的直接反映。绘画不绘画其实不重要，我们没必要纠结这个东西。“绘画是什么”中的绘画应该是打引号的。它不是去呈现一个所谓确定的答案，我觉得艺术一定要处于一种变化的、不确定状态，才有意思。

M：那在您看来，绘画的边界是什么呢？您觉得绘画有边界吗？

T：绘画的边界在哪儿，对于每个人来说都是不同的吧，我觉得不能寻求一个共同的边界，包括绘画是什么，艺术是什么，每个人都有他自己的理解，很难得出一个普遍适用的结论或者定义。我们不需要去定义什么，下定义不是艺术家该干的事儿。

M：到了这个阶段，绘画本身的逻辑、标准，对您来说意味着什么？

T：它应该意味着某种参照吧，参照着去进行对抗。对于绘画来讲，对抗塑造，对抗建构，不断地破坏、消解。总之，我会试着从一些既定的逻辑和标准的对立面入手，去进行绘画，在过程中去不断地对抗与破坏那些已有的常规标准，而在对抗的过程当中，产生非常多偶然的特别的东西。我经常说破坏是为了建构，就是这个意思。

M：您在破坏和对抗的时候，比如您一遍遍覆盖的时候，是处在一种无意识的状态中，还是有意识的状态中？

T：我会在画的过程中尽量地让自己处于无意识的状态。比如画大画的时候，我基本上都不远看，让自己尽量不远离画面，这样的话它就和你当时的感受、你的身体处在一种连贯性的行动之中。但是如果你有意识地去通过远看进行调整，去判断哪一块少点蓝，哪一块少点黑，那么你就从连贯性的状态里跳出来了，气就断了，就会变成另一种整体关系。这是我给自己的一个限定，另外还有一个限定，我在画大画的时候，会根据它的尺幅来限定时间。比如两米的画，我基本上 10 分钟就要画完一遍，然后下次画的时候覆盖一遍，再画 10 分钟。这样就有了两个限定，一个是时间，一个是距离。也就是说我是在有意识制定的限定之中进行无意识的绘画。

M：在这次展览里也看到了一些您早期的具象作品，您之前也提到过像基里科这样的具象艺术家，给您提供过一些滋养，这还会体现在您现在的作品里面吗？

T：会体现。比如说基里科的画面中经常出现的戏剧化投影，而戏剧化，在我的某些作品中一直在延续。比如在我的平面作品里，我希望在画面上形成一种深度，让那些大面积的色彩形成一个场域。我用薄薄的颜色画很多层，这样的话颜色是往里去的，它与很厚的颜色所产生的那种材料的质感是不一样，材料的质感是非常物理化的，它是向外的，我画里所追求的深度是向里的。这个和基里科的影响应该是有关系的。

另外，我 2020 年 12 月份在深圳雅昌艺术中心做的场域绘画，我对光的处理就非常在意。我的画挂上之后，灯光从上面射下来，但是并没有射到画面上，而是射到画面的前面，就是要让观众看我的作品的时候，正好站在这个灯的下面，它就会有一个投影。当另外的观众再看那张画和站在画前的那个观众的时候，就形成了一个场景，像一个舞台上的演员一样，这个特别有意思。我的作品都挂的比较靠下，观众站在画前就像看一块墓碑一样，这时一束光打下来，有一个长长的投影，戏剧化的东西就出来了。我觉得这也并不仅仅是一种简单的形式上的关联，而是说我作品中一直都存在这种向里走的东西，从早期到现在，一直都有。

M：这两年的一些新画儿似乎有了变化，画面好像更复杂了，线条的纠缠、涩滞，打破了之前画面的和谐与流畅感。这是出于什么原因呢？

T：这个确实和我们所处的现实环境是有关系的。这次展览中有一部分新画都是 2020 年的 2 月份到 5 月份画的，当时是疫情的开始阶段，冲击还是比较大的。有些作品中出现的方形，像是一种囚禁，它是一种自我囚禁，因为大家都意识到外面很危险，每个人都处在一种不安和恐惧之中。这些心理状态反映在画面上，所以就会纠结、复杂。

这两年我个人也有一个很强烈的体会，新冠疫情之前的绘画简洁明了直接，那时我们所面对的都是确定、可知的现实和未来，但是最近两年不一样了，我们需要面对太多不可知、不确定的事物，以及未知的未来，这反而让我认识到，不确定性、复杂性才是这个世界的本质。我们过去通过抽离现实形成的某些流派，极简的艺术风格，在今天看来都是非本质的，都是世界的表象。所以现在我画画的时候会从不同的角度让我的画面变得更加复杂，这反映的是当下这个阶段的状态，是我对这个世界新的认知。

M：作品和现实的关系，在您以往的作品中似乎没有这么明显的体现？或者说一直是隐藏在作品的形式背后的？

无题 布面丙烯 200cm × 300cm 2021

T 应该说是有阶段性的。像早期的现实主义阶段，也关注社会现实，但是很关注外在的形象，画画农民、藏民、矿工。后来开始比较强调个人的表达，比较关注绘画语言层面上的研究。包括再之后的抽象绘画，也是一种基于绘画本体的创作。一直到 2004 年的“细胞系列”，有了比较大的变化。那是我父亲得肝癌之后，这事儿对我刺激特别大，我再画的时候，怎么画也画不了像之前那么流畅了。我再画一个圆，它就和癌细胞与生命有关系了。原来我考虑的是画面的结构，这个圆和那条线、那块颜色是一种什么关系，怎么去平衡，但现在就不一样了。画面中出现大面积的黑色是死亡的象征，里面那些不断变化的圆是不断繁衍、扩散的癌细胞。等到后来，情况一点点变好，这个圆也变得越来越小，画面颜色开始由黑变红，这个时候生命力就开始显现出来了，再之后开始出现蓝色，蓝色可以看作是一种超越的象征。就这样画面从微观逐渐演变成宏观。2020 年的《纪念 2020》这个艺术项目，我选择了一种深灰色作为主要色调，因为这个颜色没有深度，它不像黑色，黑色有深度，这种灰代表着“停滞”“隔绝”。因为我们既要面临物理上的“隔绝”，也要面临精神上的“隔绝”，这是我们的现实，我想通过这种灰色把这种感觉表达出来。

所以艺术创作真正的动力还是来自你切身的感受，而不是来自简单的绘画语言。我的创作基本都和我的生命经历、所处的社会环境、我的工作和生活，有着密切的关系。

黑色的生命 布面丙烯 160cm×200cm 2008

透析 布面丙烯 160cm×200cm 2006

M: 外部现实提供的创作动力一直会存在，那您随着生命阅历的增长，创作对您来说是更从容、更自由了，还是说年龄的增长也带来了一些创造力上的限制?

T: 应该说年龄确实带来了一些局限，这个不得不承认。年轻的时候想干嘛就干嘛，有那种冲劲儿，现在肯定是被消耗得差不多了。但是这也要从不同的层面看这个问题，比如说年轻的时候，做作品不会从时间的概念上考虑，但现在不一样了，现在我每做一个作品之后，马上就会想到这个作品和我之前的某个时间阶段怎么形成一个对话。我现在做展览，都是我最新的作品和我过去某一个阶段的某些作品放在一起，让它们重新产生一种互动。这当然是年轻的时候想不到也做不到的，应该算是年龄带来的好事儿吧。当然，每个阶段有每个阶段的价值。

M: 大多数人会用线性的、进步论的眼光看待个人史以及宏观的历史，包括现在的艺术语言，绘画好像就是落后的，新媒介、新手段就被看作是更有价值的，先进的。

T: 有没有价值，和先进不先进没有关系。有没有价值现在还判断不了，还是由后来人判断吧。我们现在判断也没有意义。

M: 您的作品在面貌和语言上其实也是一直不断变化的，您对变化本身有迫切的要求吗? 比如说一个稳定的面貌持续一段时间之后，您会主动求变吗?

T: 人都是喜新厌旧的，一个人不断追求新的东西，不断地变化，属于一种本能。再加上我们对事物的认知、阅历、环境等都在变化，所以变化是自然而然的。只是有一些人，可能因为惰性，或者是能力原因，还包括外部原因，比如说市场需要一个稳定面貌，改变就需要放弃一些东西，所以原因也很复杂。对我来讲已经越过了纠结变与不变的阶段，只要符合自己的内心要求，怎么变都行。

无题 布面丙烯 200cm×200cm 2020

M: 在变化之下，其实也潜藏着相对稳定的延续性。像您在德国时期创作的“时间”，到中国美术馆的40米的木刻作品，再到《彳亍》中的素描作品，好像一直有一个延续性，这种延续性是您的主动选择吗？

T: 其实这是后来一点点梳理出来的。“时间”那件作品是我在德国学习期间创作的，在德国的艺术教育中有两种创作方法，一种是作品本身观念的体现；另一种是介入社会当中，像博伊斯那样，用社会雕塑的概念去创作。我当时那件作品主要也是基于柏林艺术大学的那个展览空间，用作品探讨时间和空间的关系。等到在中国美术馆创作那一根线的时候，其实我根本就没有想到和柏林的那几根线有什么关系，它只是都与空间和时间有关，再到“彳亍”那个展览，也没有意识到它们之间的关联。只是后来有人说你“彳亍”的线不就等于把中国美术馆的那根线切成了无数段吗，我一听，觉得也有点像，因为它们都是直线，没有曲线，这样这几根线就连上了。这背后有一个共通的东西，就是对时间的控制，时间是真正的艺术家。

M: 那您是对时间这个维度本身有探知的兴趣，还是说也是借用它来表达您个人的一些内心经验？

T: 我曾经说过时间是我的创作方法，我会利用时间来作为限定，来进行创作。但话说回来，时间本身并没有意义，它只有和人联系在一起时才有意义。

M: 那空间呢？在您很多作品中，空间维度的参与也是一个很重要的特点。

T: 空间同样也是一种限定，不同的空间有不同的限定，但是在创作的过程中一些复杂的情况往往会激发出更有意思的东西。而最终当你找到了最合适的解决办法，充分地利用它的特性，空间就成了你作品的一部分。

M: 到了现在这个阶段，您在艺术创作上最大的困扰是什么？

T: 其实最核心的还是我们今天所面对的问题比过去复杂了很多，因为艺术需要对这种复杂有所反映，但是现实又变化太快，包括一些新的科技，发展得太快，面对这种复杂的、飞速变化的现实，怎么用艺术的形式表达出来？这确实是个困扰我的问题。

无题 布面丙烯 200cm×300cm 2018-2019

无题 布面丙希 160cm × 200cm 2021

陈文骥　CHEN WENJI

图片 / 由艺术家提供　编辑 / 刘雯

中央美术学院壁画系教授，中国油画学会理事。1954 年生于上海， 1978 年毕业于中央美术学院版画系，曾先后在该院版画系（1978—1980）、民间美术系（1980—1993）、壁画系（1993—2014）任教至 2014 年退休，目前生活、工作于北京和河北燕郊两地。早期他有过一段不长的版画创作经历，自 1986 年开始转而以油画作为个人的创作方式。作品曾参加“中国现代艺术展”（北京 · 1989），“演变—中国当代艺术展”（德国科布隆茨 · 2008），“中国当代艺术三十年历程 1978—2009”（上海 · 2009），“Ctrl+N 非线性实践 2012 光州双年展特别展”（韩国光州 · 2012），“2017 巴西库里蒂巴双年展 · 脉动——中国当代艺术展”（巴西 · 2017），“鲍博 · 勃尼斯 + 陈文骥”（北京 · 2018）。“九层塔：视觉与空间的魔术之五——相似的结果，不同的路径”（深圳 · 2021），“超融体——2021 成都双年展”（成都 · 2021）。自 1999 年在北京四合苑画廊完成首个个人画展以来，先后在北京中央美术学院美术馆（2010）、深圳何香凝美术馆（2012）、台北关渡美术馆（2016），以及 AYE 画廊等多个国内外画廊举办个人展览。

自 · 闭 铝塑板上油画 189.5cm × 78.5cm 2020

那是：黄＋灰＋白 布上油画、丙烯 60cm × 80cm 2021

陈文骥：艺术是一条无望的路径

采访－胡少杰

漫艺术＝M：您作品中那些独特的形态，形成因由是什么？在过去漫长的绘画历史中，关于形式的研究似乎已经推到了一种极致，那么您在形式课题上的兴趣是来自对前人经验的印证？还是试图进行新的推进？

陈文骥＝C：今天每一位艺术家的表达语言试图摆脱前人的影响是不真实的，但作为艺术语言的建立也让艺术家自身不断思考去如何超越自我、去发现经验之外新的视觉可能。在近二十年的艺术实践中，我在逐渐积累和调整着自己的表达方式，至今形成的以矩形和圆形的视觉思考方式已经为自己打开了一个比较完整的思维通道。其中的形态也得到了不间断地演进和突破。我想在这一切艺术实践中无法回避各种文化形态曾经对我的影响，而对于这些影响我并不刻意去改变，也没有企图开辟一条新的视觉渠道，仅仅是在此基础上延续一种思考，在自身的表达领域中不断深耕，去无限制地自我探究罢了。这只不过是个人行为的必然反应，而那种无休止地深究又让自己对生命有了不同以往的理解，也是我本能中的一种惯性，一种不断向往的内心收获，这样的艺术经历和生命体验对我来说特别珍贵。

M：您的作品颜色既有清浅的色调，也有纯度相对高的颜色，对于颜色的选用您有个人的标准吗？

C：色彩会受到个体情感的直接支配或个人属性的影响。艺术家在不同时期的情感显现会有明显的差异，所以色彩的表达转变也在所难免，而个人属性对于色彩的认知也变得那么宿命，那么顺理成章。可色彩最终也不会成为我表达中的一种标识形式，那只是某个时段的情感和思考的下意识投射，不是预设，是一个偶然的视觉反应，没有绝对的前设意图。有一段时期在我的作品中习惯用灰色来完成，2011 年之后我的作品又突然变得色调明朗了。这两年或许是在疫情干扰下的影响，我作品中的色调又趋向于清冷淡然，有点扑朔迷离的色系效果。这些变化背后自然有其实质性的原因，但我并不习惯去深究其中发生变化的由头，更多的是让自己顺其自然，让自己当时的感觉能和作画时的意识反应更为贴近去完成这一关系所引发的视觉形态，我相信这才是我必须去面对的关键要点。

M：形式和色彩应该是观看最直接的通道，但是它往往也会指向既定的经验层面，如此一来观看就会进入一种观看者自身的经验认证之中。您会在意作品被观看时可能产生的误读，或者说停留在表层的解读吗？

叠 X 柠檬黄＋灰＋白　布上油画　206cm×161cm　2021

九层塔：空间与视觉的魔术——相似的结果，不同的路径　深圳 · 深圳坪山美术馆　2021

C: 每一个人都有自身不可取代的认知系统，他的知识结构和性格因素都有可能决定他对整个世界和事物最终判断的结果，个人的观看方式是任何人都难以去左右的。所以我相信艺术家的作品并不能容易去决定他人的意志和认知，它充其量也只是给予受众者一种可以去思考的诱因。由此而产生的最终结果，哪怕是在一种误读下的自我结论，其中的观看意义或由此引发的阅读副本反而拓宽和超越了作品原有的思维空间。要知道在某种态度之下的观看本身也是一种创作过程呀!

M: 您的作品似乎流动着一种光感，它当然有别于西方绘画中的"光韵"，也不同于东方美学中的"气韵"，那这种独特的"光感"来自哪里呢?

C: 早期有过一段风景绘画的表述经历，那段时间对自然景色表述确实也让我对视觉美感形式有着特殊的追求和理解，下意识中不免会透露出我自身文化背景下的美学态度，而对"光"的诠释自带抒情倾向的语言形式也在情理之中。但自从我的绘画方式逐渐趋于抽象的思考范畴，对于原有的文化影响也在刻意淡化，我希望在自己的作品中不再有太多的文化意义和符号的干扰，也排除过多情感成分的介入，试图让我的作品进入到更为本质的视觉观看态度和方式中来实现。所以 "光感"在我目前的作品表达方式内只是一种物理概念下的必然反应，那是一种逻辑指向下的视觉体现，没有所谓的情感和文化因素的支持，更没有我对"光感"所赋予的美学意义。

M: 在创作中如何平衡您的主观意志和材料的极限特性以及其材料本身的规律之间的关系?

C: 这是一个比较难以说清楚的关系，哪怕是你以为今天得到了答案，改天或许你就能重新推翻。在处理这类关系中我时时会被内心纠缠得混乱不堪，那种思维中分泌出来的无序和杂乱，更是成为一道永远无法解答的谜题。但话说回来了，有时这样的状况倒也触发我去直面的勇气，我相信那种在艺术表达过程中相爱相杀的角力意识其实是非常有推进力的，艺术创作有时非常需要借助这样的激化和亢奋来避免趋于安于现状的麻痹意识。对于某类艺术实践者来说，艺术就是一个永无终极的通道，行进中的摸索是你唯一感觉自己存在的信念，也是从中平衡自我、找寻跨越的唯一途径。对于我来说，或许这就是来自艺术的魅力，也是让我无畏陷入的诱因吧。

M: 您在创作的过程中，大多时候是处在一种有意识的状态，还是无意识的状态之中? 您怎么应对创作中出现的偶发性?

C: 我始终期待自己的艺术创作是在有效的、有条不紊的操作程序下来达到最终目的，同时我也不会忽略在自己的感性反应下对表达过程中所有产生的那些意外的痕迹给予重新的判断和认定，并由此做出决断。应该说，我的艺术过程是一种流淌的形态，是在有序和无序的不断更迭中持续延伸的。

我相信艺术创作中感性和理性是交替共存、有意识和无意识那也是并置前行的关系，而面对这两极产生的孰轻孰重去如何平衡或许才是艺术家真正需要去面对的。

M: 您的作品似乎很难找到除了视觉之外进入的渠道，在作品的命名上大多时候的语意指向也是不明晰的、陌生的、不可读的，您是在主动回避叙述性吗? 在您看来，绘画需要更纯粹的观看?

粉紫 · 色度 布上油画 40.5cm × 50cm 2019

联合塔（三联画） 布上油画、丙烯 200cm × 162.5cm 2018-2021 展览现场："接力 · 第八辑" 北京 · 元典美术馆 2021

那 / 浅钴蓝 铝塑板上油画 93cm × 127.5cm 2020

C: 个人认知上的局限让我依然相信视觉的纯粹性和其作用下的持续意义，也相信观看的态度仍旧保持了人类认知中更为本质、纯粹的感官反应，还会有机会去发现因已有经验和知识局限下被忽视的那部分。所以我无论在视觉图形层面的表述还是作品题目的确立上都力求建立一种不那么确定的、非定论的观看和阅读基础，这有助于观看者更为直接地进入一种截然不同的视读方式，毫无限定地去展开自己的视觉思考，在自觉辨识下去认知这个世界。

我是那类非常依赖于视觉认知和表达的画家，那是一种在有限条件下能存活下去的生命体验。

M: 从您 2001 年前后开始转型，到现在也已经 20 年了，那么走到今天，您在绘画创作上，有什么是越来越明确的？什么是持续困惑的？

C: 确实我也曾以为随着个人的艺术经历不断积累，自己最终能进入到一条清晰明朗的艺术途径中，在自信满满的意识下可以去达成自己所渴望的艺术目标。但事实是：走到至今，艺术反而令我越来越迷茫，艺术的那种无解成为我永远深陷其中的死结。在前边我就表明过艺术是一条无望的路径，因无望方有所求。这个过程对某些人来说会望而却步，但也会吸引一些人无畏地投入，这或许是一种认知结果所造成的，或是一种人格秉性所趋使的。而我本有对世界万物的好奇心，不会拒绝自己对黑暗探知的那种欲求，因其中有太多吸引我去面对一切无解的未知事物的兴趣，只要给予足够的投入和专注，从中总能让自己获得一定的答复，哪怕是与我初衷相违背的那部分。

至今令我始终困惑不解的是：自己究竟能走多远，何时何处才是我的终点？这是一个极其无聊，也不可能获取答案的追问。

时间无声（三联画） 布上油画 84cm × 160cm × 3 2021

M: 疫情依旧肆虐，世界越发复杂、混乱，一切都在不确定之中，这种令人不安的生存现实会给您带来困扰吗？这种体验会体现在您的创作中吗？

C: 两年来，疫情在试图改变今天这个世界一切正常的秩序。但对于我来说，艺术与我依旧同行，让我感觉到自身的存在还是那么得实在。但现实也确实有太多困惑让我无法回避，那种毫无常识的反应更是让政治生态混乱无序，良知的崩塌所造成的对立和撕裂，其恶果俨然超出疫情给予人类的实质侵害。人们在亢奋与愚蠢中失去应有的理智，也让人不得不去认真思考艺术在其中究竟有多少存在意义。尽管如此，我仍能一如既往地在个人的艺术形态氛围下完成自己，像是一种无奈的选择。但那是我的世界，我无须去改变，反而能萌生出一种无端的坚决，去促使我在时时抵御那种我内心难以认同的那部分。

那么 1600mm 布上油画 84cm × 160cm 2021

“陈文骧 2021 台北展”展览现场 台北·诚品画廊 2021

陈墙 CHEN QIANG

1960 年生于中国
1989 年毕业于上海华东师范大学艺术系
现工作和居住于上海

图片 / 由艺术家提供 编辑 / 徐小禾

气候－北欧 布上丙烯 20cm×20cm 2021

艺术就像一条难以钓到的鱼，它也像一条游弋在生命中的魂。而艺术之魂，似乎比艺术家更具远见。

陈墙

屈光－北欧 布上丙烯 20cm × 20cm 2021

无尽之意

文 – 胡少杰

陈墙是极少见的在绘画上不给语言留任何余地的艺术家。他撤掉了所有可依附的语言的梯子，站在他的画前，你只能用眼睛进入，纯粹地观看，然后本能地进入由视觉及至内在的感知之中。这应该是进入陈墙绘画的正确途径，但却并非有效途径。因为一次凝视并不一定能够转化成有效的确定的身体经验。而无效，在陈墙这里或许才更有可能建立起感知的链接，完成感知的传递。那么应该如何描述陈墙的绘画呢？不确定的感知如何转译成文字而又不被框定在既定的容器里？这是一项具有挑战性的工作，甚至是不可能完成的工作。我们最多只能借由陈墙的绘画，向自己不断提问，然后获得一些看似接近真相实则自以为是的答案。

不过在看到陈墙的新作之后，我多少松了口气。相比之前的作品，在新作的命名上陈墙重新使用了提示含义的词句，《抵抗与占据 21–19》《三意之观 –21–16》《惑之获 –21–17》《无识之觉 – 北欧》《感之所及 –21–3》……虽然我们依然不能在这些题目中获得什么明确的指引，它们的语义是陌生的、私人的，但这些文字信息，让我们的观看不至于进入到一种完全个人化的自我体验与自我印证之中。这或许也就是陈墙所说的“‘知’的目的是提升‘感’的质量”“‘知’反过来为‘感’服务”。

在陈墙这里，“感”依然是他所依仗的最重要的认知世界的方法。在这个充斥着文明经验的时代，人类的“知”已经进化得极其丰富与强大，而“感”，这种来自生命本能的能力，已然被挤压得所剩无几。我们越来越远离本能，后天获得的既定知识、经验把我们规控成一个文明、理性的现代人，变得傲慢与麻木。柏格森在《创造进化论》中说：“本能是在生命形态的基础上铸成的，如果说理智是用机械的方式对待一切事物，那么本能则是用有机的方式对待事物。假如沉眠于本能中的意识觉醒了，假如本能能够激起认识，而不是被怠懈为行动，假如我们能够向本能提问，而本能又能够回答我们的问题，那么本能便能够向我们揭示出生命最深层的秘密”。长久以来，我们把本能看作是生命的低级阶段，我们长期推崇理性，根深蒂固地认为理性是建构先进文明的基础，而艺术作为文明的副产，多数时候也是以同样的标准进行制造与评判。只是如此一来，我们的艺术只能和真正答案背道而驰，永远也不能揭示出生命最深层的秘密。

而陈墙的艺术恰恰是独立于那套标准之外的。他深信艺术源自直觉，艺术是感知的产物。在陈墙的绘画中他拒绝任何带有描述性的图像，因为只有最纯粹的涂抹和描画，才能触发隐藏在本能中的直觉与感知。那些破碎的颜色、跳跃的笔触、游动的线，是陈墙生命感知的对应之物，而画面一步步呈现的过程，也就是感知发生的过程。那么直觉与感知，不仅仅是一种能力，它同样是一个流动的变化的过程，而这个过程同步到绘画里，就形成了一种流变的无尽之意。它是情绪、是意念、是不安之心、是悠然之气、是奔流之河、是暗涌之海、是无识之觉、是感之所及……

艺术终究不是稻粱谋，艺术是心灵的庇护所。今天看来，我们崇信的效率和理性建构起来的现代文明似乎并不能给我们带来真正的安宁，而在这个世界面临困顿、衰退、灾殃之时，真正的艺术终是可以给人带来慰藉的。在这个隔绝与限制的当下世界，陈墙把艺术当成他的心灵安放之处，同时也让看到他作品的人，进入了一个有别于所处所见的新世界。

当然，这依然可能是作为一个解读者的自我说服和自我印证。如果您对这些描述存有疑虑，那么，去看陈墙的绘画吧，相信你会有更不一样的观看体验，会感知到不一样的无尽之意。

惑之获 -21-17 布上丙烯 120cm×100cm 2021

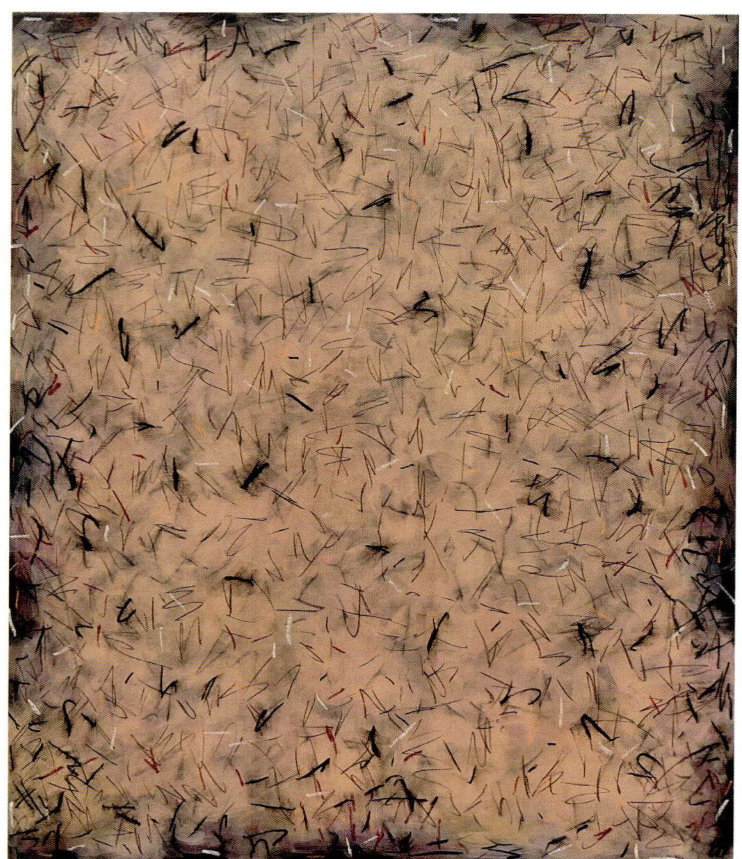

余温 -21-15 布上丙烯 120cm×100cm 2021

不确定中的艺术

文 - 陈墙

“不确定性”是“确定”与“不确定”的叠加态。艺术的本质就存在于这两种状况之间，也是一种既确定又不确定的叠加态。艺术的常规配方是 80% 的确定与 20% 的不确定之比，以 80% 的确定引出 20% 的不确定。

艺术的精髓在于呈现那 20% 的不确定态。即便是两种确定形态叠加在一起，也会产生新的不确定。就如善慧禅师的一首著名禅偈：“空手把锄头，步行骑水牛。人在桥上走，桥流水不流”。这种既似又不似的恍惚状态，就是艺术的最佳态。酷似一种喝酒喝到位的状态又好像不似，是一种既在左边又在右边的全然状态。

艺术就是一种在既确定又不确定中叠加的全然状态。一旦遭遇搜索“确定”的眼光，艺术即刻坍缩形成确定态，以确定还以确定。而此时的艺术又重新归入了新的“叠加”。

艺术就像一条难以钓到的鱼，它也像一条游弋在生命中的魂。而艺术之魂，似乎比艺术家更具远见。

何为一条难以钓到的鱼？是因为它不在水里，而又在水里？还是因为我们只在对象里，而又只在感觉里？如此模棱两可，迫使我们紧握确定。过度的确定，会让我们具有并行于掩耳盗铃之嫌吗？

那可是一种极端自欺的确定。

抵抗与占据 -21-19 布上丙烯 200cm×150cm 2021

有闲 -21-1 布上丙烯 200cm×150cm 2021

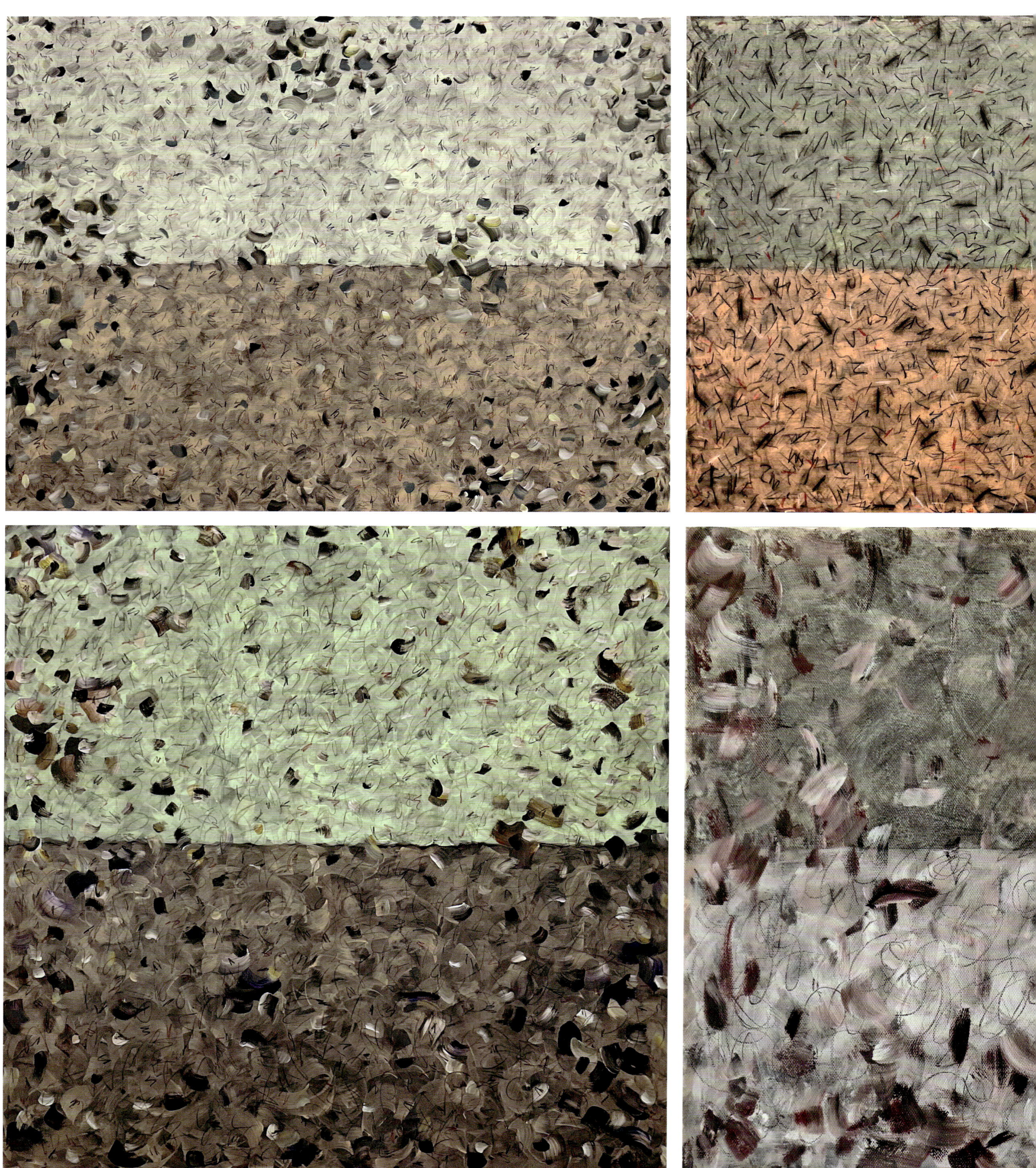

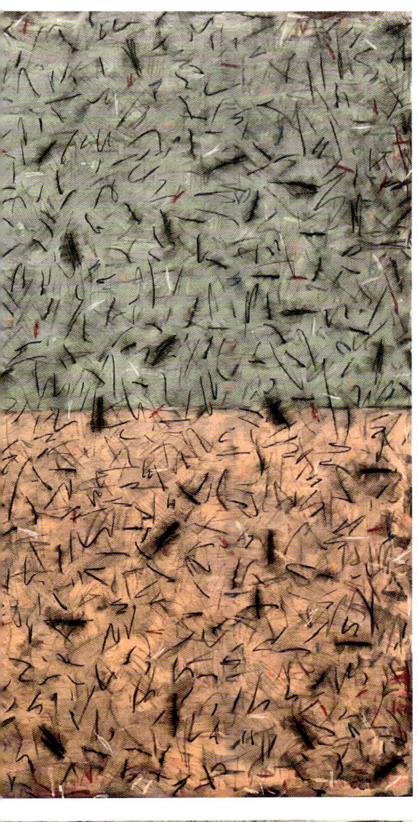

观念的，还是艺术的?

文－陈墙

观念既是进步的，也是落后的。
观念是前一观念的进步，也是后一观念的退步。
观念既是开启，也是封闭。
观念因目的而起，以意义而生。
观念源自偏见。
观念就是用个别的观点去克服或修正另一种个别的观点。
观念多据一端为首，更以引人注目为始。
观念以某个意义为首，或“以春为首者，就草木之始见端而言也”。
观念是傲慢的，也是透支的。
维特根斯坦说：“观念已经筋疲力尽，已经没有任何用处……好比一张银箔，一旦弄皱了，就很难再抚平。”
观念几近到了方生方死的地步。
或不得已，观念穿上了艺术的外衣。
这看似观念在里，艺术在外，但实质还是在艺术的舞台上说着观念的事。

难的是真正做到观念在里，艺术在外；观念在后，艺术在前；观念垫底，艺术发声。
观念为艺术提供养分，但不干预艺术的本性，不为艺术提供语言形式。唯有此时的观念才是本分的。
观念只能为艺术搭建舞台，在舞台上演出的只能是艺术，而不是观念。唯一不同的是，此时的艺术正出现在观念的舞台上，而不是出现在艺术的舞台上。

观念的艺术，还是艺术的观念?
如果是观念的艺术，也只能起因于观念。而艺术也无需借观念之理证明，艺术自证艺术。
如果是艺术的观念，也只能起因于艺术。而观念也无需拿艺术充当外衣，观念就是观念。

自然的、观念的、艺术的，它们是同时的、并列的，是无首无尾的。
对于自然，与其表达，不如聆听。
对于观念，与其陈述，不如旁观。
对于艺术，与其阐释，不如感知。

左上：感之所及－21－3 布上丙烯 200cm×260cm 2021
右上：无意之观－21－16 布上丙烯 120cm×160cm 2021
左下：重涂轻抹－21－2 布上丙烯 200cm×200cm 2021
右下：无识之觉－北欧 布上丙烯 40cm×40cm 2021

薛松　XUE SONG

中国当代波普艺术家。1965 年出生于安徽砀山，毕业于上海戏剧学院舞美系，现居上海。

图片 / 由艺术家工作室提供 编辑 / 徐小禾

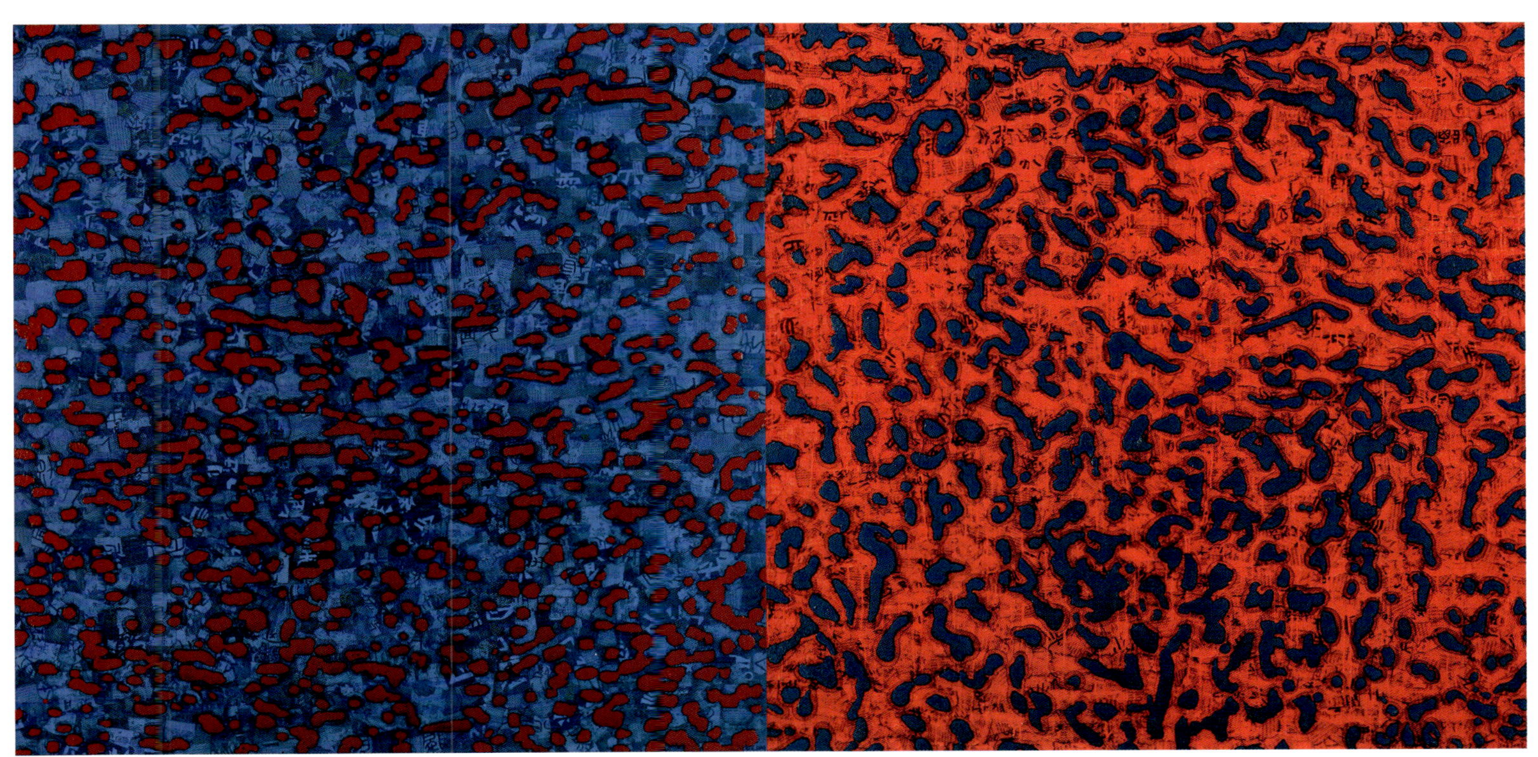

法自然系列——斑点 布面丙烯综合材料 150cm × 150cm × 2 2021

薛松的创作历程因 1990 年末的一场工作室火灾而发生转变，废墟灰烬一度成为其标志性创作元素，带有烧灼焦痕的图像拼贴则成为其图像生产的象征性标志。灰烬与焦痕也因此而将“涅槃重生”的意象永久地植入了他此后的所有创作之中。薛松的新的艺术创作风格面貌，因为流行图像与拼贴手法的运用而被看作是全球化波普艺术运动的地方回应；实际上薛松创作所富有的中国文化气息，是中国当代艺术对波普艺术国际潮流的贡献与推动。重要的是薛松创作的文化社会学意义，他的包罗万象的图像生产是一个时代的民族文化“浴火重生”的象征与记忆。

—— 皮道坚

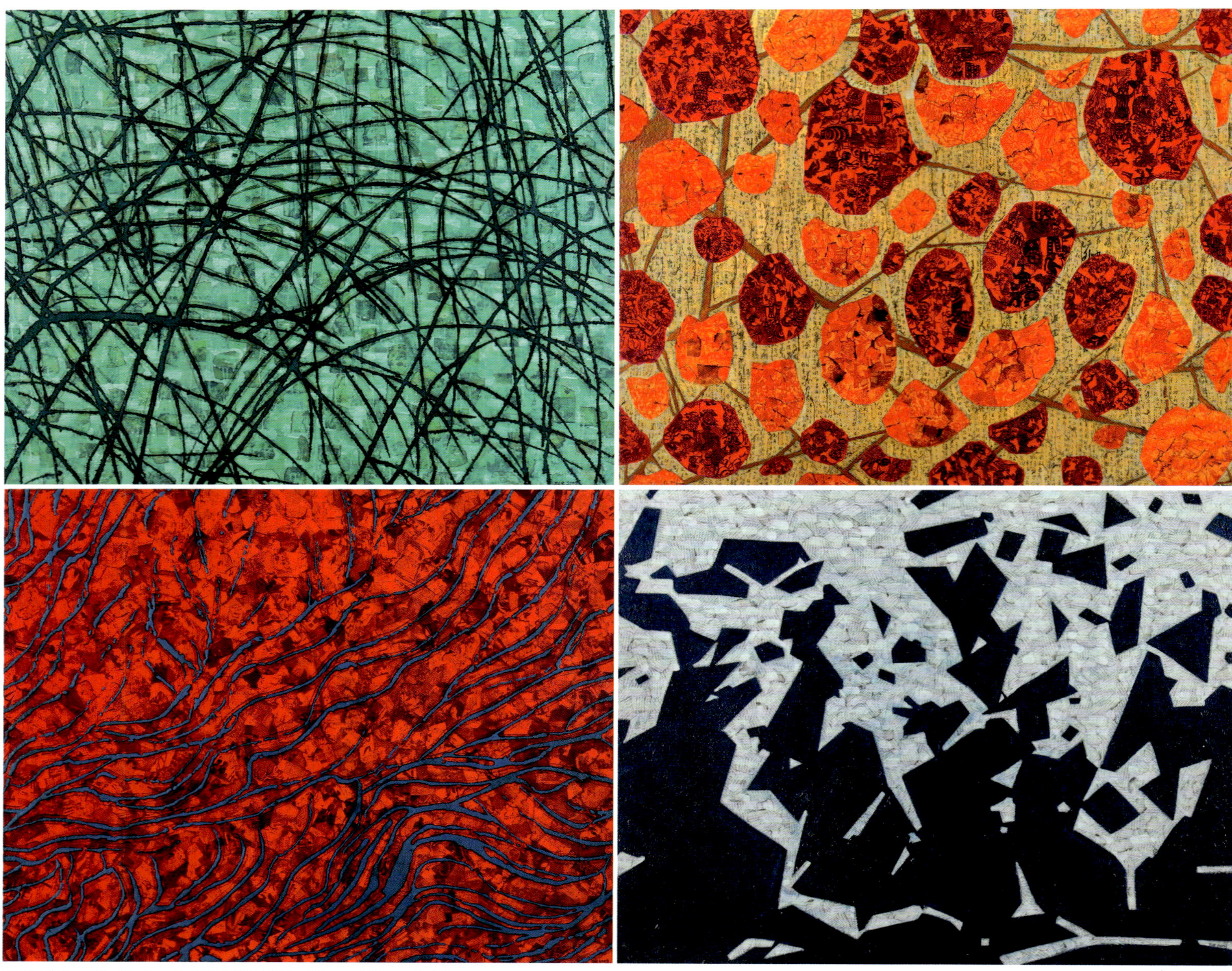
法自然系列——春、夏、秋、冬 布面丙烯综合材料 120cm×150cm×4 2021

薛松：不止于图像

文 | 尹菲

薛松是中国当代艺术领域极具个人特色的艺术家，其作品无论是媒介、语言，还是题材、内容的广度、深度，都体现了其在面对东方与西方、传统与当下的复杂议题时，所具有的艺术本体和艺术史的双重自觉，从而能够始终以个体的独到体察，对历史、现实、真实等进行多维度的认知和思考。

薛松的作品借由灼烧、撕裂、挪用、拼贴等手段来解构原有图像，创造出新的视觉结果，以期产生新的意义价值。其作品图像的产出绝非基于某时某刻情绪的渲染和抒发，也绝非仅是基于画面形式的优美和装饰。也正如有人曾经评价的："薛松作品的重要性不是来自它的构成美，而是那些碎片提供的信息和整体形象——艺术竟然被他带入一个全新的格局中。"在薛松作品中，古今经典、商业社会的时尚广告，市井社会的民俗传统等海量图像被选择、被破坏又被重组，从而赋予了新的可读性。这种百科全书式的、学者型的工作方式显示了他所具有的寻找问题、揭示问题、解决问题的精神力度。惟其如此才构成了薛松作品的"当代性"以及其在当代艺术领域的不可替代性。

回溯薛松数十年的艺术创作，他始终以超强的时代感知和艺术自觉致力于熔炼传统，超越西方，逐渐创造出属于自己的语系。薛松的作品往往也被贴上波普的标签，但显然"波普"并不能精准定义薛松的作品，薛松作品始终是带有一种东方人的审美气质。很多作品中，薛松呈现的是一个东方人在探讨人类困境时——包括人与人、人与商业、人与其他生命体、人与自然的各种困境——所进行的智慧思考和途径探索。

近年来，薛松创作了“法自然”系列。这位善于从社会图像、历史记忆中寻找灵感，被业内称为“与历史的遭遇不仅在广度和规模上前所未有，而且在深度和细节上也无人可及”的艺术家更大程度地开始关注自然。

艺术家总在寻找风格，而又在对抗风格。“法自然”系列中，薛松开始从自然中发现和提取图像，例如瓷器上的裂纹，木头、大理石的纹理等。他似乎保持了艺术家要勇于打破“惯性经验”的高度警觉。在这些作品中，薛松虽然同样选择了拼贴手段，展示了他对材料、对画面的掌控，但不同的是，以前作品中作为被解构重组后的各个微小单元的图像信息被更大程度地淡化、稀释，画面逐渐纯粹化。

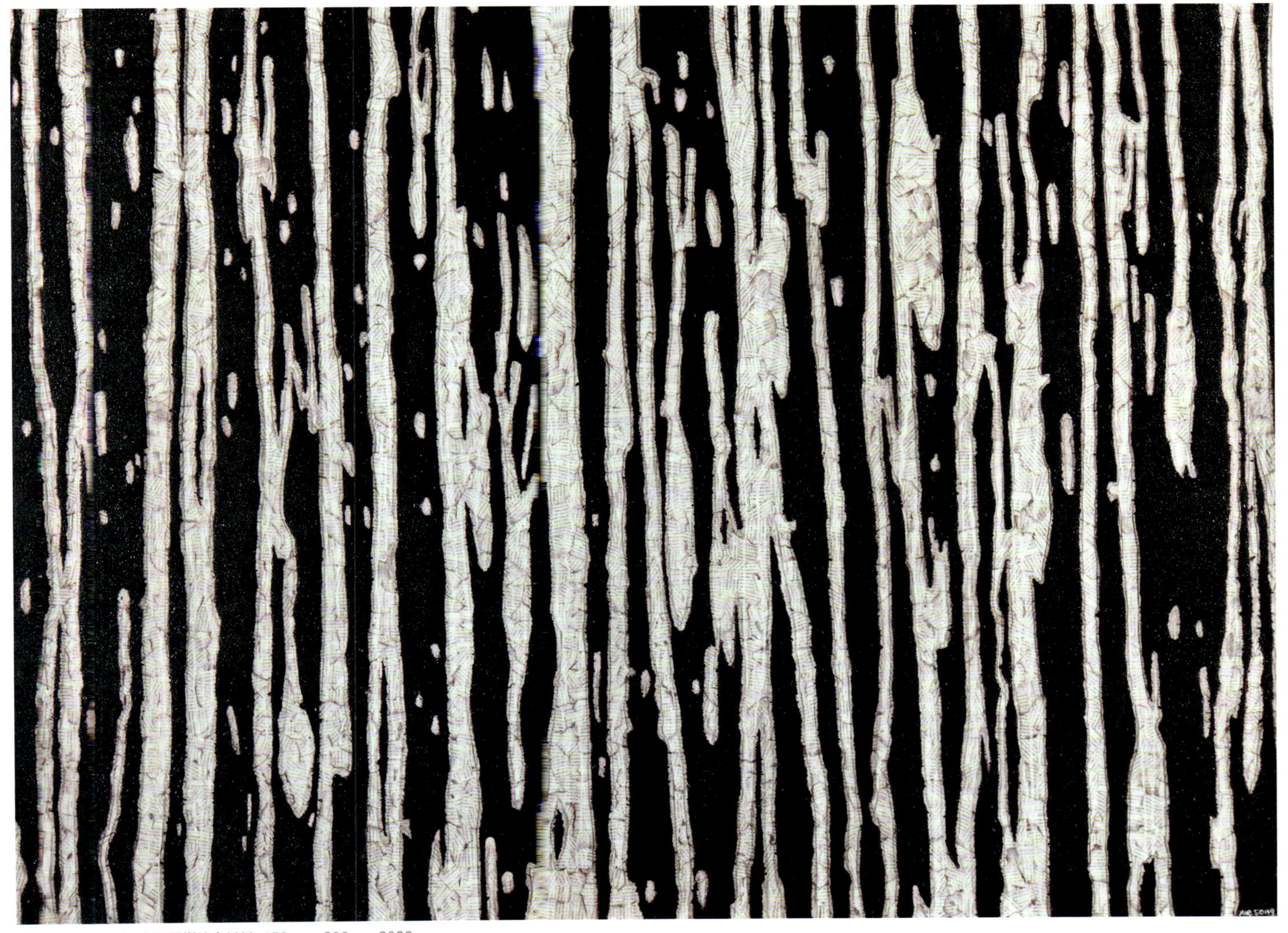

法自然系列——痕 布面丙烯综合材料 150cm × 200cm 2022

法自然系列——火 布面丙烯综合材料 150cm×245cm 2022

当然作品面貌的变化，某种程度上也是艺术家在面临当下环境的生存体验或生命状态的反映。在中国文化语境中，“自然”如同“山水”二字，往往不仅仅指向一种客体的存在，而被赋予了某种情感、道德甚至是哲学意志。“自然”最早源于老子《道德经》：“有物混成，先天地生。寂兮寥兮，独立而不改，周行而不殆，可以为天地母。吾不知其名，强字之曰道，强为之名曰大。大曰逝，逝曰远，远曰反。故道大，天大，地大，人亦大。域中有四大，而人居其一焉。人法地，地法天，天法道，道法自然。”寥寥数语概括了宇宙万物的运行，体现了中国人传统的宇宙观与在天地间安身立命的生存和生命哲学。

在当前疫情泛滥、困厄重重的社会现实以及世界逆全球化的危机中，薛松的“法自然”系列，在提供了一种新的视觉可能之外，也提示出了某些关于人类困境的反思。对“自然”的敬畏，对天人之间的和谐关系的追寻，或许可以解开我们现代文明的困局，找到新的出路。

所以，薛松于艺术之道有更深广的寄求，虽然其视觉形式新奇多变，图像瑰丽，但却不耽于视觉、不止于图像。

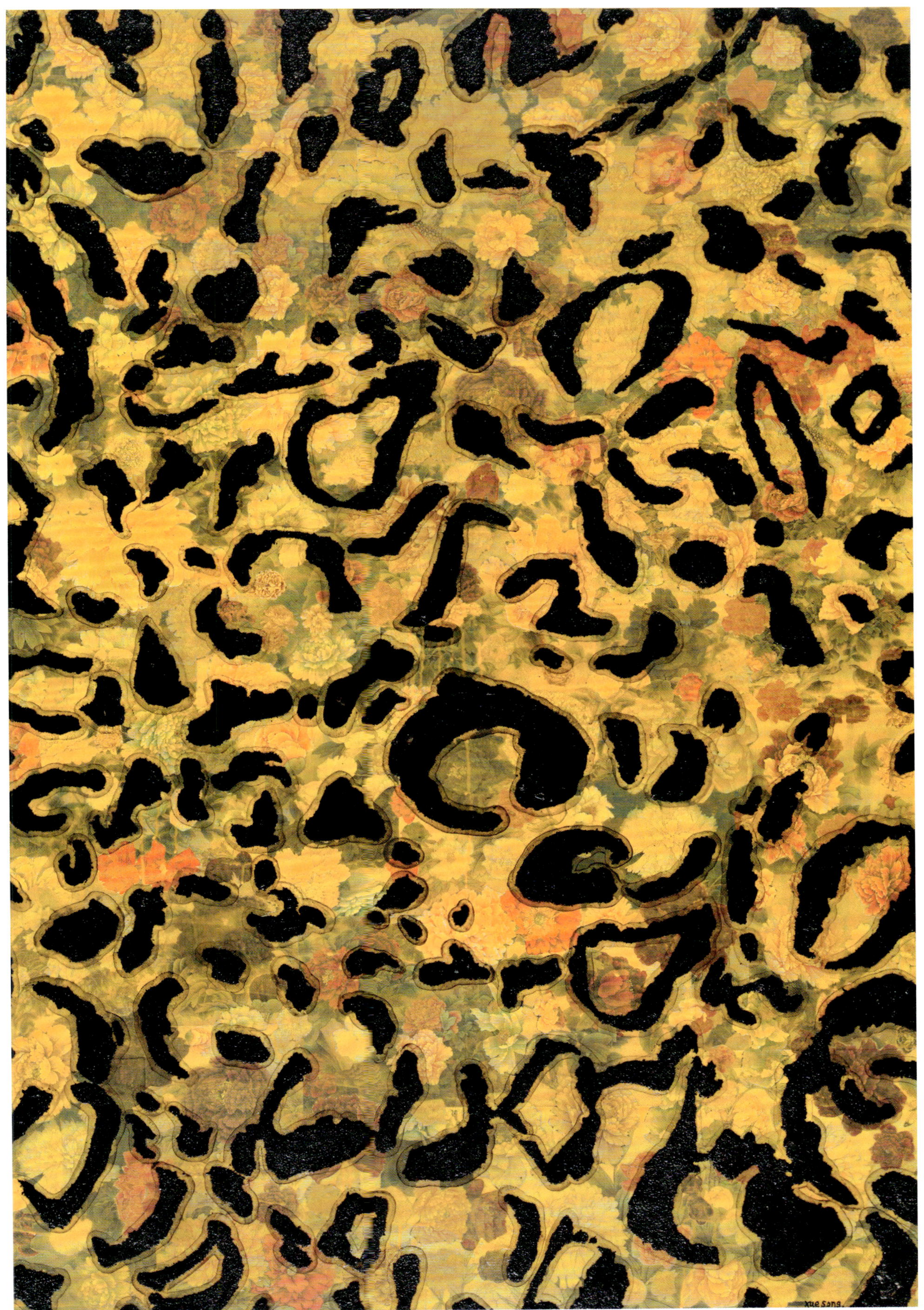

法自然系列——纹 布面丙烯综合材料 170cm×115cm 2021

法自然系列——浪花 布面丙烯综合材料 150cm×245cm 2022

法自然系列——水 布面丙烯综合材料 100cm × 100cm 2021

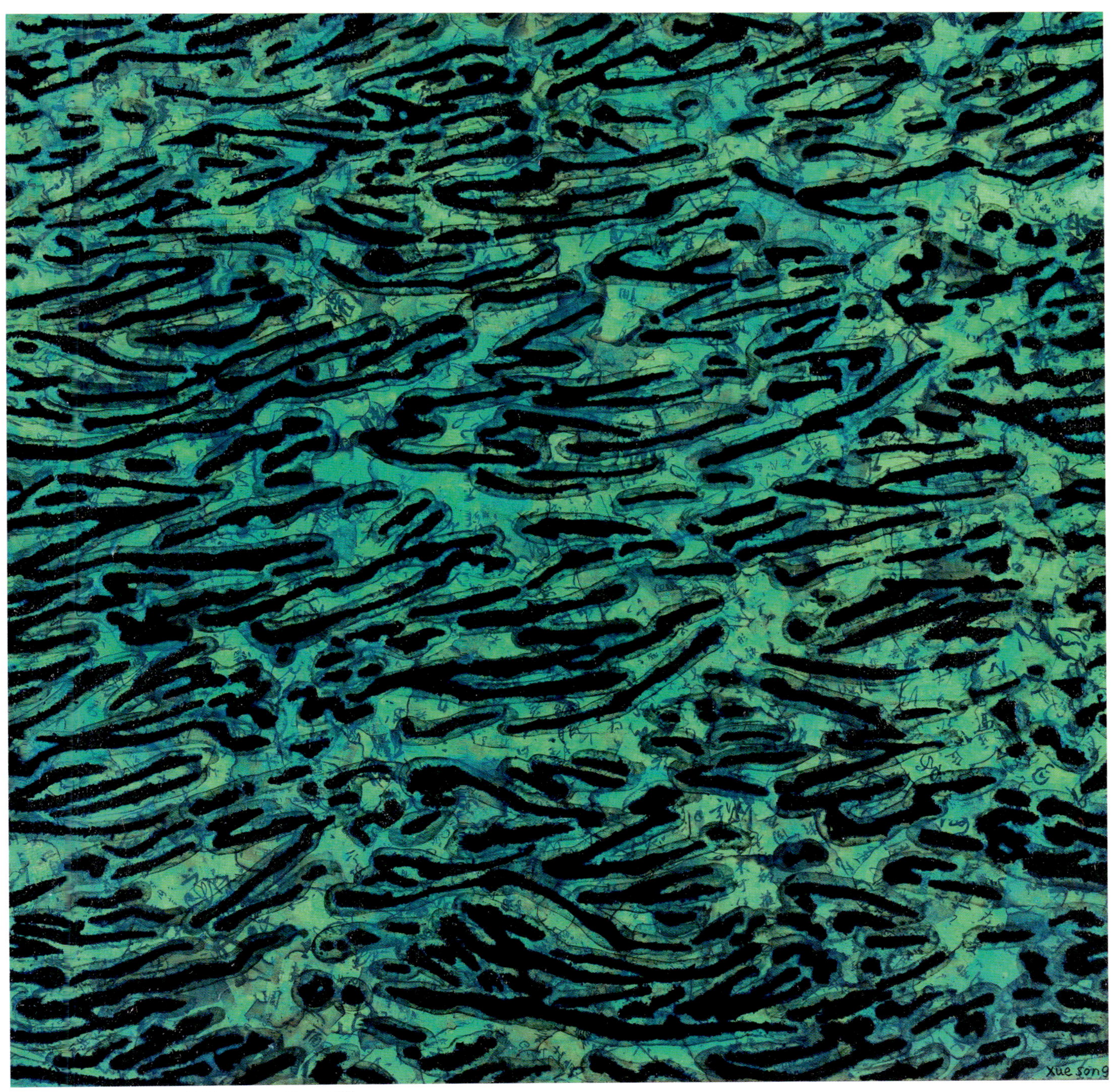

法自然系列——纹 布面丙烯综合材料 100cm×100cm 2021

法自然系列——宋瓷 布面丙烯综合材料 160cm×120cm 2021

法自然系列——藤 布面丙烯综合材料 100cm×100cm 2021

如果说薛松的创作使用了后现代主义的方法论，那么他将多种图像给予挪用、复制与拼贴的处理方式，则具有了“移花接木”般的视觉张力，并在“互为图像”的关系上，对原作进行了颠覆与拆解，抑或也形成了一种对惯常审美和视觉语言的反叛与挑战。

——冯博一

法自然系列——小夜曲 布面丙烯综合材料 120cm×150cm 2021

薛松的作品可以说是这个瞬息万变且日益撕裂的世界的视觉表征。他将古今中外不同语境、不同时空的文化形象随机杂糅到一起，似乎在建立有关传统与当代、图像与文字、具象与抽象、自然与人工、低俗与高雅等的多重对话，但实际上，如此的图像“拼盘”使得任何一个语符的意义都被解构，它们一起成为这个喧嚣世界的噪音制造者。

—— 胡斌

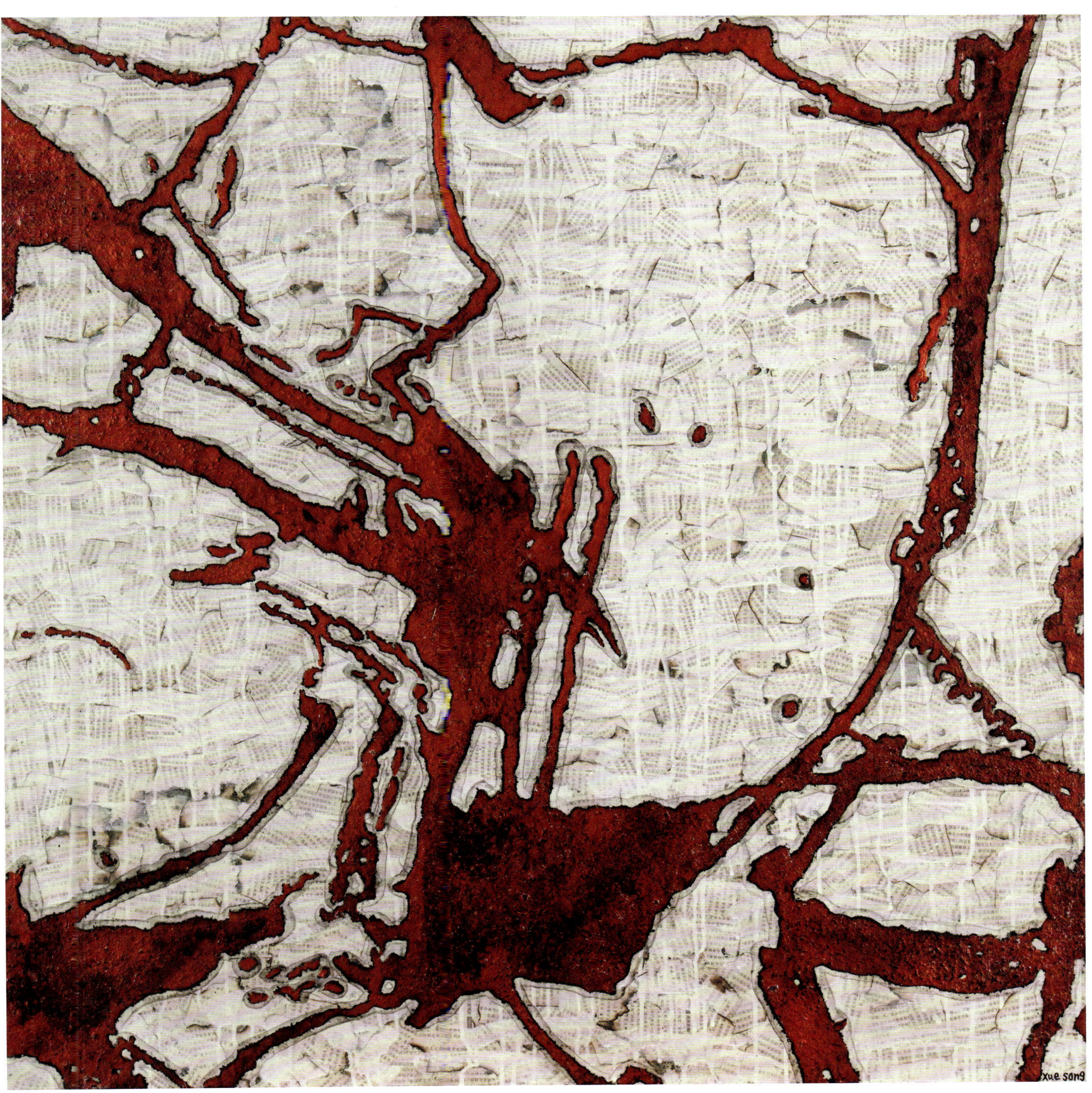

法自然系列——纹 布面丙烯综合材料 100cm × 100cm 2021

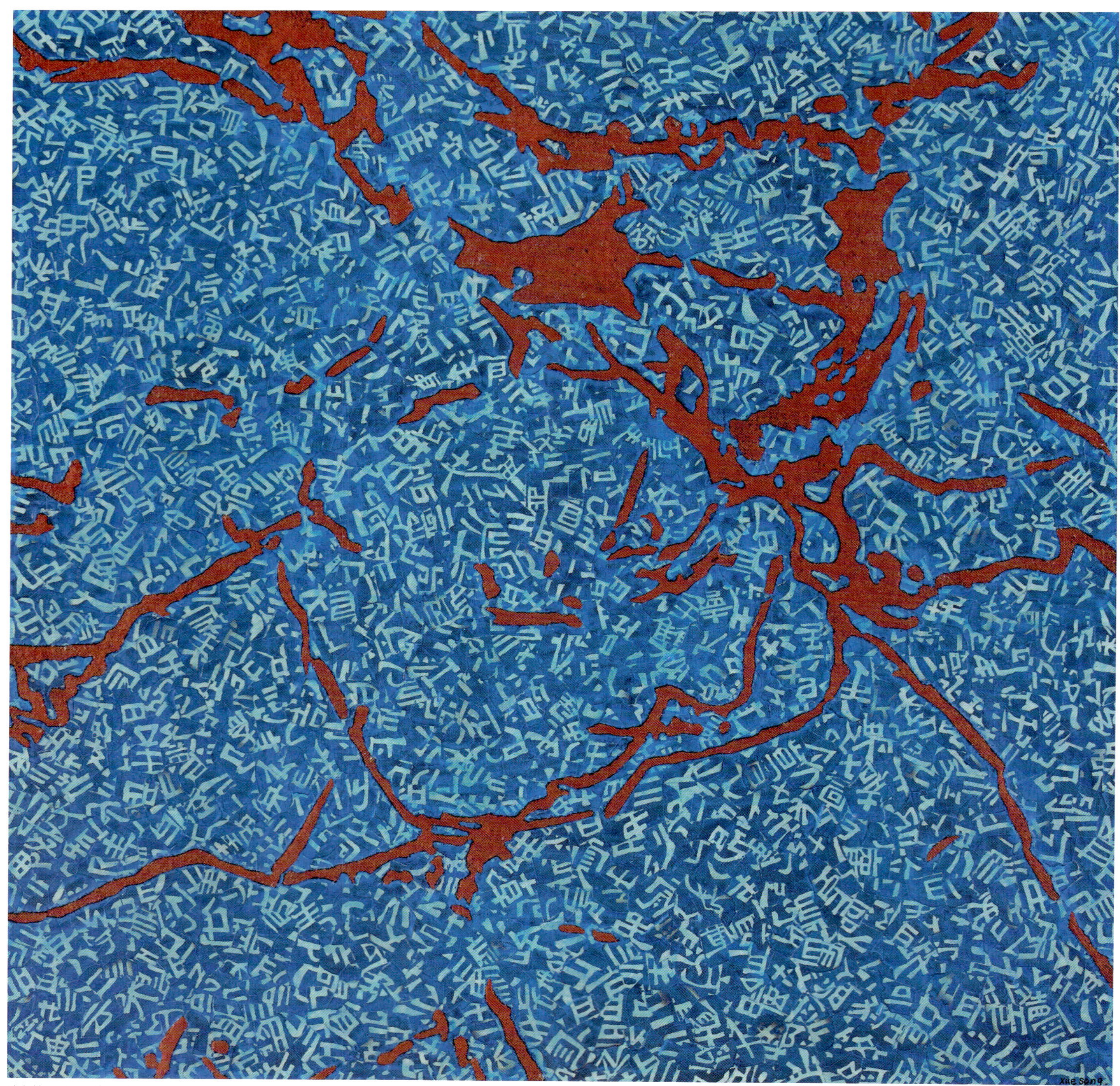

法自然系列——纹理 布面丙烯综合材料 140cm × 140cm 2021

变像——薛松艺术展

文 - 王绍强

艺术家薛松的创作让我们看到了一系列由拼贴构成的既整体又多元的碎片化世界。在波普风格的造型和色彩中，拼贴创造了多维度的图像嵌套：现代化的都市风景、西方古典油画、宋元山水、老上海商业月份牌、社会主义宣传画、当代时尚广告、古典西方乐谱、书法字帖、民间刺绣、木版年画……。它们既有机地整合在一起，同时又分裂着：作品潜在的叙事风马牛不相及。重要的是，每一个局部的拼贴都带着烧灼的痕迹，仿佛一切先在的秩序都将被扬弃，在灰烬和焦痕中一切都将“浴火重生”，以一种当代的方式被再次重构。

薛松 1988 年毕业于上海戏剧学院后一直留在上海，经历了改革开放后的经济转型和城市化巨变，他的创作几乎与中国当代艺术的发展同步。在经历了 1990 年的一次工作室火灾后，废墟现场给他带来了启发，拼贴成为他此后标志性的创作手法，并保持至今。

自 20 世纪 90 年代末起，随着中国改革开放的深入，全球流行的新消费文化在中国兴起，生活在上海的艺术家敏锐地把握到了时代变迁的脉动，薛松在他的拼贴中机智地运用了西方波普艺术的手法，以使其适应于对中国当代新现实的表现。

本次展览的主题“变像”来自佛教艺术的术语“变相”，即用绘画表现佛经故事。而将“相”改为“像”不只对应于艺术家对各种“图像”的挪用和拼贴，更意在强调薛松创作的“图像生产”意义。应该说，贯穿整个展览的重要主题是“变像”之“变”，它包含了几层含义：首先是艺术家通过作品记录了一个时代的剧烈变迁，用新的手法表现了新的中国现实，这些我们可以在他的“全球波普”和“大都市”系列中看到。其次他改造了来自西方、代表消费文化和大众流行的波普艺术，并让其与中华传统民俗和艺术经典有机融合，如“民俗波普”“新山水”“文字与书法”。然后他通过拼贴和蒙太奇的混合手法将中国和西方、传统和当代、精英和大众并置且相互为文，诠释新时代全球文化身份的冲突和融合，以展现当代中国人精神世界中的双重变化。其中最典型的便是“中西对话”系列，在其他主题中我们也不难寻觅到这一意蕴丰富的表达。

最后，在薛松的近期创作中，从“文字与书法”到“法自然”系列我们还可以观察到一个缓慢的转变——逐渐淡化了可辨识的形象，回归其早期作品中的抽象性和表现性。这仿佛是洗尽铅华后的返璞归真。本次展览除了回顾艺术家薛松 30 多年来的创作历程，更希望通过一个艺术家的案例研究，聚焦一个“变”字，反思在中国当代艺术发展中全球化波普潮流的影响，并试图呈现在时代中的社会转型与艺术变革的动态关联。

“变像——薛松艺术展”展览现场 广东美术馆 2022.03.26-2022.04.20

李磊 LI LEI

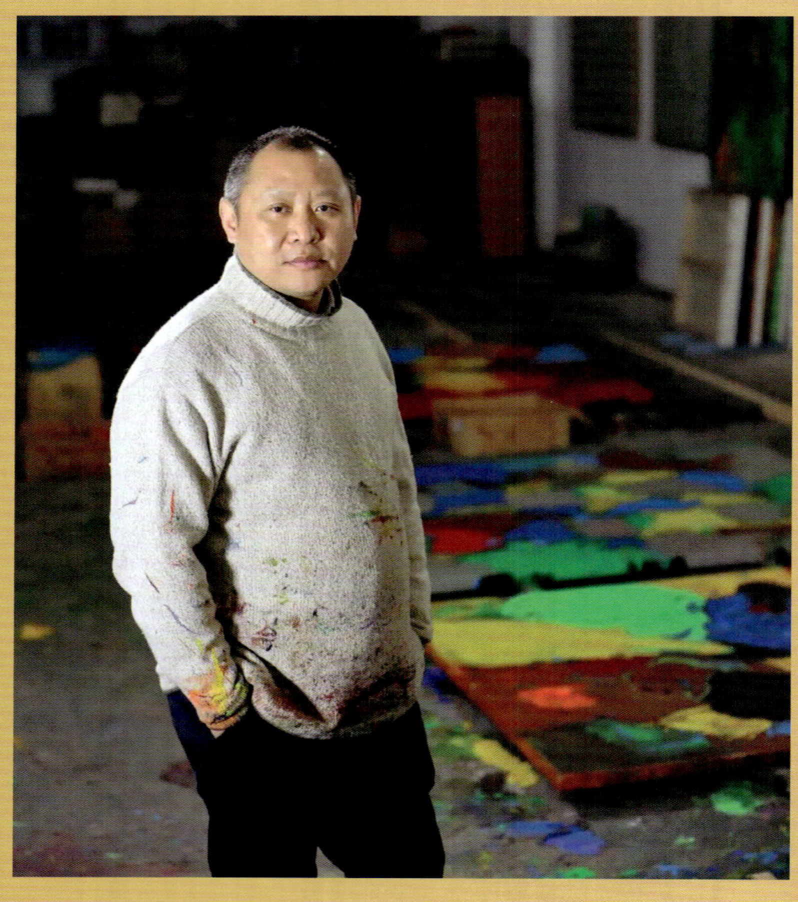

1965 年生，上海人。现为上海戏剧学院舞美系绘画专业教授，上海市美术家协会副主席，上海市政协委员，一级美术师。兼任中国美术家协会实验艺术委员会副主任，中国博物馆协会美术馆专业委员会副主任，同济大学客座教授，上海大学上海美术学院客座教授，上海视觉艺术学院客座教授，新加坡南洋理工大学华人馆客座教授。曾任中华艺术宫（上海美术馆）执行馆长，上海油画雕塑院执行副院长。

图片 / 由艺术家提供 编辑 / 刘雯

欣欣然而不知所之 布上丙烯 50cm×40cm×2 2018

在如此匆忙的世界，李磊的艺术昭示着我们的精神家园“可缓缓归矣”。

孙向晨

陌上花开 布上丙烯 180cm × 150cm × 5 2017

李磊艺术的诗情与哲思

文 - 孙向晨（复旦大学哲学院院长）

李磊的抽象艺术常透着一股“生”的暖意。

千年前吴越王钱镠与妻子的爱情咏叹“陌上花开，可缓缓归矣”转而成为一场现代抽象艺术展的主题，这之间的古今张力足以说明李磊的艺术风格。

抽象绘画作为现代艺术的形式，以脱离具体物象而自成特点，无论是何种形式的抽象，抽象艺术总以其观念的先锋而达于一种时代的不安，李磊的抽象艺术却每每给人以一种暖意。比如，他对“花”就情有独钟，曾经的《海上花》《禅花》乃至《葬花》，如今的“陌上花开”更是如此。

何以同为抽象艺术却有如此差异？事实上，抽象艺术在其肇始之初，就有着鲜明的文化底蕴。康定斯基毫不避讳其俄罗斯之根，俄国神秘主义成了他的巨大精神资源。波洛克的滴淌绘画常被看作美国式自由的表达，宣告了一种独立于欧洲的气度。李磊的抽象艺术无可置疑地具有中国韵味：温润、自然、灵动与飘逸。

抽象艺术依然可以挥洒一种诗人情怀。与康定斯基的神秘、蒙德里安的几何、波洛克的迷茫不同，李磊的抽象艺术更钟情于一种诗情画意。西方的抽象艺术在挣脱了“具象”之后，往往留有某种冲撞的“蛮力”，以至于有一种收不住的乖张。抽象艺术在李磊这里似乎被驯化了，有着一种深厚的温润。中国艺术传统向来不以“具象”自我设限，诚如欧阳修所言“画意不画形，忘形而得意”。在这个意义上，李磊的抽象艺术依然归于这个伟大的传统，只是更为自觉，更为现代，直接以线条、色块、韵律与节奏来表达内心的生意盎然，现代艺术与诗性的关联因而顺理成章，西方抽象艺术内在的巨大紧张感由此释然。如今，诗性的抽象在李磊的瓷器作品中继续流淌，号之为“李磊诗瓷”，其精神实质一如李磊的抽象风格，在对传统的超脱中满怀“生生之意”。

在如此匆忙的世界，李磊的艺术昭示着我们的精神家园“可缓缓归矣”。

对生命的追问、对自然的感知、对时空的游弋，这是李磊艺术的三条核心线索。李磊的思考无疑是当代的，他从传统中走来，带着一身的脱俗淡然和诗情画意，走入一个用自己的话来说“总是要焦虑思考一些什么”的使命感。他用艺术发问——“一个艺术家难道只是一个画画的人吗？”他用笔端去思考世间万物，以及我们日常面临的困境，并期望通过艺术解决一些生活的困难。纵观李磊这些年走过的艺术之路，实则直指一个人类的终极问题、那些永恒却可能永远没有答案的问题。

但，暂时没有答案没有关系，保持行动和思考才是最重要的。缓缓归，归根解读也是一场生命之旅……

林霖

紫烟 布上丙烯 50cm × 40cm × 3 2013

追花园 2 布上丙烯 150cm × 100cm 2019

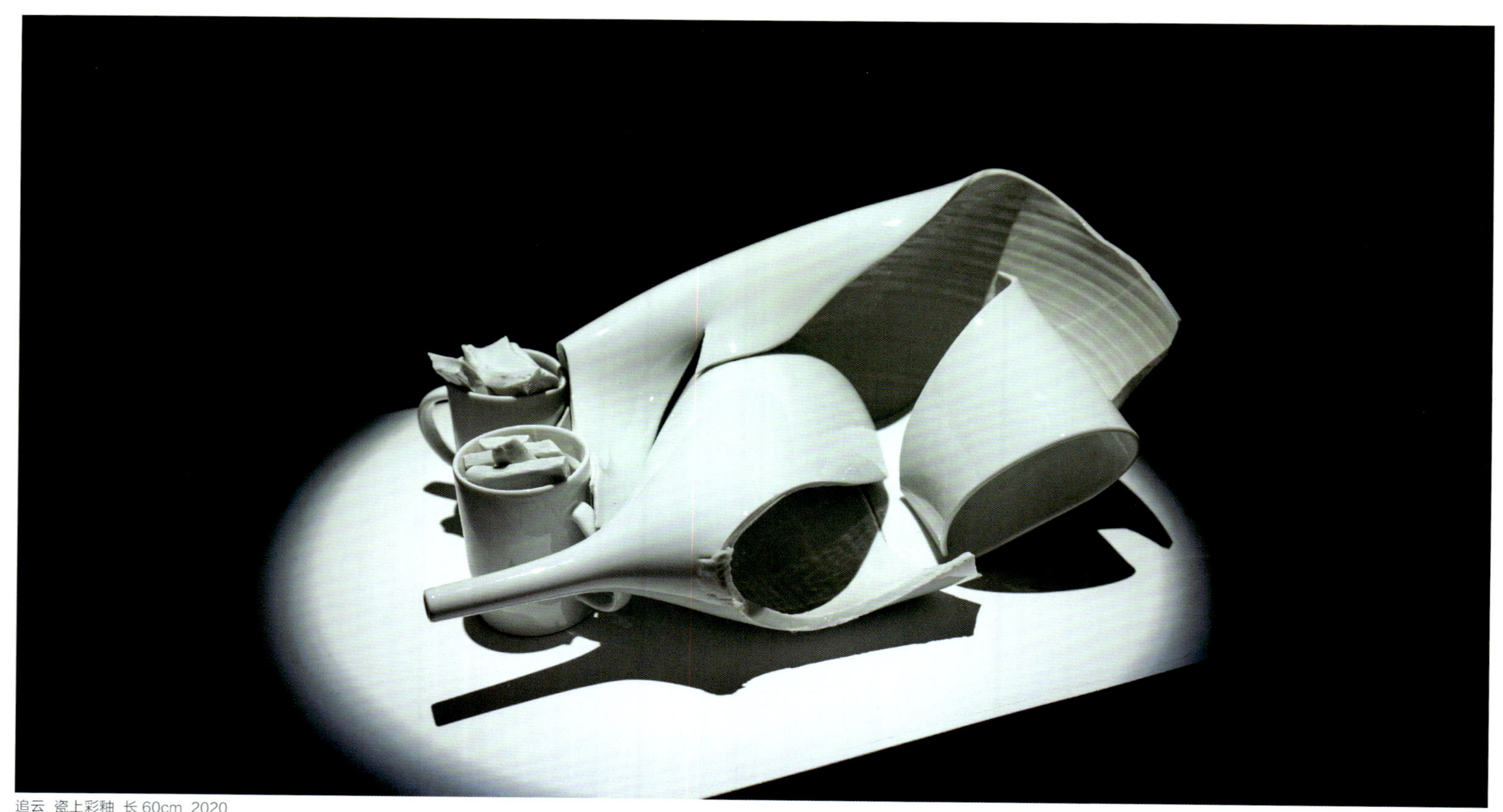

追云 瓷上彩釉 长60cm 2020

李磊的诗瓷画是当代艺术的独特表现，是其对生命的直观体验，是其在视觉上诗性的表达。他穿越文化，穿越历史，给观者以无限的想象力和感染力。

黄彩娣

慈悲颂 瓷上彩釉 多件组合 2021

洪凌 HONG LING

1955 年生于北京，白族。1979 年毕业于北京首都师范大学美术系，1987 年毕业于中央美术学院油画系研修班。现任中央美术学院造型艺术学院油画系第三工作室教授、研究生导师，中国美术家协会油画艺术委员会委员、中国美术家协会会员、安徽师范大学美术学院客座教授、安徽大学美术学院客座教授。

图片 / 由艺术家工作室提供 编辑 / 徐小禾

烟花 布面油画 160cm × 200cm 2022

中国山水绘画的灵性之光是生命精神互为推动的结果，也是与生命精神的相互慰藉。

——洪凌

寒涧 布面油画 170cm × 300cm 2021

艺途随想

文 - 洪凌

一、

2020 年疫情发生，三年一切从简从善从良，也才了解绘事本来就是修心定力之法门。

经如此大疫也才更发现万物一体的道理，思想精神进出山水自然之迹亦如此，当以善为缘，达入神之境界！

二、

自然万物与人类是同呼吸的生命体，是存在于这个星球上相互关联的生命形态，彼此都不是孤立的。

可人类文明发展到了今天，却逐渐走到了自然与生命的对立面，使得彼此相互分离，呈孤独存在的窘迫状态，这是生命的悲哀！对大自然轻慢无视的冰冷态度是当代人类道德衰败的开始，只采取实用主义的态度会使人类再一次走向原始的蛮荒。

当今的科技飞速发展，可如果发展得不善、不良其实是人性原罪的帮凶。放弃天人合一的境界追求，而一味相信科学技术的万能，其实是走向科学的反面，或为原始与荒凉荒芜的开始！

三、

绘画的不同形式、语言和风格，无不有着不同的思想观念及情绪的支撑。中国山水绘画的灵性之光是生命精神互为推动的结果，也是与生命精神的相互慰藉。

古人上千年的绘画实践经验丰富地展现着天道与人道的神合之迹。中国人对自然情感、生命觉知、山水气息的表达无不充满撼人的力量，令人经久回味、历久而弥新！

寒涧（局部 1） 布面油画 170cm×300cm 2021

四、

三十年前在黄山筑屋，工作于山水间，至今创作作品已近千幅。几十年的时光如梭，四季于身边飞过，周遭五光十色，心中常有魂不附体之惑。

仓仓促促于山水间穿梭，思绪神情难得专注，渐渐黑暗中听见了寂静，在寂静中望着灵魂，在灵魂中触碰到了自我之躯，一跃入天地间！心、眼、魂、手之所动所感所及，如今似乎尝到了一点点静空的味道。万籁俱寂中等待生命的彼岸之花，此时心中默默祈祷呼唤，静静呈现着观心、自省、自然、自恰的绘画状态！

寒涧（局部 2） 布面油画 170cm × 300cm 2021

中国人的灵魂是要安顿在自然山水间的，对山水的依偎关乎到内心深处的精神源泉涌向天地万物间的慧动。所有的艺术创造能力都来自精神呼吸的新鲜自由，来自广袤古老开阔的大地。

向自然山水而生，生命才得以发光发亮，精神才会发芽成材。我一直以为信奉自然是我暗恋的情愫，花开花谢皆生命！对山水的爱恋缘起自心性的空灵，亦是自性的牵引之光！

梅花雨 布面油画 200cm×300cm 2021

微雨梨花 布面油画 90cm×130cm 2020

依寒 布面油画 250cm×450cm 2020

群峰暮雪 布面油画 160cm × 500cm 2022

我的画面里更多展现的是一种纯自然的力量，然后形象再慢慢跟进，如果你感觉太实在了，形象太接近外象了，就是眼睛所看到的事物的形象，那么你就要打破它。通过泼洒，将它打破，回到一种混沌状态，重新寻找画机，再顺着这个方向又开始，不断地行走，不断地迷失，不断地寻找。所以创作一张画是一个反复的过程，是积累、重叠与寻找的过程，这个过程你要经过很多遍，最终你才能呈现一个复杂的世界。没有经过艰难地寻找，一张画往往不经看，往往容易感觉很单薄，这种单薄是情绪上的单薄，线索上的单薄。

——洪凌

一色天青 布面油画 150cm × 300cm 2021

我爱山水自然，你从表面上看它属于古典范畴，古典范畴包括我们的山水画，包括西方的风景画，我们关照自然的方式可能更多的是吟咏，更多是抒情、是爱。我觉得在现今社会，古典精神仍然需要，因为古典精神仍然是人类重要的精神食粮，自然文化是我们的母体，中国人叫山水，西方人叫风景自然。当我们面对自然，面对青山绿水的时候，内心的焦虑可以消解，这种消解其实是我们生命里需要的。

——洪凌

积润 布面油画 400cm × 300cm 2022

积润（局部） 布面油画 400cm × 300cm 2022

张杰 ZHANG JIE

气象之四 布面油画 80cm×60cm 2021

重叠，是我对世界的认知结果，也是我对世界的观察方式。艺术语言服务于艺术家的思想，服务于作品的表现。视觉艺术如何呈现这个重叠的世界？艺术语言如何淬炼才能更好地表现这个重叠的世界？多年以来，我一直在探索。

张杰

梦幻之都 布面油画 600cm×250cm 2021

重叠的时间

文 | 张杰

在人类文明的发展史上，有些追问是绵长恒久的，比如美是什么？爱是什么？幸福是什么？天的尽头有什么？逝去的时光能否倒流……而让我兴味无穷的是“世界究竟是什么样子的”。世界是什么样子的？科学家们用他们的方式追问，霍金把宇宙简史起名为“时间简史”，大概认为时间就是世界最大的秘密。牛顿眼中，时间是一支离弦之箭，箭头搭载着整个世界，开弓不回，一往无前；爱因斯坦眼中，时间像一条浩瀚的河，深水静流，随着引力和速度的变化，于寂静中流淌又回旋，世界在这蜿蜒的河水中，折叠又舒展；而在量子学派眼中，时间是烟波是雾气，散是漫天氤氲，聚则云海浩渺，它无处不在又无边无垠，无数个世界如同一滴滴水汽，在云山雾海里穿行、跳跃、分身、弥散，每滴水汽里过去、现在、未来线性发展，无数的水汽又囊括了过去、现在、未来的所有可能，它们并存共在。

科学与艺术都是对世界的探索，区别仅在于探索路径和呈现方式的不同。科学家们提出的平行宇宙说，在赫尔博斯的《交叉小径的花园》里，以文学的笔触呈现。那个奇异的花园里有无数个分叉的路口，在每个路口选择一条路径就会产生一种命运。正如我们每个人的人生都有许多条岔路，一旦做出选择，就会通向某种确定的方向，这大概也是人生痛苦的来源——我们选择，却又常常后悔：如果当初做的是另一种选择，现在会不会不一样？但我们永远都不知道，那通向不一样方向的小径，究竟比现在更好还是更坏。而在那分叉小径的花园里为我们描绘了所有选择的可能性。在它奇异的景致里，时间有时有限交叉，有时无限分叉，在许多不同的时空里，不同的命运衍生不已，枝叶纷披。

祈福之一 布面油画 130cm×100cm 2021

祈福之四 布面油画 130cm×100cm 2021

科学家的探索和文学家的想象，不断激发我对世界的兴趣：世界到底是什么样的？平行宇宙是不是就如同赫尔博斯笔下那个交叉小径的花园那般：时间可以有无数条线，分散的、集中的和平行的时间交织成一张不断生长的、错综复杂的网。由相互接近、交叉、隔断或者永远互不打扰的时间织成的这张大网里，包含了世间所有的可能性。在大部分时间里，我们并不存在；在某些时间里有你而没有我，在另一些时间里有我而没有你；在某些时间里，你我都存在。我们不相识，或者相识相交，譬如阅读着我的文字、欣赏着我的画作的这个时间、这个世界。

所以，时间是一张网，它兜着全部的万千世界。如果我们把投向宇宙深处的目光收回，仅仅关注我们存在的这个世界，这个已知的、确定的、被科学家们命名为“经典宇宙”的世界呢？在这个世界里，时间似乎是横向线性的，它单向向前。但是，如果把空间加上，每一个时间节点上，都存在无数空间，如同数轴线上加入了无数条纵轴，在这个时间与空间纵横交错的图谱里，大部分时空，我们并不存在；某些时空，有你而没有我；另一些时空，有我而没有你；仅有某些极少的时空里，你我都存在，我们分散或聚合，有时相交，或者永不打扰，在各自的花园里不停地忙碌着做选择，在选择中，逐渐勾勒出那条仅属于自己的人生小径。所以，时间仍然是一张网，它串起了这个世界的所有空间。

追梦人之九 布面油画 150cm×130cm 2021

追梦人之十二 布面油画 150cm×130cm 2021

在这个确定的世界里，我们分身乏术。每一刻具体的时间里，我们只能选择身在某处，当我们在一处空间就必然不在另一处空间。可是这并不是这个世界真实的样子。日出云涎、绿水金山、冰峰蓝天、明月雄关，高楼升炊烟、灯火或阑珊、路上车连连、秋水欲望穿……在时空的纵轴上这一切同时存在。我们在每一刻却只能身处一处，感观一物，世界被我们碎片化、平面化、简单化。

这次的展览，我想在展厅这样一个有限的物理空间内，重构我们感知世界的经验。所以我选取了时空上跨度很大的部分作品并置重叠在一起。当我们置身展厅环顾周遭：巍峨静穆的山，高楼林立的城，意恐迟归的亲，追梦奔忙的人，他们同时存在，构成这个确定世界真实的模样；几十年前老旧的码头，今日繁华熙攘的都市，战争年代的先烈们，和平盛世的劳动者，他们也同时存在，如同是在不同的平行世界里穿行。

重叠，是我对世界的认知结果，也是我对世界的观察方式。艺术语言服务于艺术家的思想，服务于作品的表现。视觉艺术如何呈现这个重叠的世界？艺术语言如何淬炼才能更好地表现这个重叠的世界？多年以来，我一直在探索。如果观者细看每一个画面的肌理与笔触，在画布上可以看到层层色料也是累积在一起的：冷与暖，明与暗，互补与近似，厚质与轻薄，它们层层叠叠但并不掩盖消亡，它们彼此独立又共同存在，如同这个重叠的世界。

在本次“重叠的目光”个展中，呈现出宏观空间与微观空间的重叠、社会空间与自然空间的重叠、外部空间与心理空间的重叠，以及过去时间与当下时间的重叠。在观展的这一刻，观者的目光可以穿过时空数轴上那些重叠的空间与时间，突破既有的时空经验。这一刻既俯瞰世界，又仰望高楼；既纵情山水，又置身城市；既同理共情，又内观自省；既回看过去，又凝视当下……当时空重叠在一起，让我们一起探索世界的多样性、丰富性与立体性。

重叠的目光——张杰作品展 江苏省美术馆展览现场

重叠的目光——张杰作品展 江苏省美术馆展览现场

当我们置身展厅环顾周遭：巍峨静穆的山，高楼林立的城，意恐迟归的亲，追梦奔忙的人，他们同时存在，构成这个确定世界真实的模样；几十年前老旧的码头，今日繁华熙攘的都市，战争年代的先烈们，和平盛世的劳动者，他们也同时存在，如同是在不同的平行世界里穿行。

张杰

不断变化的观看——张杰绘画中的意识流向

文 - 郑工

张杰这次在南京的展览主题：重叠的目光。这就涉及观看的视角问题。

艺术家如何观察与表现对象？这直接反映了创作主体的意识与观念。若从这一问题出发，依据张杰画展的四个部分重新编排，我可能会得出这么一个顺序：大地—都市—生活—光阴。这是从宏观到微观，其观看的视野逐步聚焦，其表现的事物逐层切换，其意识的流向逐渐清晰。

比如，“大地”的概念在张杰的画中非常宽泛，可以体现为“中国风景”，也可以体现为“中国山水”。在中西方绘画中，“山水”和“风景”的意指不同，张杰是油画家，他坚持用“风景”，可其绘画意识中是否依然保存着“山水”的自然观？这一问题可以展开讨论。在《带红印的山水》《山水混响》《风景碎片》《红线》，以及“绿色印记”系列、“消融的风景”系列和“风景碎片”系列，其山体的绘画意识与苍茫的空间感，就是一派中国风，但又注意主体的人文印迹，将当下的时间嵌入，成为一段“风景”。中国人的山水意识基础就是“天地观”，这在西方绘画中不存在。

又如，“都市”的概念在张杰的画中非常具体，表现的就是山城重庆，他生于斯、长于斯的那座城市。在熟悉的环境中如何陌生化，最有效的办法就是脱离习惯性的观察角度，如采用航拍的视角，《城市网格》《城市板块》便是如此；同时还可以通过时间过滤记忆，拉开与现实的距离。他画的“依稀记忆”系列，就以历史性的视角唤起人的存在感。都市就是人在自然中存在的明证，因为那是人类的栖息之所。离开居所，人就没有着落了，没有生活的根基。这又直接反映在张杰其他的绘画上，如《梦幻之都》《彩云湖》《造城》《空城记》以及“见证”系列绘画。

气象之二 布面油画 80cm × 60cm 2021

光照金山 布面油画 116cm×196cm 2021

再如，“生活”的概念在张杰的画中就落到了日常的题材，形成其特有的人文情怀与叙事情结。比如烧香祈福的男女、离乡或返乡的人群，一个虔诚的动作，一张喜悦的笑脸，都可以成为画面的主题。这里没有什么重大题材的概念，防疫人员戴眼罩或穿防护服，城市的空巢老人在街头闲逛，小区的牌桌，街边的理发铺，这些司空见惯的市井生活小景，无处不充满生活的温馨和快乐。生活是多面的，也有烦恼和艰辛，但张杰的画笔均将这一切化解了。比如“追梦人”系列，画面的主体就是城市的打工族，人们骑着各式各样的摩托在路上。道路是交通的基本要素，摩托是交通工具，人借助摩托和道路不断地流动，“流动”似乎成为张杰诠释生活的一个关键词。

最后，“光阴”的概念在张杰的画中就落到了语言的形态，造成“斑斑驳驳”这一光影晃动的视觉印象。这是否意味着张杰将他眼前的一应事物，都纳入一个特定的时空关系，用瞬间的晃动的不确定的视觉感受，处理他画笔中的一切？斑驳的光影总是跳动的，与空气混合在一起，笼罩着事物，容易形成特定的氛围，并由氛围构筑语境。但“斑驳”的光影消解能力也很强，比如对形体的质量和重量，对环境的空间和时间，都具有消解作用。他画的《大地苍茫》《佛》《洒落的泪》及“破碎的风景”系列，在消解形体的同时，也消解了“光”与“光阴”物理属性，即从物理学转向了视觉心理学，同时带出了笔触肌理的审美特质，且不论具象还是抽象，如《余晖淡淡》《云中行》或《只是当时已惘然》。作为极具张杰绘画个性语言特征的“斑驳”这一概念，也只是借着“光阴”引发人的思绪，并不是其意义的最终指向。

这是一段个人的阐释，不一定符合张杰创作的思路。绘画一旦完成，其意义的解释已经不受作者约束，观者可以参与进来。无论怎样，观看之道总是由人的意识引导，而这段意识流向所形成的人文叙事，也许可以打开另一扇阅读的窗口。张杰绘画的意义世界是敞开的，所涉及的题材与主题也十分宽泛，解释总会遇到困难。只要打开就会有新的遮蔽，任何一种预设都有局限。

妙境之一 布面油画 120cm × 80cm 2021

妙境之二 布面油画 120cm × 80cm 2021

瑞风 布面油画 600cm × 250cm 2021

张杰
zhang jie
2021.8

陈 坚　CHEN JIAN

2021 年 8 月 17 日 吉里工作室

1959 年出生，籍贯山东青岛，中国美术学院硕士博士生导师、广州美术学院客座教授、湖北美术学院特聘教授。现任中国美术家协会理事、中国美术家协会水彩画艺术委员会主任、中国美术馆专家评审委员会委员。多次担任重要展览评委，在国内外多次参加国家级重要重大展览，作品被多家重点美术馆收藏。

图片 / 由艺术家工作室提供 编辑 / 刘斐

被遗弃的口罩系列 纸本水彩 98cm×66cm 2021

勇气与坚持让我在这一条路上一直向前，从未放弃与退缩，用耀眼的光芒默默叙述着一个画家对艺术的追求与对人性的热望。

陈坚

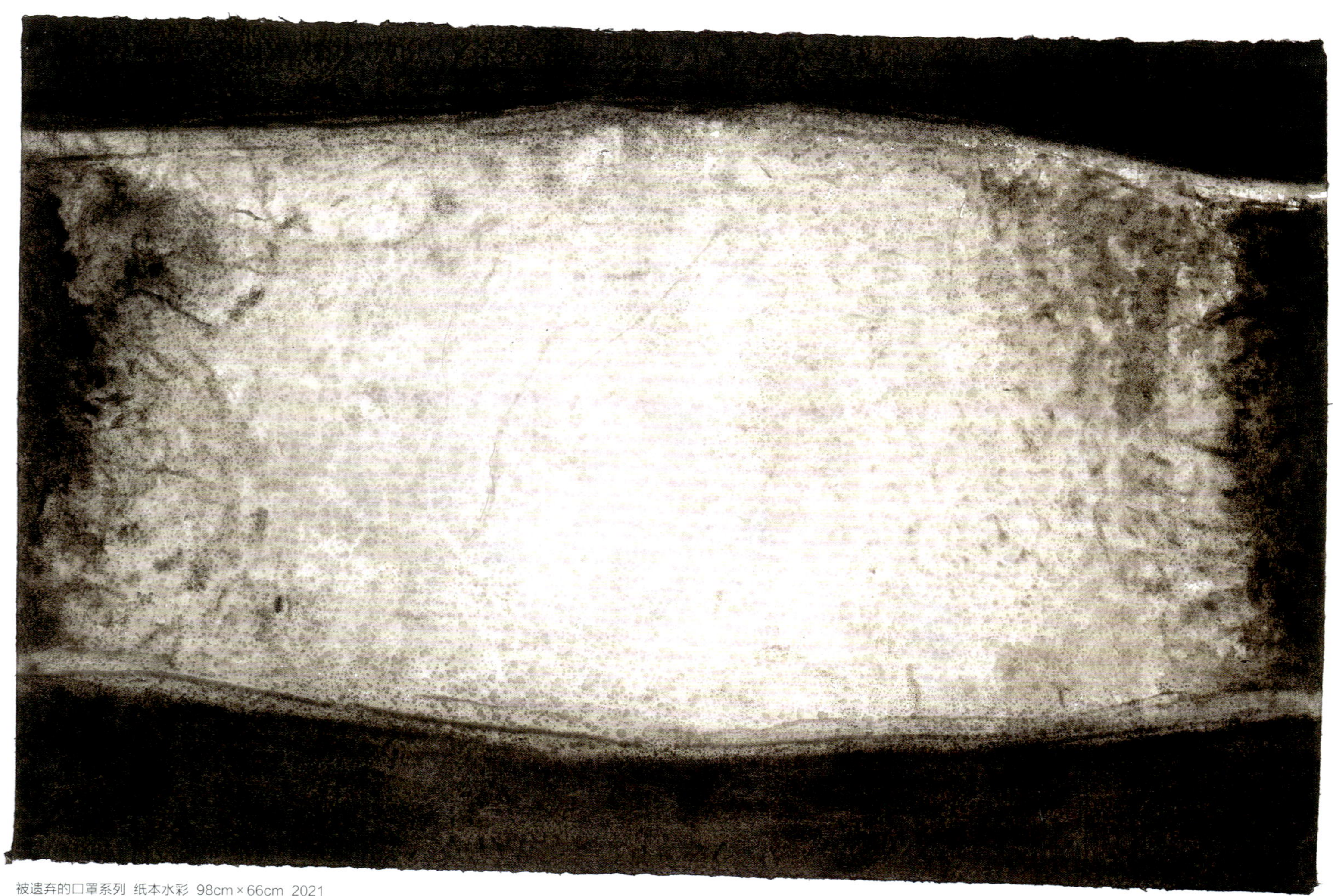

被遗弃的口罩系列 纸本水彩 98cm × 66cm 2021

陈坚：那个捡拾艺术尊严的人

文 - 胡少杰

如何定义陈坚呢？如何用所谓的评论语汇去组织出准确的、有效的话语来评价陈坚？这确实是一个难题。优秀的艺术家、卓越的引领者与开拓者，纯粹与孤决的精神朝圣者，这些业界公认的身份定义与价值评定，自然不是徒有的虚名，这背后是陈坚半生坚守、矢志不渝的追索，是才情与禀赋、决心与勇毅的付诸，所以这些评价毫无虚饰，实至名归。但是，这并不足以全面地、准确地定义陈坚，以及认知陈坚的艺术。也罢，面对一位复杂性与纯粹性并存的艺术家，语言往往是滞后的，评价通常是失效的。那么我们只能借由我们最本能的感官进入陈坚的艺术世界。

陈坚的绘画创作给我带来过多次触及灵魂深处的观看经验，那些单纯静穆的塔吉克人，那些孤独至极的幽暗风景中透出的微光，以及那些平静的海岸、斑斓的秋山，都让我过目难忘。而近期看到陈坚在疫情三年来创作的新作"被遗弃的口罩"系列，又给我带来了意外的心灵触动。那支描绘过高原之光、描绘过静寂之海的画笔，落在一只只残破的、寻常的、不值一提又居功至伟的被遗弃的口罩之上。在陈坚笔下，这些口罩被抽象成单纯的色块，铺陈在黑色的背景之上，像是一块赫然而立的残破的纪念碑。在并不算大的尺幅上，竟然建构出了让人肃穆的悲剧感。这是何等充盈饱满的悲悯精神的灌注，才能让一只"口罩"，具备了如此强烈的精神张力！

据陈坚所说，"被遗弃的口罩"系列的缘起是2020年好友因新冠肺炎去世，这给他带来了极大的心理冲击。然后陈坚开始反思艺术和生命的关系，反思自己长久奉行的艺术理念，一度停笔不能作画，而后通过沉潜式的阅读和思考，才一步步笃定，他确认自己走在一条符合艺术规律、符合自身精神追索的道路之上，然后开始变得愈发自由，愈发坚定。而后因为一次组织水彩静物展览的契机，陈坚带着他对艺术和生命全新的深切的思考和感悟，开始创作"被遗弃的口罩"系列。口罩作为一种特殊境况下的日常之物，看似简单寻常，其实意涵颇为复杂。如何表现口罩的形式构成，如何探掘出口罩表象之下的深意，又如何运用口罩本身所附带的强势的符号性与叙事性而不显粗率，以及如何处理不同画幅之间的差异性，这些都是需要一一解决的全新课题。而从之后完成的数十幅大小作品中可见，这些问题都解决得近乎完美。陈坚用表现性极强的手法打破了口罩的形式构造，而斑驳的颜色和源自材料本身特性形成的复杂的肌理，在丰富画面的视觉效果的同时也很好地对应了口罩作为"被遗弃"这一特定的"身份特征"，完成了第二重的叙事。而不同的画面间的差异来自陈坚对不同口罩实物的细心观察，以及作画过程中偶发的情感灌注和不拘一格的表现手法。这个系列几十幅作品，每一幅都有各自的情绪、各自的面貌，看下来丝毫没有重复感。不得不说，这是一次完美的语言实验、形式实验，同样也是精神的实验、心灵的实验。

在路上 2020年8月25日

2020年9月16日

在路上 2021年4月6日

被遗弃的口罩系列 纸本水彩 98cm×66cm 2021

我们深知陈坚有着绝对扎实的绘画功底，其对具象写实的把控能力可以说是当下罕有的，而数十年在水彩材料上的浸淫与探索，也让他对水彩这门被视为小众的画种具备了更为深层的认知。在陈坚看来，深湛的造型技术应该让绘画变得更加自由，而所谓材料的局限性其实反而可以转化为材料无限的自由度。所以，绘画的品质来自对绘画本身的深度与宽度的无限探寻，以及极致纯粹的精神呈现。总之，在陈坚这里无论是具象绘画，还是带有表现性的抽象绘画，都是一种对精神的描绘，是一种精神与灵魂的写实。陈坚一路走来，早已深谙其理。这也是为何在陈坚的绘画中，我们往往忽略材质，忽略形式，而是被他直抵本质的绘画性以及极具精神浓度的内在质地所深深吸引和触动。这正是绘画的最高品质，也是绘画于时代最大的价值所在。我们回望历史长河，那些真正光耀后世的伟大作品，无不具备这些品质。我们不会在意《格尔尼卡》的材质，让我们的灵魂受到震撼的也不是毕加索立体主义的表现手法。同样，在罗斯克画幅前流泪的观众，一定不仅仅是被那沉郁色块和模糊笔触所感动。他们通过绘画建构出一种震撼人心的精神场域，然后让观者置身其中，情不由己。而对于精神的世界的终极追索和探求，自古以来也是那些伟大哲人的毕生志业。从苏格拉底到亚里士多德，到康德，再到尼采，他们一直在追寻那个极致纯粹的超越物质世界的精神世界，并试图描述、建构那个世界。而伟大的艺术家必然有着同样的追求。拉斐尔如此，梵高如此，毕加索也如此。

被遗弃的口罩系列 纸本水彩 98cm×66cm 2021

然而，处在今天这个价值体系已然濒临崩坏的时代，面对变动不居的世事人心、悬而不决的共同命运，让本就愈发虚妄的艺术变得更加浮泛。时代的河流浊浪汹涌，但是在所谓现代文明的光耀之下依然波光粼粼、浮光潋滟。艺术家们用尽各自的诸般手段，描绘着这些浮光、这些幻影，用虚妄来应对虚妄，艺术精神湮灭，灵魂离场。处在如此的时代境况之下，谁来接续艺术的伟大志业，谁来捡拾起艺术的尊严？不会是那些描绘幻梦的人，因为尊严会和幻梦一同破灭；不会是那些只会低吟挽歌的人，因为尊严必须是高扬的旗帜，而不是在风中飘散。而如今，看过陈坚的绘画之后，我们有理由相信，他会是那个捡拾起艺术尊严的人。

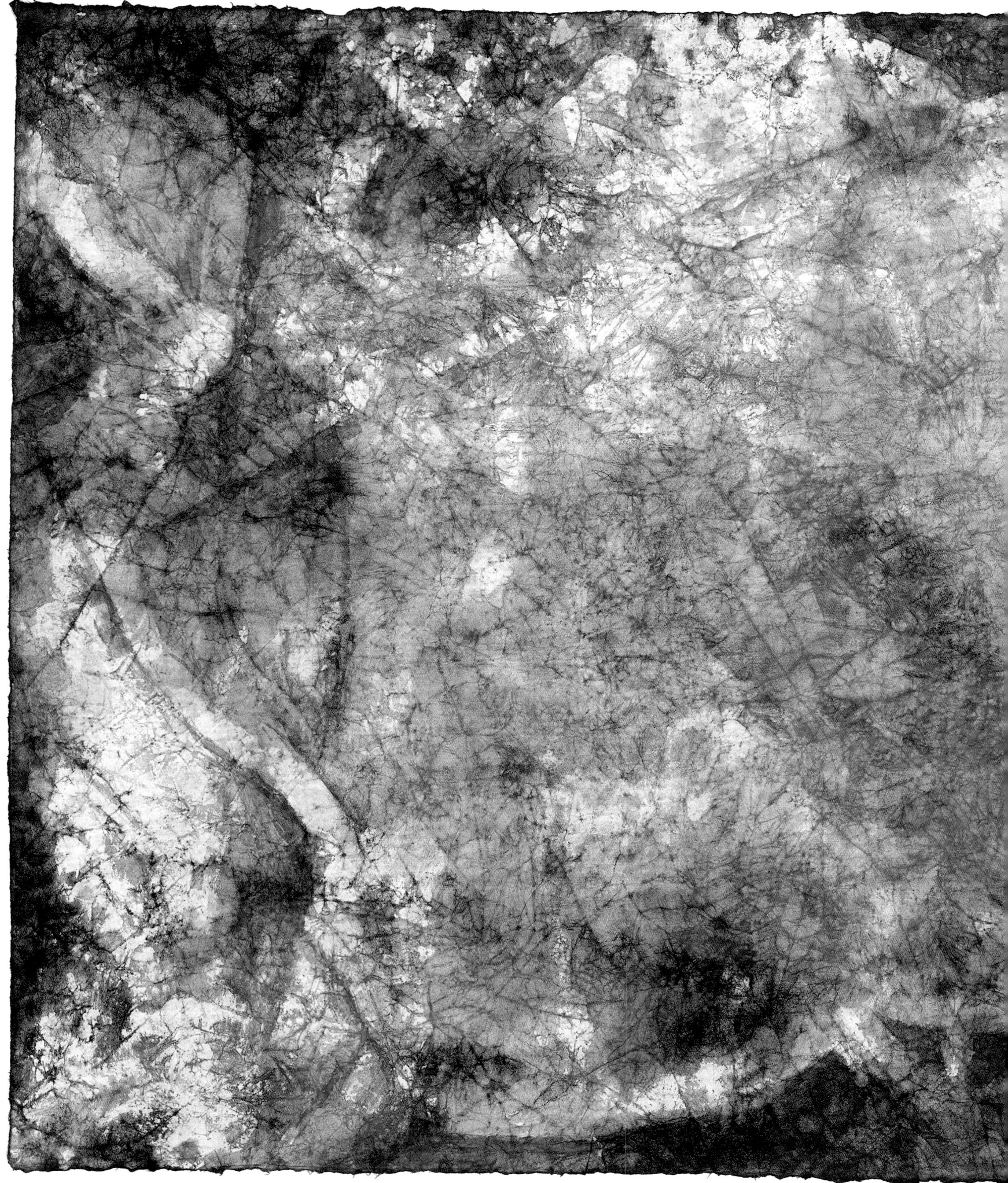

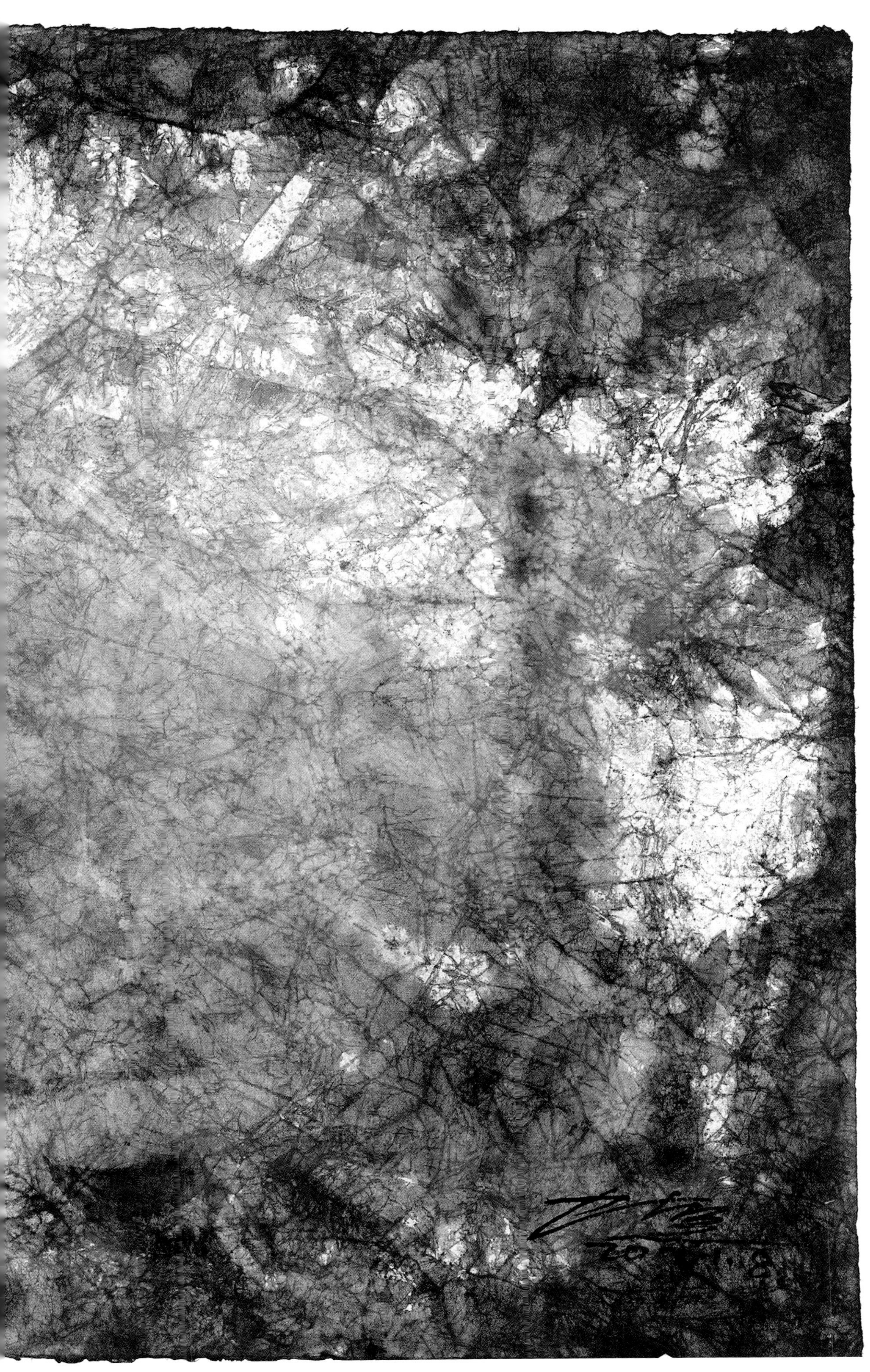

被遗弃的口罩系列 纸本水彩 98cm × 66cm 2021

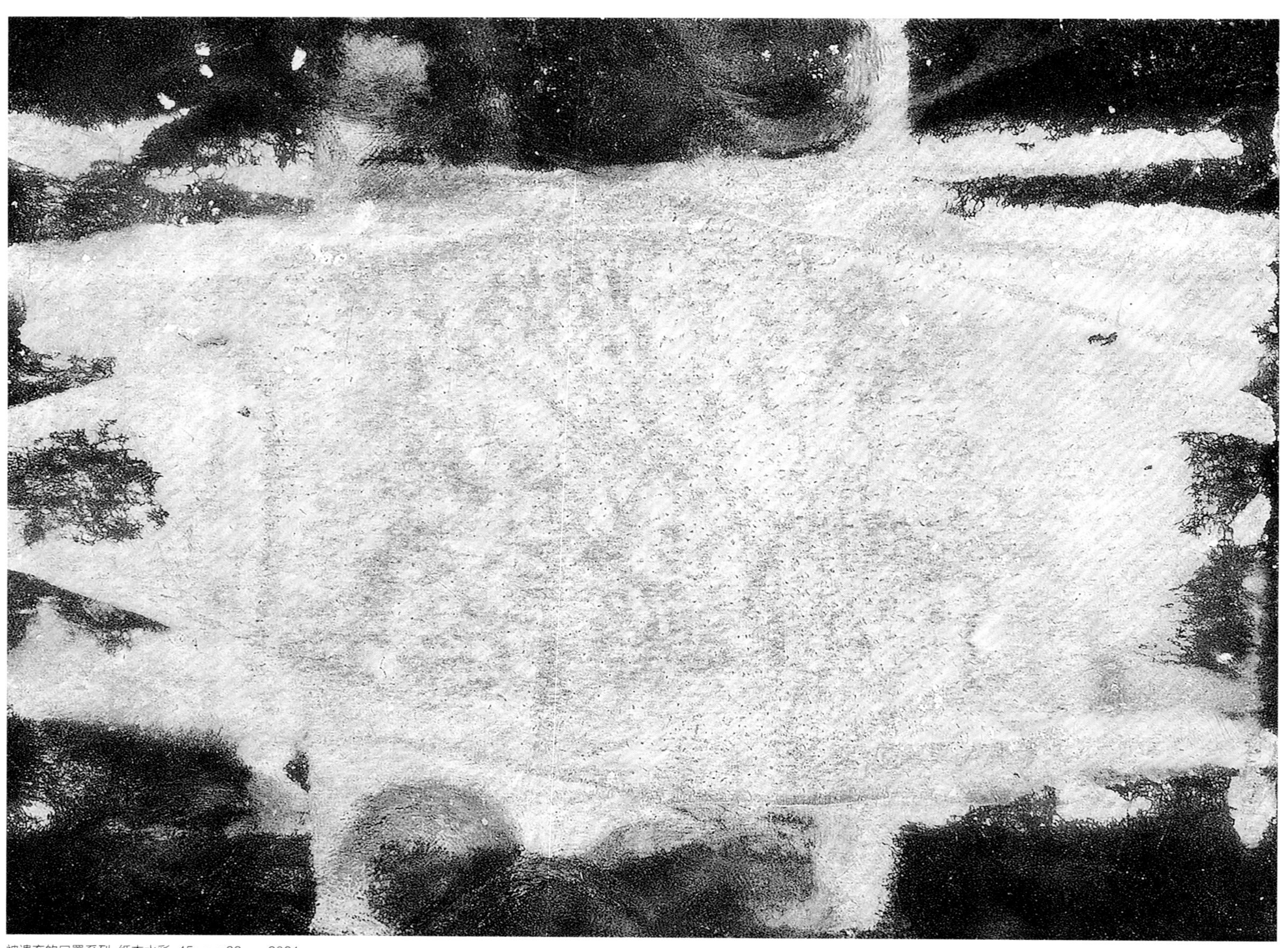

被遗弃的口罩系列 纸本水彩 45cm × 33cm 2021

被遗弃的口罩系列 纸本水彩 45cm×33cm 2021

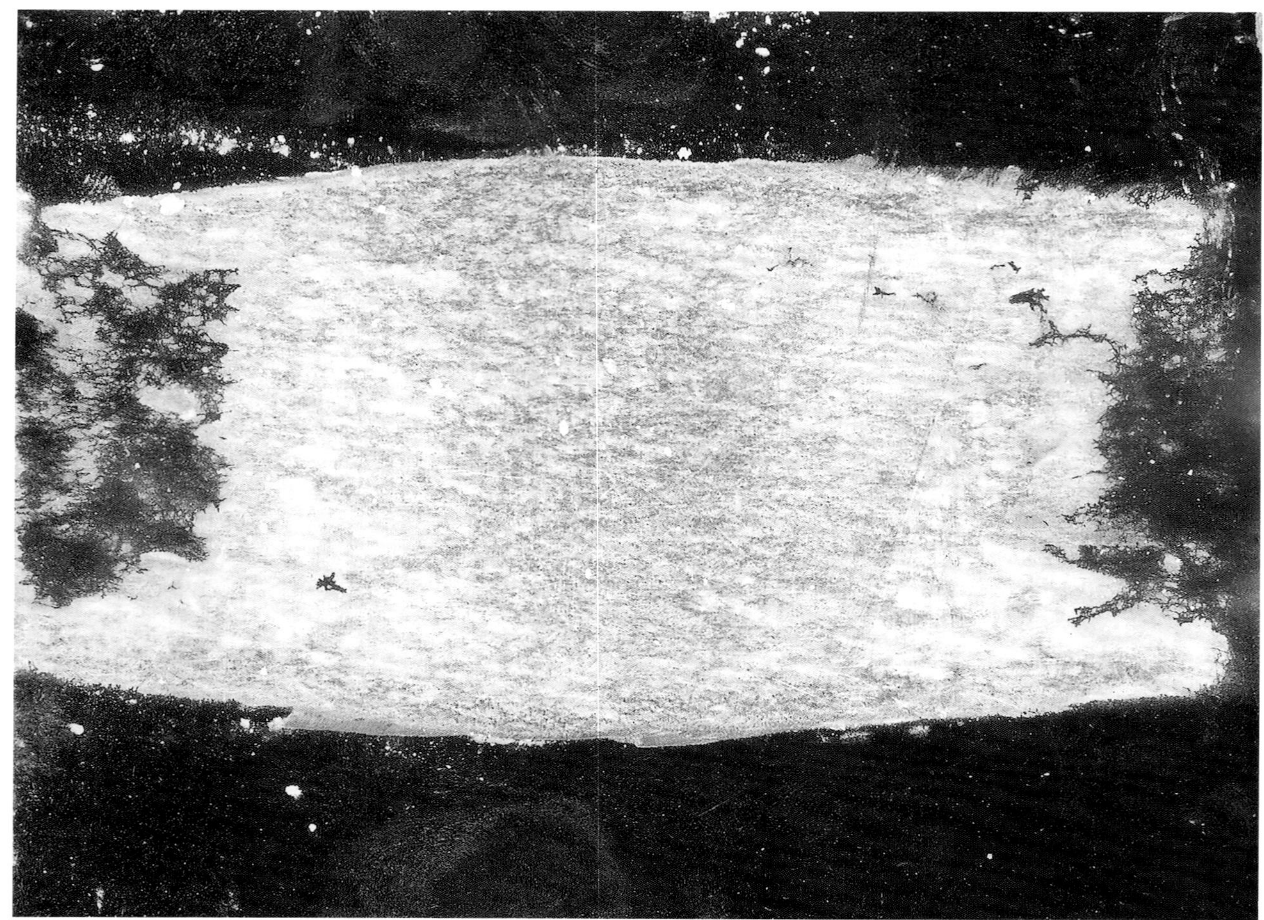

被遗弃的口罩系列 纸本水彩 45cm × 33cm 2021

被遗弃的口罩系列 纸本水彩 45cm × 33cm 2021

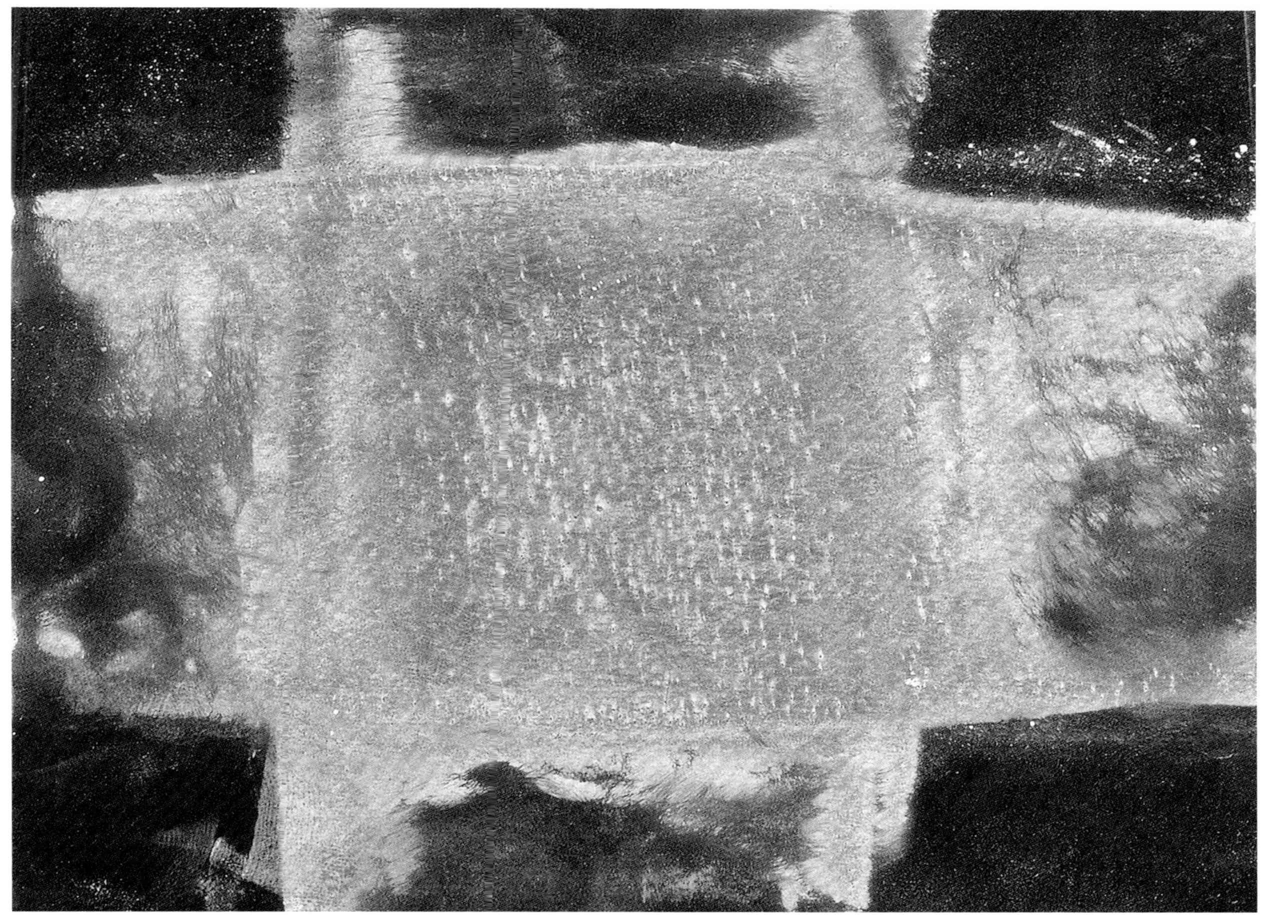
被遗弃的口罩系列 纸本水彩 45cm × 33cm 2021

被遗弃的口罩系列 纸本水彩 45cm × 33cm 2021

被遗弃的口罩系列 纸本水彩 45cm × 33cm 2021

被遗弃的口罩系列 纸本水彩 45cm × 33cm 2021

被遗弃的口罩系列 纸本水彩 45cm×33cm 2021

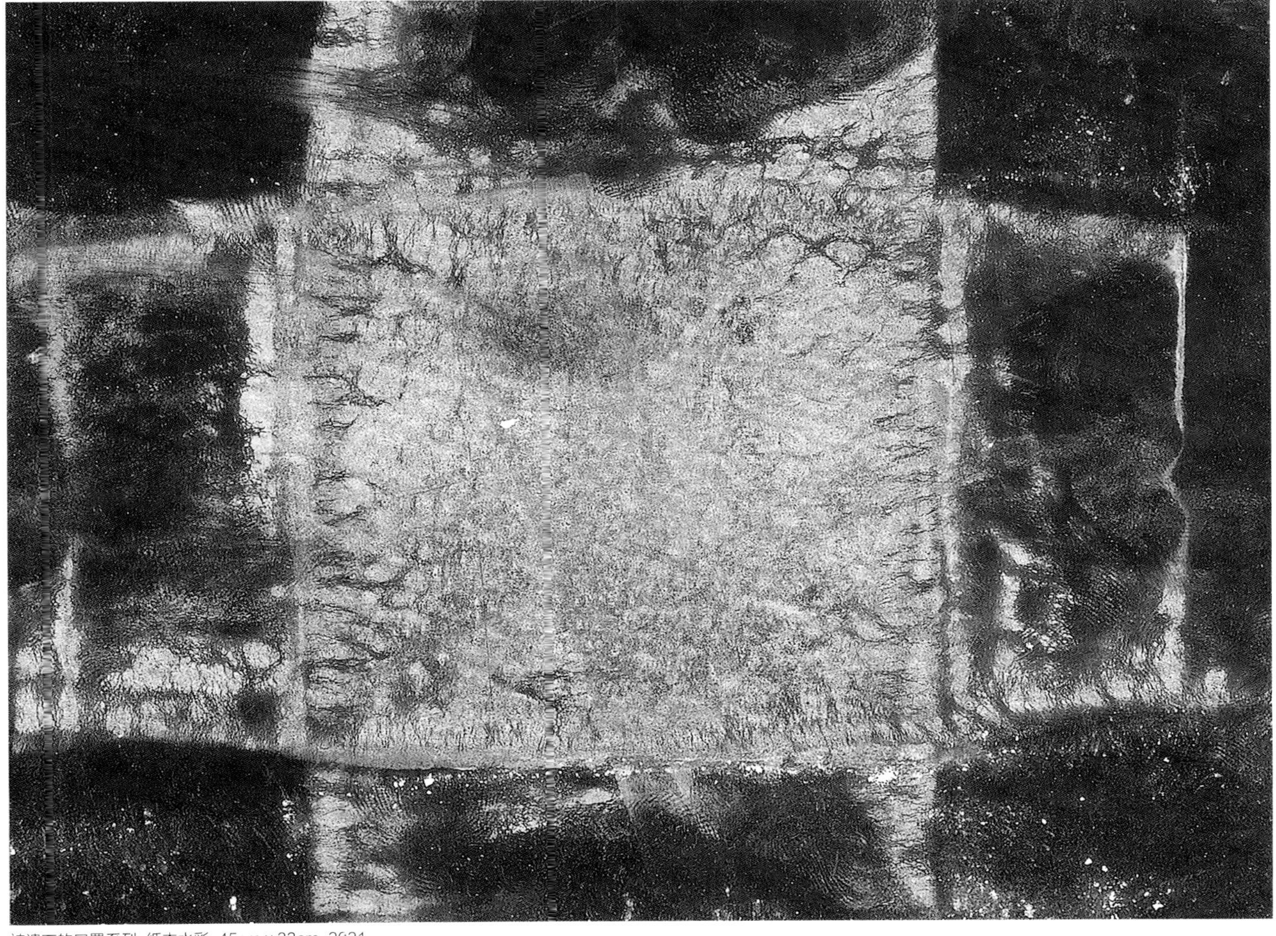

被遗弃的口罩系列 纸本水彩 45cm×33cm 2021

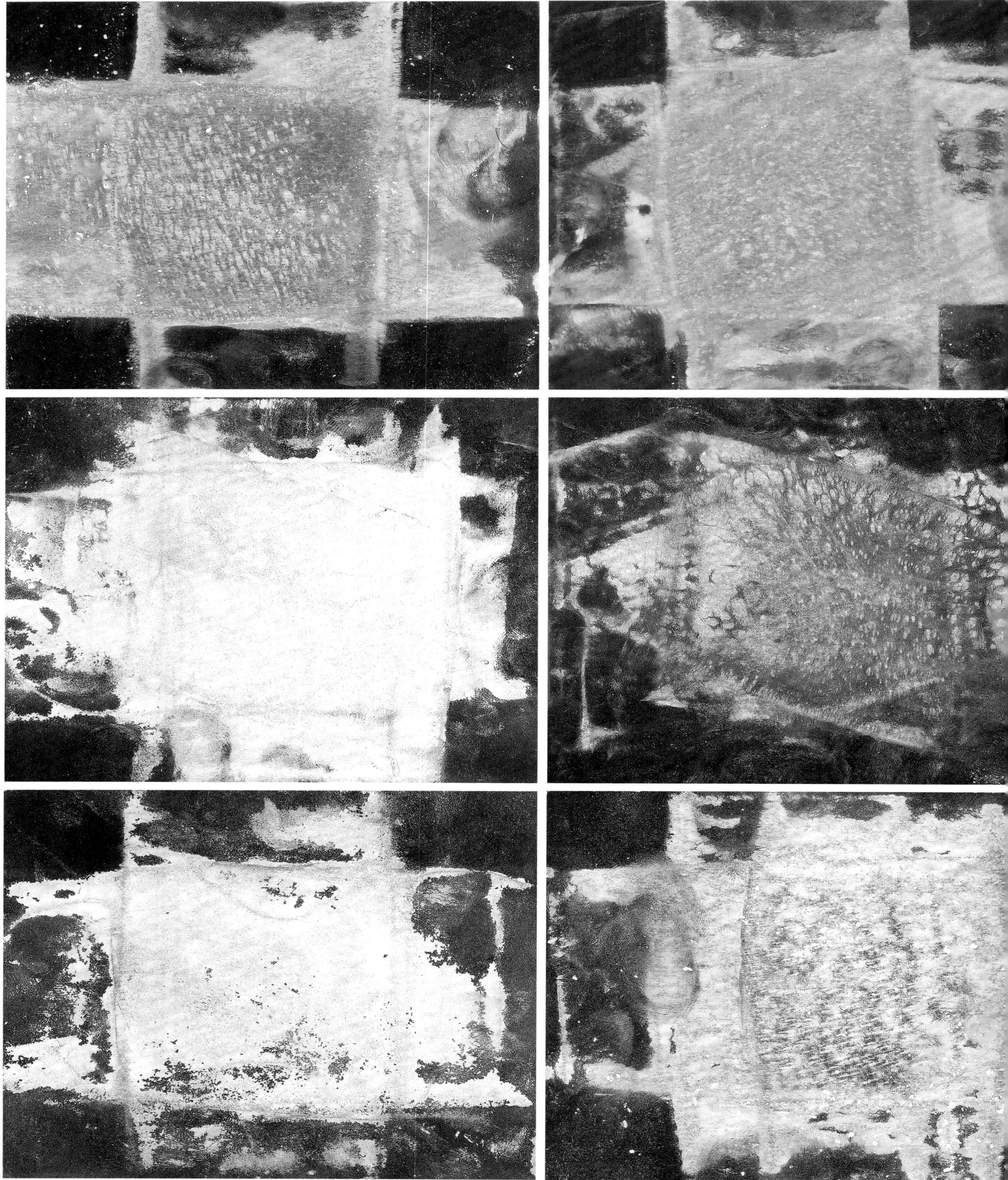

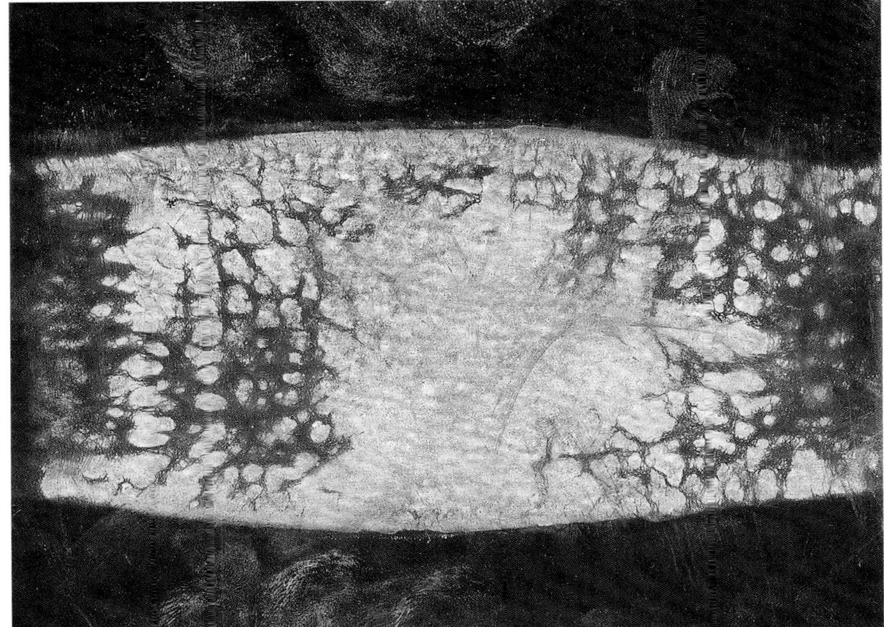

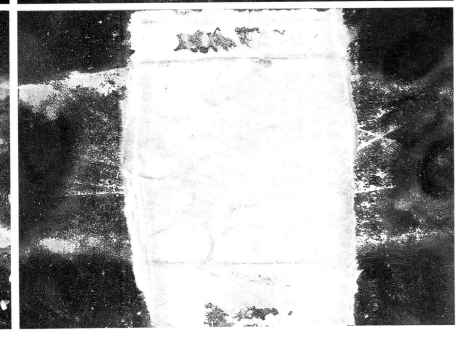

被遗弃的口罩系列 纸本水彩 45cm×33cm×9 2021

我画口罩，不能像画瓶瓶罐罐那样，也不能像画大海、雪山那样，更不能像画塔吉克人那样。不同的表现对象，不同的情感和思想，注定要采用不同的创作手法。表面上看，我画的是一只只口罩，但是，它仅仅是口罩吗？当然不是！我想通过画中的口罩，表达我对生命的思考，对目前面临的各种不确定因素的担忧。

我画了 30 余张各种各样的口罩。每一张都是以黑色为底，我以半抽象的表现手法画一只大大的口罩。放大的尺幅，使得口罩产生陌生化的审美效果。充分发挥水彩画的媒介优长，表现出使用过的口罩所特有的各种肌理。黑色的背景中，赫然出现一只巨大的白色的几何形，凝重的色调和斑驳的肌理形成强烈的对比。在整个的创作过程中，我没有特别思考画法和技巧的问题，想的最多的还是自己最想表达的思想和情感。我希望这组关于口罩的作品，能够给大家提供一个对寻常之物的一种别样的观看方式，同时，期望能够引发大家对生命、对人生、对世界更为深刻的思考。

陈坚

孙 纲　SUN GANG

北京服装学院美术学院教授，中国美术家协会会员、中国油画学会理事、中国艺术研究院油画院特聘艺术家、北京当代写意研究院常务理事、学术委员会委员。现生活、工作于北京。

图片 / 由艺术家工作室提供　编辑 / 刘雯

景观 NO.1 布面丙烯 170cm × 200cm 2020

不变的是永远在追求变化，只是在自己的认知范围内不断进行新的绘画语言尝试，我觉得这是十分必要的，也是十分有意义的。艺术就是应该不断地探索，不断地创造，不能重复自己。

—— 孙纲

景观 NO.2 布面丙烯 170cm × 200cm 2020

孙纲：寻求视觉语言的秩序性

采访 – 胡少杰

漫艺术 =M: 还是先从您这次语言风格的演变谈起吧？这似乎并不是一次突变，而是在原来的脉络上进行了一次推进？或者一次剥离？

孙纲 =S: 其实我在 1995 至 2000 年这段时间就创作了一些“大地风景”“大地景观”的系列风景创作，都是在具象和抽象之间的语言探索，之后进入了城市风景和风景写生创作的阶段。我认为一个艺术家一生创作的母题基本就几种，可能在不同时期和不同阶段进行同一母题的不同感受不同语言的探索和尝试。我最近两年的“大地系列”创作就是延续了之前的母题，对新的材料新的语言方式进行探索。

M: 无论是“景观系列”还是“大地系列”，您在创作中的主要工作应该是经营各种关系的准确性。反复试错、反复调整从而达到一种平衡。从这个角度来说，您对作品的完成标准应该是有极高的要求。

S: 在“景观系列”和“大地系列”作品的开始阶段，我就十分在意画面的结构，画面的构形方式，在形与形之间寻找它们之间的内在联系，并在选择绘画语言方式上做认真的判断，在一幅作品中的构形方式和语言方式上达到某种平衡。同时，画面品质同样是我最在意的事情。也就是说，在一幅作品中，画面结构、构形方式、语言方式都是我同时考虑的问题，我认为这也是对作品精神品格提升的前提条件。

M: 从新作中看，抽象在您的创作中可能只是一个视觉的结果？那么在您的创作中，如何处理抽象绘画本身的体系以及其自身的逻辑？

S: 实际上，我的这些作品都是在具象的景物中提取的带有抽象意味的风景作品，也就是说每幅作品都有一个现实场景中的真实结构，我只是把它们更抽象的因素提取出来，更加强调了具象景物中的抽象属性，与真正意义上的抽象绘画还是有所不同。在具象和抽象之间，只是比以往的作品更加强化了抽象的部分。

M: 其实过去漫长的绘画历史中，关于形式的研究似乎已经推到了一种极致。那么您在形式课题上的持续兴趣是来自对前人经验的印证，还是说试图进行新的推进？

S: 其实每位艺术家都想在自己的艺术实践中不断地推进，希望就个人艺术作品而言有一个新的面貌，或将自己每个阶段的作品得以提升。我对作品的形式的确有着浓厚的兴趣，形式语言的探索还是有很多探索的可能性，并对新的物象有着观察和发现的愿望。希望自己的作品在形式语言上与以往的作品有所不同。

M: 您在材料上也有所更新和研究，比如水性材料的运用。那么在创作中如何平衡您的主观意识和材料的局限性，及其材料本身的规律之间的关系？

S: 不同的物象有着不同的表现形式，不同的表现形式又需要不同的材料进行表现。我也试图在不同题材的作品创作中，选择更适合的材料来表现。同时也不仅只用一种材料创作我所有的作品，比如在“景观系列”中我选择运用了更透明的水性材料和综合基底材料，这种材料能够更好地表达我的创作意图。在“大地系列”中我选择了不太透明的丙烯材料，用更自由的方式反复覆盖，产生丰富的视觉效果。对作品和作品之间的节奏变化有较高的要求。

M: 无论是之前的风景还是近年偏抽象的创作，您的作品中始终贯穿着一种诗性，这种诗性并没有因为题材以及语言风格的衍变而消散。特别是您的近作在建构秩序性和空间性的同时却依然保留了作品的诗性。一般而言，形式自律和感性的精神表达之间都不易兼容，而您却做到了。请大概谈谈您是如何在画面中实现两者的平衡共生的？

S: 平时喜欢宁静的状态、简约的绘画语言、形而上的精神品格，这些大概构成了你所说的作品中诗性的状态。我的所有作品都依我的内心需求，追求一种宁静而平衡的秩序。绘画语言上寻求物象与物象之间的抽象秩序，抽象形之间的某种联系，产生精神层面的指向。

我认为无论是中国传统绘画还是西方绘画，大家都在具象形态中对抽象因素提取与运用。这也是提升作品精神品格的关键因素。将东西方绘画打通了来看这个层面的精神境界是一致的。

M: 和“景观系列”不同，“大地系列”“金色庭院”等作品保留了您以往风景作品中带有书写性的笔触，形式的抽象美感和作品中的率性的笔触之间形成了一种和谐的视觉关系。这既有别于东方的写意性，也不同于西方的现代主义所谓的表现性语言，那您是如何界定您的这种绘画语言的？

大地 NO.11 布面丙烯 120cm × 120cm 2021

观察事物的变化成为我与众不同的感受方式。内心体验理性分析对绘画本体语言的研究成为我的日常。这个过程中有成功有失败，它记录着我过往的人生经历，我乐在其中，享受着绘画给我带来的不一样的人生感悟和体验。

——孙纲

大地 NO.6 布面丙烯 170cm×200cm 2021

金色的庭院 布面油画 120cm × 120cm 2016

庭院 NO.1 布面油画 215cm × 155cm 2018

S: 我内心更喜欢简洁朴素的绘画语言方式。对于绘画语言的提炼上会过滤许多无序的视觉元素。寻求视觉语言的秩序性，也就是一幅作品的语言方式的一致性。这是一种引领观者的视觉导向，并折射出视觉审美的指向，它是经过视觉感受到内心过滤，再通过视觉表达的过程。我认为东方的写意性同西方的表现性绘画有着某种共通性东西，东方的妙处在似与不似之间同西方绘画中的具象与抽象之间的视觉审美逻辑是一致的。我会汲取东西方精华的部分运用到我的艺术创作中。

M: 从您极具个人风格的简约雅致的风景绘画，到您近年来偏抽象风格的作品，这期间您始终坚持不变的是什么？不同时期作品之间的内在关联是什么？

S: 不变的是永远在追求变化，只是在自己的认知范围内不断进行新的绘画语言尝试，我觉得这是十分必要的，也是十分有意义的。艺术就是应该不断地探索、不断地创造，不能重复自己。

具象形态中的抽象因素的提取是作品不同时期内在关联的视觉逻辑。

M: 今天更多的人重视的是效率与结果这些浅表与外在的可见价值，艺术圈亦然。但是您却能如此潜心经营一件事情几十年，而且完全不受潮流影响，遵循个人的艺术逻辑不断地深入与纯化个人艺术语言，这需要极强的自信与自持力。那么您在这个过程中是否有过自我怀疑？或者对绘画的怀疑？

S: 我认为一个人的能力和精力是有限的，在艺术创作中能做好一件事就十分不容易。就风景绘画而言，我觉得可做的尝试和其他视觉表现的空间还很大，还有很多的可能性。有许多值得探索的方向，所以，我一直有很多的探索与尝试的工作要做。只是在不同阶段的感受不同，在延展着自己的绘画语言和表达方式，我坚信绘画的魅力是其他艺术形式永远无法取代的，这也是我一直热爱绘画的理由。

大地 NO.1 布面丙烯 120cm × 120cm 2021

大地 NO.2 布面丙烯 120cm × 120cm 2021

大地 NO.4 布面丙烯 120cm×120cm 2021

大地 NO.5 布面丙烯 120cm × 120cm 2021

王小松

现任浙江大学艺术与考古学院副院长、教授、博士生导师

WANG XIAOSONG

作为艺术家，永远在困惑中成长，古与今、东与西从来不是界限。

—— 王小松

图片 / 由艺术家工作室提供　编辑 / 徐小禾

江山楼观图　布面树脂油画
125cm × 150cm × 30cm　2022

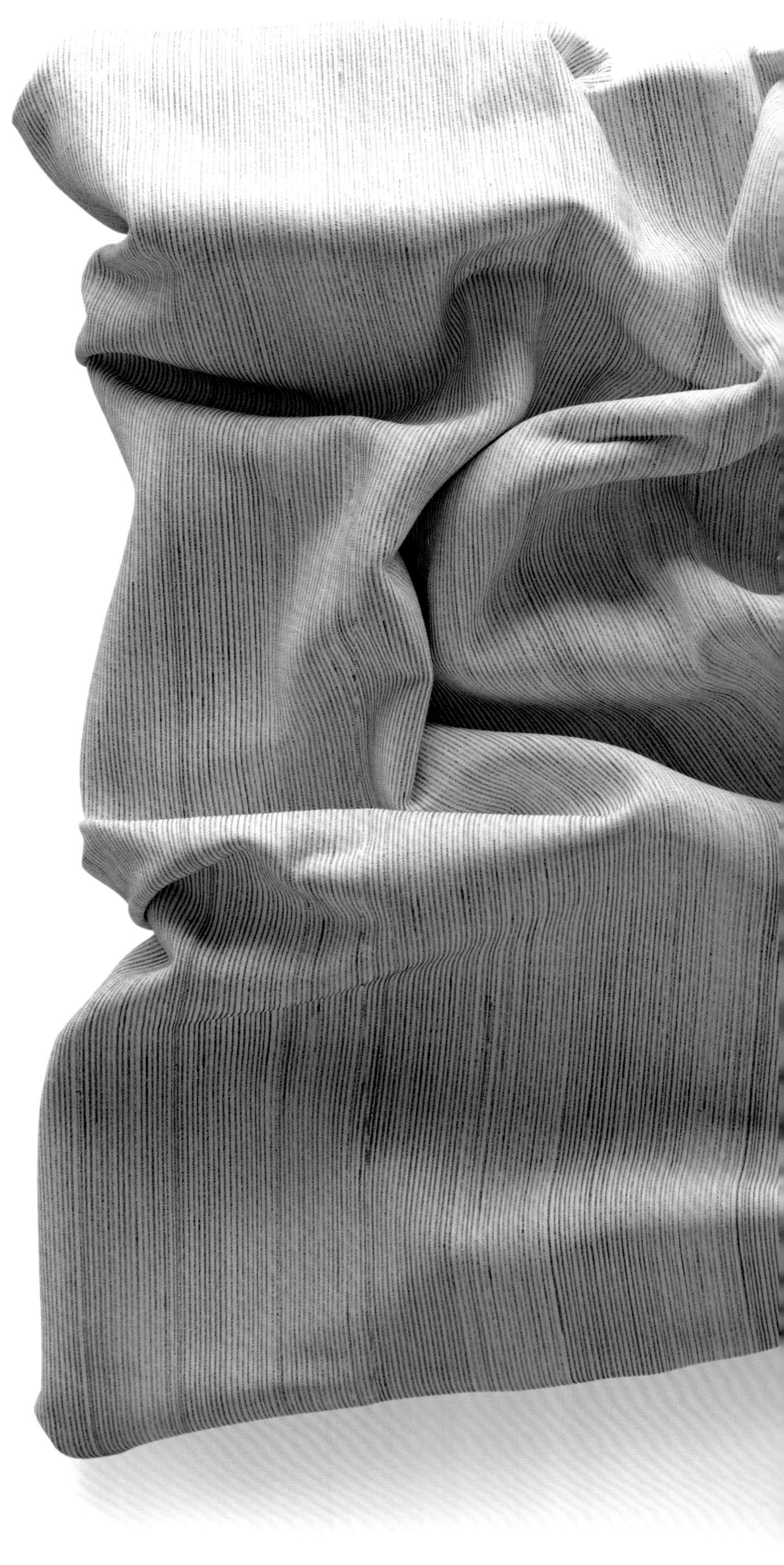

万壑松风图　布面树脂油画
160cm × 168cm × 30cm　2021

春郊游骑图　布面树脂油画
186cm × 178cm × 30cm　2022

无题　布面树脂油画

182cm × 182cm × 27cm　2021

无题　布面树脂油画
160cm × 170cm × 31cm　2021

王小松：超越与再现

采访 – 尹菲

漫艺术 =M: 您通过个人的创作把绘画语言从二维平面拓展到了多维空间，那么到了这个阶段，绘画语言是否还有进一步推进的可能？绘画的边界是否可以被进一步拓宽？而最终，绘画的边界是否会消失？

王小松 =W：当我们对“绘画就是在二维媒介上再现三维世界”这种观念习以为常时，就会认为绘画存在“边界”是一种常识——就像纸、油画布、画框等都限定了绘画的边界，而且还时常要将“边界”用着重的方式突显出来，装裱上奢华的外框。但是，越习以为常的观念就越值得我们警惕。当我们回顾整个人类文明，去看绘画的起源，那些石窟中的岩画、陶器上的纹样，这样的绘画存在“边界”吗？再看到当下和不远的未来，我们使用数字沉浸式、VR 的方式进行绘画创作，甚至用绘画去创造“元宇宙”，绘画就是时间和空间，它的“边界”又在哪里呢？提问绘画的“边界”，就像提问人类创造力的“边界”在哪里一样。

M: 您在近期的作品中有部分挪用了中国传统绘画的命名，这是不是对传统的某些致敬？是不是呈现了您和传统的一种对话？作品命名是否可以看作是一种观看的导引？

W：是借用，主要是为了借古喻今，反映了当下的一种心情与生活状态。

经过千百年，经典作品的图像已经与它的名字形成了经验性的强关联，但是当我把经典画名“张冠李戴”在一件全新的图像作品上，你可以认为我是在对话传统，也可以认为我是在反映当下，这种“重构”作品的“阐释权”在艺术家完成作品后，就让渡给作品的每一位观者了。这或许比“无题”更有意思。

看山是山，看山不是山，看山还是山。

M: 在全球化的语境中，我们享有东方与西方、传统与当代的全方位的认知便利，但同时也让我们深受无效经验与重叠信息的冲击，那么您如何整合与取舍今天多重经验对您创作产生的影响？

W：不停地更新。

全球化语境确实让当代人享受信息便利，但更多人也被小小一块手机屏幕的信息茧房束缚。一个人获取知识的格局，与他所生时代是否有必然联系？山海经时代的人们能感知天地洪荒，一千多年前的李太白也想九天揽月。艺术家是一个载体，古与今、东与西从来不是界限。

M: 您在创作中会运用到非常规的绘画材料，材料本身所具备的确定的物质属性以及过程中出现的不确定性和您的主观意图之间的关系，您如何平衡？

W：修炼即是平衡。

M: 有论者认为当代艺术不仅仅是一个时间概念，当代艺术要具有一定的社会学转向，即关注现实，揭示真理，是对人和人、人和自然、人和社会关系的探索和思考。您如何理解当代艺术以及当代艺术的这种社会学转向？

W：当代语境下“当代”二字其实已经是过去式了。

M: 观看您的作品既可以得到单纯的感官的愉悦，又可以从外在形式引申到更深层次的心理学甚至是社会学的深广层面，那么您是如何让这两者在您的作品中彼此共存共生，而不是相互消解的？

W：形具神生、神形兼备是古今中外艺术家们的追求。我在其间走钢丝。

M: 经历后现代艺术的洗礼，很多艺术家或艺术作品在逐渐消弭大众和精英、高雅和通俗的沟壑。能不能请您具体谈一谈，您如何看待艺术作品和普通观众之间的关系？

W：我似乎忘记是否说过这句话。

“阳春白雪”和“下里巴人”不是对立面。能穿透时空的艺术，不是越做越“小”的。即便在某一时期，它可能超前、小众、孤独，但如果它走在艺术的“道”上，这条道会越走越宽。

M: 伴随年龄的增长，生命的经验变得丰厚，这种生命阅历和岁月沉淀给您的创作会带来一些变化吗？会变得更自由吗，还是会产生新的困扰？

W：永远都在困惑中成长。

窠石平远图　布面树脂油画

148cm × 146cm × 32cm　2021

王光乐 WANG GUANGLE

图片 / 由艺术家提供 编辑 / 刘雯 肖像摄影 / 大行者

1976 年生于中国福建松溪，2000 年毕业于中央美术学院。现工作、生活于北京。

无题 210103 画布 石膏综合材料 180cm×280cm 2021

我特别喜欢笛卡尔所说的“我思故我在”，只有思考、只有怀疑，才确定了你不是别的，不是肉身，不是个头儿大小胖瘦男女，不是基因，这些生物性自然元素，而是那个看不见的、解剖不到的主体。

——王光乐

201008 木板 油漆综合材料 244cm × 122cm 2020

王光乐：绘画就是那艘“忒修斯之船”

采访－胡少杰

漫艺术=M：我之前看过您的一些采访，包括您自己写的一些文章，可以看出您很热衷进行一些理论和概念上的思辨，也会尝试着用这些概念对自己的创作进行一些分析和归纳，那么这些偏理论性的工作和您的艺术创作之间是一种什么样的关系呢？

王光乐=W：其实做文字工作才是最抽象的，绘画的抽象并不算抽象，因为最后的结果终究还是形象，概念才是最抽象的。这个工作确实需要花费时间和精力，但它会有一个益处，就是让你保持一种稳定，因为所指一旦变成能指，这个事儿就稳定了。这个事情比较有意思，对象不是坚固的，思维所系才是。它可以帮助你形成自己的线索和脉络，可以找到一种方向感。其实那几篇文章都是被逼出来的，还远谈不上写作，我平时写的都特别散，仅仅止于处理一两个概念，有的时候有些感觉，就对它做一个注解而已。这些理论性的工作与创作性质不同，恍若一对矛盾，不过当我们认为它们的关系是相互作用的时候，就还是站在一个事物的门外，那就是没有进入精神这个实体。概念与艺术感觉，只是这一现象之理性与感性的表现。理性在异己之物上确认自身的时候已经判断这是一种主客关系时则发生为概念，艺术则是精神在异己之物上发生自身的直观，这些都符合精神的本性。

因为有了精神我们超越了自然意识，从一个人的成长历程来看，小时候就跟动物一样，产生的一些念想都是来自基本欲望，都基于自我中心。但是人之为人，居然就在那时候被天赋了一些综合判断，然后通过后天的刻意练习、自我的觉察，能换位到别的角度来想一些问题。这种理性对我的帮助特别大，通过这个过程，你得到对待自己的办法，可以把“小感觉”的自己解决了。

M：是对“自己”认知的一个辅助的手段？

W：对于艺术家来说它只是一个辅助手段，在理论之中并不等于在艺术之中，理论只是让艺术家对自己的这个状态有一个自觉，实际情况，艺术家最后拼的是感性素质。

然而，我感兴趣的是“认知”本身，也就是在认识论意义上知道人在想问题的时候总是“概念化”的这样一个思维的特性，并且是让世界来符合这个特性而不是我们普遍拥有的相反的朴素反映论，进而知道认识世界和认识自己是一回事。人只有做梦的时候才是形象化的，如果把艺术比作做梦的话。如果没有思辨，感性活动只是围绕着我的无尽的意识流；如果没有思辨，理性活动只能形成固化的经验。或者别人的经验比如读书、比如别人的告诫，这些知识越是增加，回到自身的感性的生活的时候越是有错位。只有思辨之后，才有一个比对——“认知检验生活，生活检验认知”，从而让知性所得有好多用法，你可以进行经验积累，也可以选择把经验归零，来帮自己跨过经验的不连续性和生活的不确定。

M：那绘画它也承担自我认知的功能，或者说绘画也是认知本身？

W：所有的人都画过画，但大多数人无法直面自己的涂抹行为。涂抹就是绘画本身，如果这个行为能得到持续（画家就是得到这样持续的面对），其实就能把自己当成对象，也就是只有画家发展了这样一种认知行为——一种前认知行为——成为感性素质最高的一类人。我想这种功能在认知的普遍性上交给了文字。汉字是形声字，充分感性，是从画画来的。哪怕今天你让一个人提笔当众写几个字还是很让人难为情的事，以此可见绘画总是在检验一个理性检验不到的空间，这应该属于不同类型的认知，这就属于艺术的空间了。画画从来也是给不画画的人看的，这就更广义地属于文明的自我认知功能，也就是审美行为了。

M：那有关绘画的前期训练呢？比如您接受过的严格的关于绘画的规训，这种规训和您后来形成的稳定的关于绘画的认识论之间是一种什么关系？

W：作为兴趣的绘画和作为科班的绘画不是一回事。任何技术的磨练都是枯燥的，我有幸得到朝戈老师的教义，他说：“以审美带动技术”。他帮我解决了怎么看待技术这个问题，让我知道技术不是目的，这样的目的仅能得到已知的感性外观。这个过程实际要完成的是个别到一般的归纳，是为了之后的演绎做准备。知道训练的重要在哪儿，这个刻苦过程才变得愉悦。训练其实是一种实践，比如说穆斯林，其实他读经的时候已经知道那个真理，但他每天都要做礼拜才能得到。训练在这里一般化为“知与行”的关系，在这个意义上我们说“知道很多道理却过不好一生，是轻佻的”。

上学的时候其实是在解决问题，学院里的老师教给你的东西是一些既定的知识，你掌握它，这就是在解决问题。然后你解决完问题，会得到一个关于绘画的定义。但是很快你发现，它是既往的绘画的定义，是一个过去的存在。其实我们所说的本质就是过去时态的存在，得到的定义是对象化了的。然而，存在永远不是对象，因为你就在存在之中。进入一个新的时期，绘画的本质就远还没有被澄明出来。比如说现代主义之前的绘画有一个定义，但是经过现代主义的发展，绘画就需要有新的定义了，它是一个进行时，是正在发生的事物。所以这时候比较有意思的事儿就来了，上学的时候是解决问题，现在你发现你可以参与定义问题了——因为你有对艺术本质的思考——这个时候你处在一个艺术比较自主的状态中。

M：早期学习和训练给您提供了一个确定的认知基础，然后去破坏它，从其中走出来，走进一个不确定的未知状态之中？

W: 是的，过往皆是基础。我比较喜欢的一个比喻，就是说在美术史或者美术馆里你看到的艺术作品其实都是艺术这条蛇蜕下来的皮，而艺术一直是活着的，是游动的。再比如说，你看到某张画，它只是绘画之于这个艺术家的一个表现，绘画作为一个概念是超脱具体的作品的。就像白马非马一样，你只能看到的是一匹具体的马，而不是概念的马。

有一个理论可以更好地解释这个问题，就是"忒修斯之船"，它说的是一艘船去远航，经过了多年后，最后这艘船上所有的配件都更换了一遍，那么这艘船还是不是原来的那艘船？我的回答：是，还是那艘船。因为由"忒修斯"这个名字，决定了它还是那个主体，而非物质的部分决定它是。就像我们的人体，每天上亿个细胞被换掉，但其实"我"还是"我"一样。决定"是我"的是"人格"这样的本体界的事物而非细胞、基因这些物质。所以我觉得绘画就是那艘船，不要指认那些剥落的部件为绘画，如果想修复它，就需要以"绘画精神"这个蓝图给它提供一些新的部件。如果你提供了新的部件，那么你与绘画之间就能脱开物理上的时空关系而进入一个与绘画体用上的关系，这个就是当代性。

M: 这是您个人和美术史的或者说一些既定知识之间的关系。那这些既定知识包括您个人的创作经验吗？比如这 20 年间您不断建构的个人语言和个人线索。它们也会成为剥落的蛇皮或者忒修斯之船上破败的部件吗？

W: 经验造就你的独特性，又是你与普遍之间的障碍。谢德庆说，"许多事情可以通过智慧而不必去走经验的路，跳到重点问题"。剥落是一定的，作品一旦成为作品，物化为具有特定外观的东西，它就成为过去了。如果我没有停止，就不能把那个过去当作我。我们总是通过创新来跨过一个个不连续性来给我完形，那些看不见的东西，那些恒在的东西，总是通过"我"在未来不确定的东西的形象化、可视化的过程里来寻求存在。当它对象化为一个东西的时候它又成为过去的，这就是精神的性质，它永远在寻找异己之物来照见自身。

M: 作品一旦成为作品就要面临着被解读、被定义，然后被框定在一个线索里。

W: 能够被一个线索框定，而不是被一个形式框定是好的。比如说《水磨石》。水磨石这个题材有趣的是它是装饰性的建材，它是现实世界中的事物，又是简单的点与线的不规则重复形式的平面存在。造成了《水磨石》的观众里的两个反应：一个是具象的而且是写实的，另一个是抽象的。无疑，现实的水磨石地面是内容，点与线是它的形式。回顾这个作品，最重要的要素埋伏在"水磨石"这个命名里。因为"水磨石地面"这个内容其实是题材，"流水磨过石头"才是它的真实内容。"软的可以磨损硬的"在这个系列里建立了时间的意向。这意味着对作品的解读是历时性的。它也开启了我致力于做形式与内容的一致性这样一个努力，也让之后不同形式的作品都有相同的逻辑，这个就是线索吧。

M: 您再回看您的早期作品的时候，它们可能已经被解读和定义，放在了一个框架内，您会试图重新打开它们吗？

W：一个相同的文本在不同的语境意思不同，语境正是更底层的框架。这不由艺术家个人的意愿，属于作品自己的命运。如何重新打开它，是一个未来的面向。我创作中的例子是，在我今年的"波浪"这个个展上有一件 2004 年的作品，名字叫作《一升立邦漆》。当时我在建材市场买了一罐立邦漆，然后就在画布上一层一层地涂，一层比一层缩进，层叠成金字塔结构。我做的时候我不知道自己在干嘛，那是我的绘画的迷茫期。我的房东问我"这是在干嘛"和一个专家问我，得到的答案是一样的：我不知道。我在画画，我又不是在画画的那个状态，我只凭着无意识那么做。做完了挂起来，眼睛总会在上面停留，过了很长时间以后，我才意识到，其实我是用画画在问自己：你这么做有什么意义？答案并没有，却让我意识到"无意义"这个终极问题。这个东西涉及的孤独、存在、时间、死亡等，就都在里头了。这件作品也就发展出后来的"无题"系列。

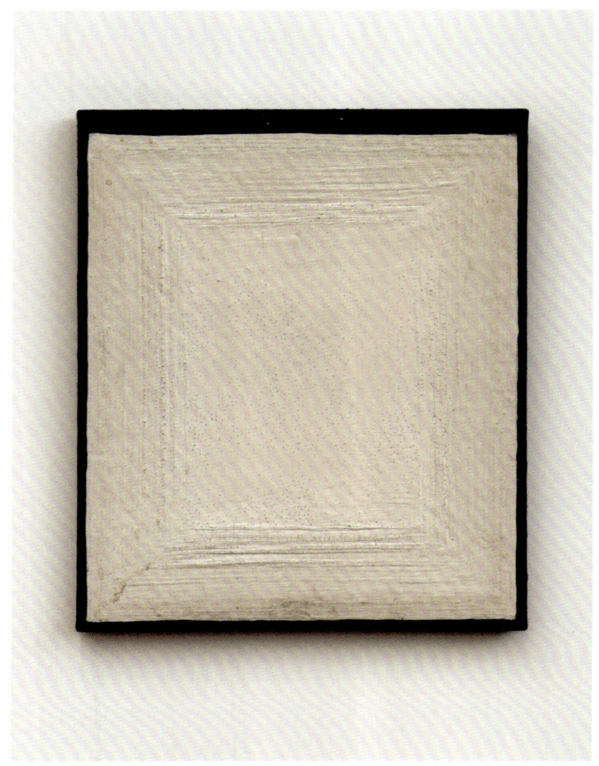

一升立邦漆-2 布面立邦漆 50cm × 60cm 2004

无题 110423-2 涂料 石膏 木板 190cm × 260cm 2011

因为首先是从那样的迷茫感觉中来的，那么后面的所有解释框架就能踩在地基上。我自身就是阐述的参与者，这些解读和定义也促成了我的自觉。被知识化，被别人解读和定义，其实是艺术的传播方式，因为艺术品总不能送到每个人眼前，但是知识可以。那么包括我在内的一些阐述者去做这些工作，把这些知识送出去的时候，艺术更广泛的意义才得以产生。这些知识传出去以后，有的接受者其实有能力进行自己的解析，或者还原，变成自己的共情。

M: 这件作品是您在无意识中触及了那些终极的问题，在您之后的作品脉络里，这些终极问题的探讨应该是始终都在的。那么在后来的作品中，您是有意识地去追索它，还是无意识地透露出来的?

W: 是有意识的，我意识到了这是我的艺术的主要内容了。其实更早的作品已经触及这些问题了。比如 2000 年的《午后》，触及了时间的问题。到了 2004 年的《寿漆》，探讨的是关于死亡的问题。就这样通过不断地积累，或者说合并同类项，把一些别的东西剥离掉，才能发现，原来这是我关心的问题，主题方向就这么确定了下来，持续开放的作品的形式都是为了迎接这个主题。

M: 说到作品的形式，虽然大都看似是抽象绘画，但是它内在逻辑并不同于抽象绘画的形式逻辑，所以您之前好像说过您并不把自己归为抽象艺术家的行列，但是您依然基于抽象来工作，并且您的绘画呈现的也是一个抽象的图像结果。那么在您的创作过程中您如何面对抽象绘画自身的系统逻辑?

W: 我不太介意归类，我自己不承认原因有二。一是我对“抽象”有质疑，我不理解能被眼见的东西怎么会是抽象的。抽象首先是思维对概念的获得方法，需要的正是清洗掉事物的所有感性质素部分。从具象艺术到“抽象艺术”的发展也是减少要素的过程，但是哪怕是极简到以一块白布作为一张抽象画，它还是有白的观感，还是有布的质地，非常具体。抽象在艺术中应该另有所指，是形容词性的，是对最终纯形式化指向的主题的不可名状的形容。就像我们对一些概念不能把握时也会说这个概念很抽象。

另一个是，我总觉得我和既往的抽象艺术有代差。其实这和上面讲到的关于绘画的概念有关系，就是说无论是绘画还是抽象，它都是活的，如果你要去定义它，它就是死的，就是过往。我是学西方古典绘画的出身来面对现代主义绘画 100 年历史的，这 100 年间无论是发展到最顶峰的极简绘画　还是一开始发端的部分，最有意义的部分就是强调艺术的自律，这本身就是观念的变革，更有意思的是居然有具体形态的观念艺术伴生。它们留下形式和观念这两个遗产，哪个对我更重要? 我可能正是在这两部分里发展了我的感性与理性，我觉得我的作品在观念跟形式的关系上，跟一般认为的抽象艺术是相反的，有一种反形式的形式，并且这个形式是由观念驱动的。

M: 这样的话，其实对观看者来说是有难度的，因为他在您这里找不到一个既定的依托来解读你，然后就会形成一种阅读障碍。

W: 我觉得好的艺术作品，本身就有一个功能，就是纠正人的观看方式。我只能照顾愿意改变自己观看方式的那一小部分人。另外一方面，其实有一些人从来不需要纠正，总有一部分观众，就是感性素质很高的那一部分，他们可能不分什么传统艺术、当代艺术，他很容易就能进入作品中。换个说法，一个感觉素质有欠缺的人也不必来到展厅，他的问题在于情感缺失。然而，艺术有意思的是，它常常又对一个情感有缺失的人特别能给予慰藉。也就是说，每一个情况下都有两个相反的结果，艺术家如果对此有考虑的话，要对这个有思想准备。

M: 您在创作的时候，会预留一些给他们进入的通道吗?

W: 创作只是我自己的通道，它的预设前提是“我想我是人，我有感觉的别人也有感觉”。这方面是说，我创作的时候是不会想这些问题，它是一个自己的表达，你不会边创作边考虑别人怎么进来。另一方面，如果平时聊天，我很清醒地知道，其实画是给不画画的人看的。画面的笔触就是视觉通道，比如《寿漆》，两侧要流淌，就是让看的人知道我画了这么多层。

M: 您在之前的文章中提到，在创作中“我”的主体性，这个“我”是一种“意识的我”，还是“肉身的我”?

W: 从哲学上来说，不存在肉身的“我”，肉身没有“我”，肉身是物。比如说我手里拿着一个茶杯，不能说是我的手占有了这只杯子，人格才能占有某物，这是物权法的基础，身体抓着它只是物理现象，只能说明手和茶杯之间发生了摩擦关系。

我特别喜欢笛卡尔所说的“我思故我在”，只有思考、只有怀疑，才确定了你不是别的，不是肉身，不是个头儿大小胖瘦男女，不是基因这些生物性自然元素，而是那个看不见的、解剖不到的主体。

M: 您在创作中会运用到多种不同的材料，比如石膏、油漆、丙烯等不断切换，在这个过程中，材料本身所具备的确定的物质属性以及过程中出现的不确定性，会混淆您在绘画中所呈现的“我”吗?

W: 你这个问题比“波浪”展后有人质疑“你没有展出代表作是不是在否定你的代表作”高级。我的回答都一样：当然不会，我们太容易被特定外观蒙蔽。材料属性是以科学为依据且确定的，艺术家使用什么材料不必确定，艺术家对确定材料的运用也可以不确定。艺术家对物质有一些更原始的感觉，原始是说这个感觉跨越了更大的尺度。艺术家的创作可以非常不科学，从这个意义上我们才能理解尼采说的：“我们通过科学从事物中发现的东西，其实是预先塞进去的，塞进去的叫艺术和宗教，重新把它领出来叫科学。”艺术家和物质打交道与自然科学家不一样，他要的是对一个材料的物理分析得不到的那些东西。艺术家扩大了物质的外延，到达“心”的宽度。这个与科学不在一个层面上的物的用法很不客观，所以叫做“我”的使用。

波浪 木箱 石膏 46.5cm × 33cm 2011

WGL_180715 布面丙烯 230cm × 160cm 2018

M: 您对当下的新科技、新手段有兴趣吗？比如像人工智能，它好像正在脱离往常的科学的概念，越来越变得不可控了。

W: 我有兴趣，但不多。比如有一次有人找我，让我来跟一个科学家聊聊人工智能，我说我只能聊聊人工。因为我的工作基本上使用的都是特别 low 的技术，都是特别人工的，就是油漆匠的工作方法。这个强调是说我对“人”本身更感兴趣。是的，正是说科学已经技术化是一个异化的图景，恰恰是新的科技野心控制一切。一个可量化的自然才是可以控制的。所谓不可控是指技术意识里没有不可量化的东西，危险，是指这一套技术落到什么人手里，这里最不可控的是人。

M: 您在工作中的一遍一遍重复，其实和本雅明所说的工业时代的机械复制是不同的，所以在您的作品中我们可以重新找到一种类似于古典艺术的光晕。这是否也可以看作是一种反工业化？

W: 有这个层面。我们今天讲重复可能第一个想到的就是福特汽车的流水线，那是第一批的流水线，是大工业生产的一个开端。这种生产方式一定会对从业者产生扭曲。这种现代性的分工，后边的作祟者是资本，它让这个工业时代运转起来，不断地在产出、消耗、加速中重复才能得到利润。

重复就是人类的命运？重复是理性把握世界的方式。重复在感性层面是不存在的，最有名的例子是赫拉克利特的“人不能两次踏入同一条河流”，我自己有另外一个例子，是“求剑之舟”，就是“刻舟求剑”的那艘船。然而从最感性的层面看即便落水之剑失而复得，它也不复是原来的那把宝剑了。河流、船、人都不是之前的那个，时间已经过去了，空间上也已经移位。不可能再求到那把剑是自然世界不断流变的意思。我演绎这个故事来说重复，是说能重复是奇迹的意思。也就是理性才让人能得到稳固的东西。我在用重复来思考存在的问题，工业时代的机械重复是一次理性的错误施用，人被自己生产的产品控制，它解决一些问题，制造更大的问题。

在我的创作中，还有一层意思，就是重复也是一种剥离，直到剥离出我需要的部分。其实在整个过程中不会有重复感，我永远是在上一天的基础上工作，每一天都是新的，重复属于别人的感觉，而不是我的经验。所以说凡是过去，皆为序章。

M: 您的这种工作方式其实并不单单是一种无意识的重复，不是进入类似禅宗的入定或者冥想中去。

W: 无意识就麻木了，当然是有意识的，而且需要带着新鲜的感觉。入定与冥想容易让人误会为与俗世的分离，我只在入定与冥想的专注这一点来说与此有关。实际上禅是觉悟的意思，最高的境界是慧能说的心与尘不区隔，因对不确定的外部的关照而生出“心”。禅宗是真正中国化了的佛教，能做到这一步是因为中国有心学传统，把寄托来世的印度佛教拖入世俗的现世，我说我画画是为了求一个心安，正是在俗世中安心，不是避世的意思。

M: “重复”是否可以看作是一种对时间的模拟？时间本身应该是一种流动的状态，像柏格森所说的一种生命的“绵延”。而绘画最终形成一个平面的视觉结果，是否也意味着是把时间转化成了空间？

W: 像博尔赫斯的“小径分叉的花园”的主题是时间，时间一旦分叉就变出平面，继而生出空间。其实我倒觉得时间对我来说恰恰是稳定的，因为时间是人特有的先验形式，看不见的，无论钟表是走还是停，时间都在，是恒定的。空间也是，我们认为刻度是静止的，牛顿定律告诉我们它也在运动。只能用外部的不确定性去表达那个确定性。确定在自然界中不存在，只有人才有幸有时空意识这种确定的东西，因它而能觉察外部的不确定是美妙的。

M: 我们通常概念中的时间，可以物化成一个钟表，可以用刻度来表现，而刻度本身可能是一个空间概念。而您的作品在无数次的重复之后，模拟了时间，它最后留存的一个结果，是一个平面的绘画或者装置，它最终存在于一个空间的维度里。

W: 艺术相对哲学是及物的，它占据了空间才能作用于人的感觉，画家只不过克制在平面。我的欢愉还在空间意识也是一种人特有的先验形式，它其实看不见。是因为有物作为刻度和坐标，我们借由这些坐标来判断远近上下左右。这些对我来说都是神奇的，一方面我们总是能到达相同的地点，理性担保了这种重复，进而重复是为了让我们跳开习惯的尺度，从习以为常的经验世界里看到重新意识到的时空是震撼的。在这个意义上“快乐是一天，痛苦也是一天”的逻辑关系应该得出“快乐等于痛苦”，我是在这个等于的通约里来意识时空的。

20110423 涂料 石膏 460cm × 1450cm × 50cm 2011

2021

年度艺术家档案

日常与超验

王玉平 WANG YUPING

图片 / 由站台中国当代艺术机构提供 编辑 / 左文文

1962 年生于北京，现任教于中央美术学院油画系第四工作室。1983 年考入中央工艺美术学院陶瓷系，1985 年考入中央美术学院油画系，1989 年毕业于中央美院油画系。

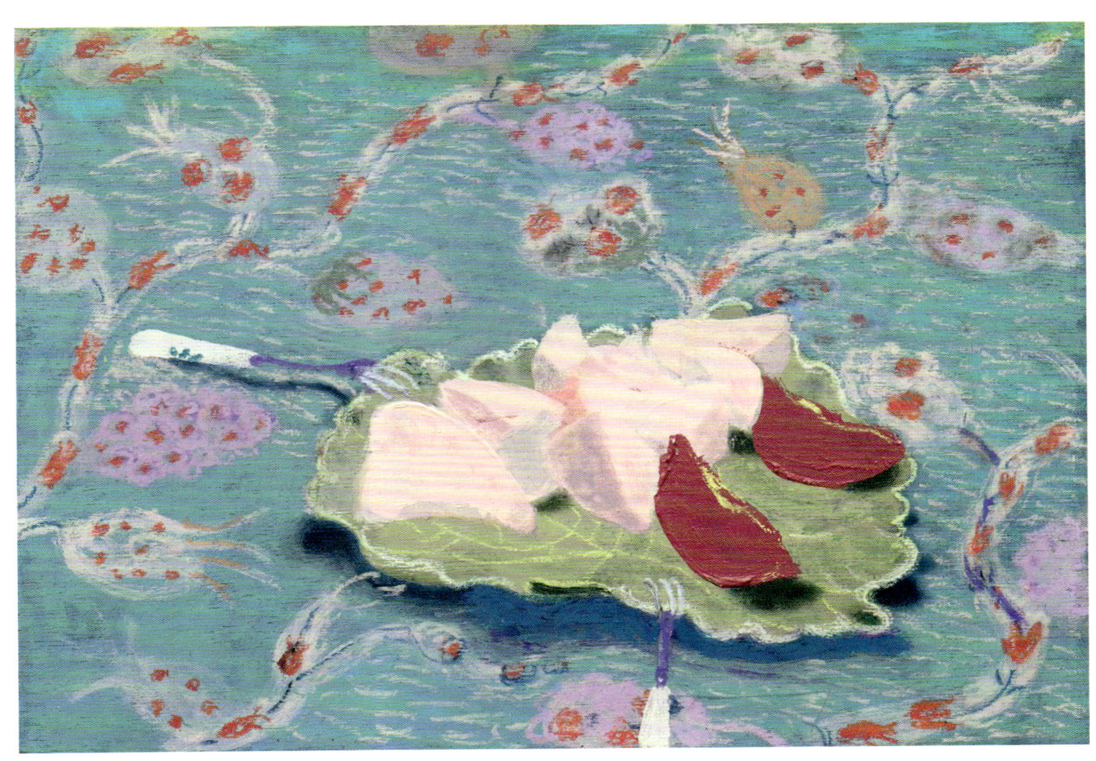

餐后水果 木板丙烯 29.7cm × 42cm 2019

王玉平的绘画向内而生，以一种私人化的方式映射了现代世界的文化景观。它们就像一层轻柔的纱网，过滤掉媚俗的缁尘，随心所欲地接收着多元的文化资源。

——王将

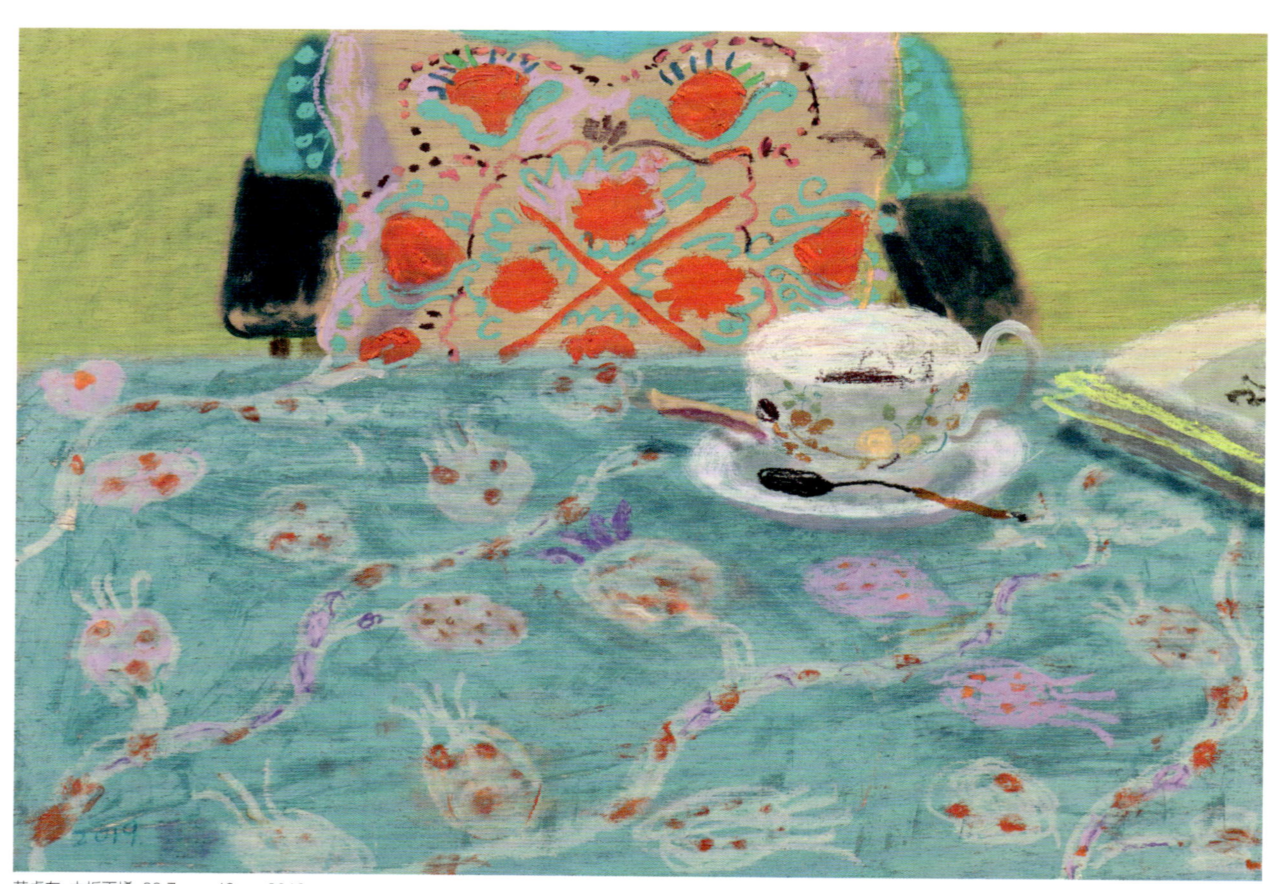

花桌布 木板丙烯 29.7cm × 42cm 2019

物的柔软记忆

文 – 汪民安

王玉平喜欢画手边之物。这些物就在那里，按照自己的习惯方式，按照自己的功能作用摆放在那里。它们必然地出现在他的视野之内。它们就在王玉平的日常活动范围之中，构成了他的生活环境和氛围，或者说，就构成了他身体的延伸和配置。王玉平每天看到它们，或者说，每天不得不看到它们。但是，他对这些日常的可见之物充满了兴趣。他喜欢画它们。这些日常之物不是刻意地从一个非凡背景中涌现。它们既没有神秘的历史传奇，也没有材质的特殊光芒。这些日常的可用可吃之物，平凡地存活着，有时候甚至只能短暂地活着，完全没有不朽的意图和愿望。有些物，比如王玉平画了很多蛋糕面包之类的早餐，甚至还有吃了一半的早餐，它们很快就要消失了，这是它们命运的最后时刻。这些物，只是像过客一样被匆匆地抛到人世间。没有人问它们的来历也没有人悲悼它们的消亡。它们触手可及，并不珍贵。它们过于实用过于卑微过于庸常，以至于人们很少将目光停留在它们身上。

但是，王玉平则在这些平凡之物中发现了乐趣。王玉平不是将这些物推到了一个有距离的对立面，不是以客观的审察的目光来科学地对待这些物，相反，他将这些物看做是“宠”物。这是实用之物，但也是可把玩之物。一旦以“宠”物的态度去对待它们，王玉平就会根除这些物的使用功能。在这里，蛋糕和面包不是用来吃的，鞋子不是用来穿的，椅子不是用来坐的，杯子不是用来喝水的，书甚至不是是用来阅读的。相反，它们都是作为有生命的尤物被把玩欣赏的。对于王玉平来说，这些物具有一种平凡的惊奇，或者说，它们有超越功能之外的平凡情感。

而物的情感恰恰是以它的平凡性为根基的。正是因为平凡，这些情感并不激荡。正是因为平凡性，它也不是宏大和幽深的纪念之物，不是具有博物馆性质的景观之物。王玉平也并不是拜物教式的赋予这些物以辉光，他并不将它们神圣化。这些物既不是古物，也不是圣物，也不是奇异之物；它也不是充满激情之物，不是像梵高或者表现主义者那样，将物的内在之力暴露出来，或者让这些物进行强烈动荡和摇晃。相反，这些物不夸张、不激进、不耀眼，也不暴躁。王玉平赋予它们温和的内敛的情感。物，泛起的是情感的涟漪。

如何让这些物获得一种情感的涟漪呢？王玉平以轻快的跳跃色彩来涂绘物。他几乎不用黑白色，也很少使用稳重厚实的色彩，他试图消除物任何的凝重感。他在物上绘制的色彩丰富多样。这多样的色彩夹杂着粉色或红色的喜庆、欢快和轻松，这些喜庆的色彩在画面上愉快地跳跃。这些色彩的跳跃让物在说话，让物有一种活泼感，一种喜悦感，一种放松感，一种轻快感。这是没有悲剧感的物，甚至是没有苦涩命运感的物。这样的物没有严酷的神话学，只有可爱的神话学。同时，也正是因为色彩的多样性，它们看起来斑驳和蓬松，色彩之间透出了大量的空隙，仿佛还有空间需要填充，还可以在这些空的物中自由呼吸。这样色彩彼此穿插和跳跃，它们产生出了空的空间。这些空间既没有被强烈的密度所压缩和填充，也没有被严谨的厚密的外部色彩所牢牢地覆盖。因此，这些物显得非常松软，它有各种各样的出口。

它们不仅有一种内在的松软，它们外在的边线也模糊不清：物的边沿有时候被画的背景吞噬了，或者说延伸到背景中自然地消失了；有时候边沿有一种模糊的重影或者一种错落的不规范的厚厚的线——王玉平很少画清晰的轮廓线，很少用这些线将物严密地包裹住，从而将物和外界严格地区分开来。也即是说，他不让物有一个硬的轮廓，或者硬的体积，或者硬的质地。物既不硬朗，也不坚强。相反，他让物变得松弛、松软，让物有弹性、有柔情，让物不仅跳跃，还能透气。王玉平的物，仿佛藏着一颗心。他不画那些硬的物，比如铁器等金属器具。他喜欢画帽子，画蛋糕，画烟蒂，画沙发，画书，画桌布，这些物都是软的，是可以揉搓、按压、摆弄和撕扯的，也就是说，它们不仅能够经受画笔的涂抹，也能够经受身体和手的反复抚弄。他也画一些桌椅和瓷器物，一些盘子和杯子。这些桌椅都被各种色彩斑驳的布匹包住了，毫无生硬感；而那些杯盘自身的圆弧形则削弱了它们的僵硬感。王玉平同样也给这些杯盘涂上了各种各样的色彩，这既能掩饰材质的硬度，也使得杯盘变得柔和。同样的，这些桌子椅子，这些杯盘器具，获得了它们的弹性，同样能够和身体发生柔软的摩擦。

王玉平个展“盐考银杏”展览现场 站台中国当代艺术机构 2021.09.04–10.16

浮世绘的小人书 -1 纸本水彩 31cm×41cm 2015

浮世绘的小人书 -8 纸本水彩 31cm×41cm 2016

这样，王玉平的物就有独一无二的品质：他力图画出物的内在空间，而不是物试图占据的现实空间；他力图画出物的内在质地，而不是物的外在材料；他力图画出物内在的柔软，而不是物外在的轮廓；他力图画出物的自我感觉，而不是画出物的姿态部署。也就是说，他力图画出物的内心，而不是物的外壳。他画出这些物并不是要让它们因为外在的光芒、外在的传奇而被永恒记住，而是为了抓住它们的瞬间状态，即人的目光停留在它们身上的那一刻的独特的瞬间感受。正是这一瞬间时刻，物仿佛焕发出一种奇迹；也正是这一瞬间时刻，物注定要消失要毁灭。但正是对它的感受，正是对它的内心的柔软感受，正是这一奇妙的偶然时刻，成为王玉平的画布的永恒。王玉平力图让这些感受的瞬间性获得永恒。

这是对物的一种全新的态度。人们曾经用各种方式来区分物。在夏尔丹的绘画中，人们曾经看到了厨房中的用具：罐子、刀具、灶台等。这些旧物和它置身其中的空间一样，仿佛穿越了漫长时间，仿佛还可以一直传承下去。物不仅和它所处的空间，还和一个家族的命运始终缠绕在一起。但是，相反的，在荷兰 17 世纪静物画中，那些杯盘刀具则是全新的，物仿佛是刚刚出炉的，它们拥挤在桌上，有强烈的炫耀感，它们闪亮发光。无论是夏尔丹的物还是荷兰的静物画，物的时间痕迹都通过材质的新旧得以体现出来。物必须放在流逝的时间中来衡量。

虚岁 60-3、画室 布面丙烯 油画棒 200cm×480cm 2019-2021

台灯 纸本丙烯 46cm×61cm 2012

白马、浮世绘 布面丙烯 油画棒 206cm × 240cm 2021

而王玉平的物，不是通过新与旧来衡量的；它没有时间感，或者说，它的瞬间性摧毁了它的时间纵深。物本身是由一个蓬松和透气的空间来确定的。同样，他和莫兰迪的物也不一样，在莫兰迪那里，物有自己一个无限的世界，物有自己的宇宙，物在沉默中拥有全部世界的奥秘。但是，在王玉平这里，物既没有坎坷的命运，也没有世界的奥秘。物只有自身的柔情，只有自身的可爱，只有此地的世俗性。物的此时此刻的具体性完全关闭了通向超验世界之道。但这样的世俗之物也不是安迪·沃霍尔的商品，在安迪·沃霍尔那里，物是标准化的，物被大量地堆砌、重叠和复制。安迪·沃霍尔有无数的物，但是没有一件有个性的具体之物。而在王玉平这里，尽管这些物也都是商品，都是以商品的方式生产出来的，也通过商品消费的方式进入王玉平的生活世界，但是，王玉平有一种奇怪的能力将这些商品的标准化风格抹掉，他消除了它们出厂时生硬的工业主义特征。他甚至画出了物的地域特征。这些物仿佛不是从工厂里面出来的，而是从市井中来的。这所有的物，包括那些杯子和盘子，都奇特地具有某种手工主义风格。不仅如此，你甚至在这里看到了物的地域主义风格——如果不是民族主义风格的话。王玉平的物看起来就像是老北京的物，或者说，它们是只属于老北京的物。哪怕它们的的确确来自现在，来自全球各地，来自标准化的工业生产。但这些物还是不可思议地打上了地域主义的印记。即便是那些外文书，即便是那些最没有地方感的面包蛋糕，它们好像都来自同一个地方，来自同一个文化角落，来自同一个人。这些物被王玉平抹上了各种各样的色彩，是不是也意味着被王玉平抹上了各种各样的记忆？抹上了王玉平的青少年经验记忆？绘画中，我们真的会有这样的疑问：一个人如果和一件物待在一起，真的会将他的背景，他的气质，他的爱好，他的经验和他的记忆，传染给这件物吗？或者说，物真的具有一颗“心”吗？

印第安骑士 木板丙烯 42cm × 29.7cm 2019

椅子 木板丙烯 42cm×29.7cm 2019

刘小东 LIU XIAODONG

图片 / 由 UCCA 尤伦斯当代艺术中心提供 编辑 / 李沐

1963 年出生于辽宁金城镇，现生活和工作于北京。1988 年毕业于中央美术学院，并在该校任教至今。

宁岱同学亲自笑了 布面油画 250cm×300cm 2021

“你的朋友”系列缘起于 2020 年 1 月农历新年期间刘小东创作的一幅自画像。自画像以他老家辽宁黑土村，埋葬着父亲的那片小树林为背景。这个有着五十户人家的小村庄离刘小东长大的造纸小镇金城不远，他和哥哥搭起的农家小院让这里充满了回忆与欢乐。这处粗犷的东北农居已然成了家族团聚的落脚点，全家人围坐在炕头，生火做饭。在这个系列的开篇之作中，刘小东光着身子，像老虎一样趴伏在寒冬的雪地上，原始地亲近这片养育自己的土地，赤裸地直面自己的身体。这种对自然与环境的顺从姿态，对不可避免之逝去的接受，是这组作品的核心所在。

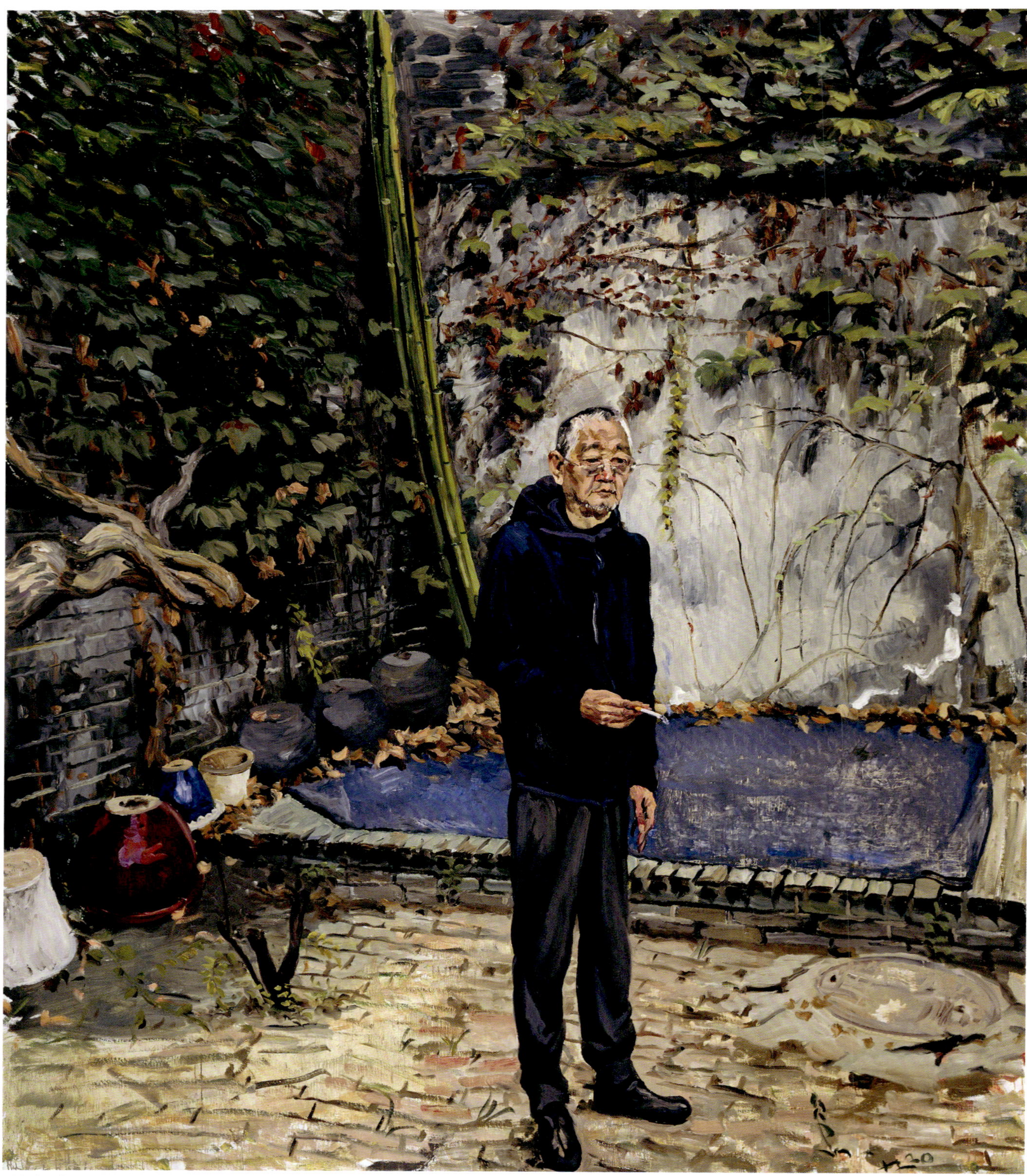
阿城 布面油画 270cm × 230cm 2020

绘画的体温

文－胡少杰

在刘小东 1989 年的作品《田园牧歌》中，眼神中带着困惑与期待的年轻男女，不仅真实记录了作者在当时的生命状态，带有自传性质，同时也呈现了那个时代的精神状况，构成了一幅时代的精神图景。作为一位画家，首先要做的还是对自身经验的捕捉与体察，只有这样，作品中才会始终带着生命的温度，绘画骗不了人，掺不得假。三十多年后，困惑与期待或许依然存在，但是走了一圈之后，作者已经和画中茫然与倔强的青年男女成了亲密的“朋友”。

刘小东作为中国最优秀的画家之一，其价值的彰显，大多源于他对在大时代变迁中被裹挟的个体命运投注的关照，并且准确地刻画与记录了一个时代的群像。这是作为一个当代画家对宏观现实的洞察。进入 21 世纪以来，他的脚步不断扩展，从三峡移民到巴以边境的石头，从东南亚的热带女郎到北欧的沉默青年，都出现在了他的画面中。刘小东用这种游走与记录的方式，让更多人看见世界的真实状态，生命的真实状态，并且尝试着打破一些禁锢与隔阂。

2020 年疫情的暴发，让整个世界进入了一个隔绝与限制的状态之中，价值重估与秩序重建让一切都在悬而未决中飘荡。在这种情景下，刘小东经过亲身的隔离经验之后，开始对生命进行了更进一步的思考，也获得了更深层的理解。刘小东在尤伦斯当代艺术中心的个展展出了他的新作“你的朋友”系列，在新作中他重新开始画身边最亲近的人，母亲、妻子、女儿，以及相交多年的亲密朋友，还有他自己。在刘小东笔下，这些亲密的生命连接，构成了一个整体的私人世界，它在历经时间之后产生的稳定感与绵延的温度，给当下悬而不决的现实世界带来了久违的慰藉。

走到这个阶段，人生经验变得丰厚，但是获得也伴随着失去。什么才是真正珍贵的？要以什么样的姿态迎接不断发生的逝去？应该如何接受生命的局限？绘画或许给不了答案。绘画日夜相伴，伴随着这些关于生命的思考，伴随着一个个具体的带着体温的“朋友”在画笔之下一一浮现，绘画也只能作为“你的朋友”，一起去向更深远的时间中追寻答案。而在这个过程中，绘画也拥有了生命的体温。

阿城回头 纸上水彩 31cm × 31cm 2020

拜见阿城 纸上水彩 34cm × 25.5cm 2021

杨华上树 纸上水彩 34cm × 25.5cm 2021

小帅 布面油画 260cm × 220cm 2020

大元子 布面油画 150cm×140cm 2020

老妈 布面油画 150cm × 140cm 2020

喻红 布面油画 260cm ×220cm 2020

倪军　NI JUN

倪军 2021 年在北京三里屯　摄影：倪纳纳

1963 年生于天津，职业画家。1991 年获美国新泽西罗格斯大学梅森 · 格罗斯艺术学院硕士学位，现居北京。倪军是“文革”后首届中央美术学院附中学生，师从杜键、王德娟、高亚光和袁运甫等人。1989 年秋天从中央工艺美术学院毕业后留学新泽西罗格斯大学梅森 · 格罗斯艺术学院研究生部，师从美国绘画大师利昂 · 高乐布等。曾长期活跃于纽约艺术界，先后任教于美国罗格斯大学、帕森斯设计学院与国内重要艺术院校，多次举办个展。

图片 / 由艺术家及偏锋画廊提供　编辑 / 徐小禾

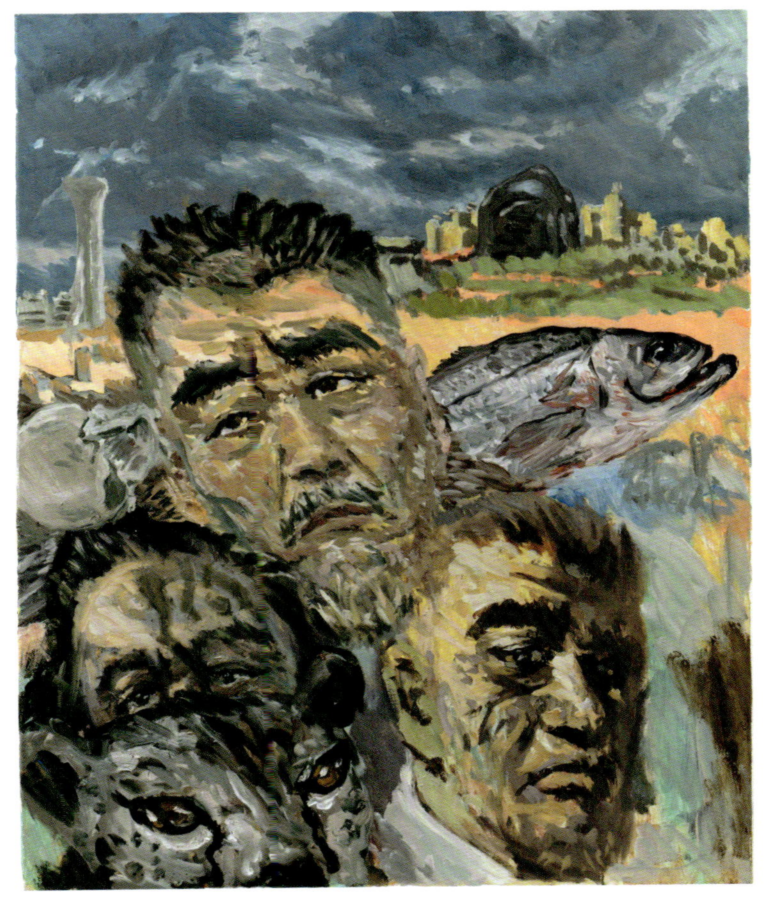

北非谍影 布面油画 100 cm × 80 cm 2021

我早年有抽象表现主义的一个短暂阶段，在加固了一段历史人物题材之后，经过在纽约大街上无数游荡的日子里所进行的思考，最后落在陈淳和石涛一众人都有结论的一个问题，就是万花百草、果蔬梨桃就是“历史人物”，就是“国际政治”，就是“疏狂一醉”。

—— 倪军

傲视 布面油画 61 cm × 91 cm 2021

作品的变化现在谈论还有点儿早或者不值一提。我本来就把每天都看作“渡过”的组合元素。一个乐高航空母舰，每一个小模块都有意义。这两年多里，我依然想着人类，想着宇宙，想着非洲塞伦盖蒂草原上动物吃动物的食物链。在灾难中过于抒情是不够成熟的。

——节选自《世纪节点｜疫情下的追踪采访——倪军在纽约 / 北京》

倪军答《漫艺术》问

采访 - 胡少杰

漫艺术 =M: 倪老师，您近年的作品似乎越来越“疏狂”，以往作品中暗藏的“神经质”的部分被更充分地释放了出来？这是出于什么原因？

倪军 =N: 疏狂的概念很好，你用在这里很合适。“拟把疏狂图一醉”，确实从 12 世纪以降我们的文化里彰显了很多源自老庄二人的精神；疏狂的缘由总是有两点，一是磨难，一是幸福感。三，当然是这两样的混杂与结合。我随着年龄的增进，也就是朝向死亡的终局越来越近，在笔意上越来越疏狂，而在画面形象上和气象上也愈疏狂，但前提是不“胡搞”，也不能“油腻”，也不能每一幅产生“同构”问题和“同质化”问题。这正是很多专业绘画实践者在今天说的“画画这件事很难”。神经质这个点你也抓得很好。尽管神经质是几乎所有艺术家的共性，但每个人又有每个人的神经质特性。我从童年时慢慢生成的我的神经质，发展到今天，就被我自信地放大了，而你在 30 ~ 40 岁的阶段是本能地不太敢放大你的神经质的。梵高和蒙克之类的画家是神经质的极端例子，而梵高又是那么年轻就死了。他提早放大了自己的神经质，都用完了……就走了。

M: 但是您的题材依然是稳定的，那些花卉和日常的物事、景物，为什么会成为您持续这么久的描绘对象呢？纵然您对所处世界有着广博的关照与深刻的思考。

N: 这个问题就是带着刀子的。我思考我的“题材”问题用了很多脑筋，大家知道我早年是迷恋了一个历史题材的。题材又叫母题，也就是动机。有杀人案之后，目前世界刑侦界流行问“动机”是什么？然后进入对罪犯的更精准的侦破流程。搞清“动机”，会对理解犯罪有提速破案的功效。两年前开始的国际大流行病毒这个事，也需要我们在第一时间问一句“对手的动机是什么”，当然历史告诉我们，我们问这个问题太晚了，无端地帮别人数钱数了可能有八百多天。我早年有抽象表现主义的一个短暂阶段，在加固了一段历史人物题材之后，经过在纽约大街上无数游荡的日子里所进行的思考，最后落在陈淳和石涛一众人都有结论的一个问题，就是万花百草、果蔬梨桃就是“历史人物”，就是“国际政治”，就是“疏狂一醉”。有了这个认识之后，我的工作得以迅速有效地开展起来，直到今天大约已经有了二十多年，大约是在我女儿出生后一年多后开始的。我当时坚定地认为我的“题材”必须是宽广的，也必须是“开口的”，也就是这个“出口”必须是畅通的恒常的。这一点又是基于我当时在纽约对于美国现当代艺术题材与型制的思考。他们基本上是“窄口”的，压缩性时间的，而我结合了对于我们民族悠长传统的一个大时空观的思考之后做了自己的一个决定。一旦有了决策，画家就好工作了。你说的我对于世界的种种有一个广博的关照与深刻的思考，是的，我就把我的关照与思考用在了我的绘画问题的方向与“解决”上，有了方向，再有解决，是为“绘画”。你今天再看天津人民美术出版社出版的《石涛书画全集》就明显地感受到这两个问题的相互关系与相互作用的均衡解决。当然任何一个画家都有实验期和摸索期。我们说的是他的相对成型期。我经过最近二十多年的工作（我们的工龄总在四十年以上了）选出来十件二十件作品是可以的了，可以说明我当时在纽约自己溜达咖啡馆过后做的决定产出了一个小而坚实的结果。

M: 您的作品中始终有一种陌生化了的叙事性，一种被修辞了的真实。这体现在您作品建构的图像以及对作品的命名之中。您如何看待您作品中的叙事性和文本性？

N: 叙事性和文本性是我刻意“要的”，也是我对美国现当代艺术实验的一个反动。反也者道之动也；我总是爱引用古本老子里的这句话，原文在湖北楚国简书上。果蔬梨桃是一种假象的肯定，哪里还会是传统意义上的果蔬梨桃呢，我的“诡诈”就是我在陈淳、石涛他们的花卉蔬菜册子里已经发现了他们的“诡诈”，也就是说他们已经不是在画果蔬梨桃了，他们是在画自己的心。这是一个秘密；窥探到这个秘密，学画的人呢才开始开悟。然后开始二十年以上的实践。你说的陌生性就是“间离效果”，是德国人很早提出来的舞台上的一个感觉的东西，归属于戏剧美学。英文用 estrangement，就是疏远不要太近、保持点儿距离的意思。在艺术上是什么意思呢？其实就是齐白石爷爷说的“太似”和“不似”这个问题。而西方认识到搞艺术首先就要懂得不能“太似”，这个原则虽然比我们晚，但是他们花了很大的力气去实践，就有了很多好的成果。这也带来他们的一个实践的极端就是“必须不似”，“不似”是第一原则。目前是又都回来了，似与不似，不是“之间”了，而是进入了又一轮的躺平共生。艺术嘛，和病毒一样，一轮又一轮。一个画家要有一个清醒的判断，然后不要追赶什么这个那个；“追赶”是愚蠢的。我保持“叙事性”的同时还要保持“陌生化”，你说出了我的工作风格和思想判断。很累很艰苦的，但是挑战的快乐也是充分的。你知道我是经常能从我们地方戏曲和欧洲的交响乐里吸食营养乳汁的。我从中外绘画高手的作品里偷艺，再从音乐和曲调里偷艺，否则营养跟不上。既“叙事”又“陌生”，也就等于既和她亲近，又得做得很陌生，这个与马斯克做的事儿差不多，他是既想还要人类，又不想被人当作是个混蛋生意人。拿捏的分寸其实是艺术这件事儿到最后唯一的大事儿。

M: 在您的作品中似乎能够连接到比如格列柯、卡拉瓦乔等西方古典绘画的精神，又似乎可以捕捉到宋画中流动的神韵，而您却又是一位十足的“当代”画家。“当代性”通常被认为是建立在对传统的解构和破坏之上的，但是显然您并非单单如此。您如何看待您作品中的“当代性”，以及与绘画传统的关系？

N: 所谓“当代性”建立在破坏的基点上，原则上没有叙事的错误。但是如何去破坏是有很多方法的。有明的破坏就有暗的破坏。我愿意与别人不同，这是很明显的一点。我因为在外国生活了很长时间，自然也就模糊了外国和中国这个概念，而我加固了自己是中国人这个概念也相当程度上是基于我们伟大的传统，以及这个传统与外国的伟大传统（不是比对）之间的相互关系。这个互动关系或者说互动作用是今天大部分艺术家工作时参照的动力，哪怕他是用墨汁在宣纸上工作的一个人，也不能说自己不在这个互动矩阵里。宋代，无论如何是回不去的，也不会再来的；恰恰是因为这个“回不去”和“不会再来”才让我们今天如丧考妣地唠叨宋代。宋代好画家和欧洲好画家（为什么没人搞这个电视节目？）都是“大哥就是个传说”，他们这些死了的好画家就是气人，气死你们今天这帮人！我们呢，真生气那不就是傻子了么。各干各的呗。今天外交界不是流行一句么：你打你的！我打我的！人类不能死后复生，死也者道之动也，咱们必须套用老子的思想。具体说有些画家很着急，急自己怎么就没有古代那个卡拉瓦乔画的好，怎么就没有北宋的范大师和南宋马老师画的好，这种着急要经过思考转换为动力。能认识到要好好观察生活好好画速写已经是聪明人了。“当代性”就是你今天的“德性”，你过得舒坦你得以疏狂一醉，你能自由地去甘肃和宁夏，你就是在破坏了传统，你就有了艺术创造的本钱。“当代性”，要我说，就在甘肃宁夏广西和汕头。

M：在您众多的兴趣中绘画似乎是您最“长情”与“亲密”的。绘画语言的相对单纯和您的复杂性之间形成了一种有趣的矛盾的关系。只是面对越来越复杂的外部世界以及您个人越发丰厚的生命经验，绘画是否可以完成最有效的表达？是否会尝试其他新媒介的创作？

这百十来年非要用一个法国词摩登、用一个纽约词“肯滩坡若瑞”，鲁迅做了一回这个傻事后也觉得自己特傻；“费厄波赖”，鬼知道是个什么东西，其实是英国音的公平做事。“科先生”“赛先生”这两位先生没有叫起来，改为目前流行得不得了的两个词儿。我熟悉并且反感这些翻译，并且立倡在自己的翻译和能够影响到的翻译中都说中国话。我说说艺术中的外来时髦词汇啊……哈哈，嫩么能去嗦呢？数不过来了，省省吧！母体二字也是，“达达”不用说了，现实和写实两个意思到现在分不利索，浪漫啦象征啦诸如此类，巴洛克呢音译，其实字面意思上看一个中学生完全不能看懂，洛可可谁知道是什么猫腻的东西。早年间我在纽约的报纸上也读到过“磕头”和“关系”的汉语拼写，描述国家关系和人与人之间的交往，但不是主流词汇，我们的摩登概念和当代概念一直是很主流的文化概念。严肃地说，当代艺术这个事儿在我们国家就根本不存在，

海战之歌（双联） 布面油画 60 cm × 160 cm 2021

N：在回答第五个很厉害的问题之前我再多说一个铺垫，就是“当代性”的误读与错位。我们借用和使用外国文化的词语进入我们的生活这一点儿都没毛病。引了进来使用它有生命力就能活下来，否则即自动消亡。如有人有闲工夫搞一个外来语短寿词语表也是很牛的。当代这个词和现代一样，是欧洲和美国特定历史条件下被写手使用开来的若干词汇中的两个。而我们在早年间，就是雷圭元和庞先生他们搞展览的时候，用的是音译“摩登”，其实“摩登”二字在中文里什么意思都不是，纯粹是字面摩登而已，勉强说可以上升到佛系；而佛系翻译更好一点儿的典型是“雪茄”，徐志摩译的，就是那个大粗烟的烟灰是“灰白似雪”，而大粗烟的身子又是“叶卷如茄”，近似和尚的袈裟，一层又一层薄薄的粗质绸布。读“雪茄（茄子的音）”反倒是不对的，虽然写作“茄”，那么应该写成“雪袈”或“雪加”就对了，为了和草字头与烟草有关系，就这么用了。这是一个音与意相当贴切的妙译。但是摩登就是现代，而当代却不是“肯滩坡若瑞”，这就乱了。为什么说乱了呢？你还不如音译呢；音译可以被归束为特指，而意译就管不住了。因此带来了麻烦，就是中国的很多学者总要费时间去解释错位和误读问题。外国的学者基本上没有这个问题，因为不会没事儿总是使用中国的文化概念去谈论他们的文化艺术。因此，现代性和当代性在九百六十万平方公里加上三沙市的辽阔海域之后那算怎么个论法呢？这是我们没事儿总爱用洋人词汇之后给自己找的麻烦，说大点儿就是给自己挖坑。从良渚的事情轮到今天，词汇不够用吗？因为语境，土壤和需求都错着位，就算和西方是两码事两种不同风格的当代艺术，这个东西在我国也不存在，你说谁谁的当代性其实是说当下性，当下是永远存在的，勉强加个语文修辞里的性字是可以的。当下性是可以的，并且可以是中国土地上存在的；当代性是美国的，也不是欧洲的，那么和中国的历史变局、文化更替更没有关系。用这个词很随意很流行起来之后，其实是给自己土地上事情的发展造成了羁绊，起到了刻舟求剑的作用。这是我们要反省的。刻舟求剑的故事多精彩呀，嘲笑的是“这个大傻子！”。你说的我的“长情”和“亲密”的绘画就是我在对这些问题的思考之后决定钟情之的；一个艺术实践者在万水千山走过之后必须，而不仅仅是总是，选定一个形式。这个形式可以是书写，可以是篮球，可以是火箭。我能力有限，选择了绘画。注意，这个时候的选择与十五岁时的选择是两回事。语言也要相对地固定。纵然你万水千山走过、内心汹涌澎湃不停，你也要归于一个形式。这是我最近二十多年如此工作的一个规定；非如此规定，不足以成事。说到我内心往往风雷乍起，时常又异想天开好高骛远，那是一种休息。待我真去做了一部电影或者一个石雕的时候，其实还是绘画，只是换汤不换药罢了。我的秘密的意思是：搞艺术要心里清楚有数，搞出来的东西要有干货，更好一点儿的结果是干货里埋了一些小礼物，比如坚果，比如葡萄干，幽默于人，并且是善意的。（幽默二字又是音译的英国话）我们的“当代”艺术中缺“幽默”，所以还不“摩登”。欧耶！

纽约八月 布面油画 28 cm × 35.5 cm 2021

M: 相对稳定的语言和题材是否会使您落入一种惯性之中？您如何对待趣味和手感？

N: 目前所有人，我说的是专业级别的“福泰姆”绘画者，都面临这个问题。所谓惯性是上了敌人的一个当。这个要私下去体会了。所谓品牌概念害了不少人，多说等于无益，自己琢磨，好自为之。以前叫重复，后来叫风格，再后来叫辨识度或品牌。我也不说这是艺术的大忌。“大忌”是个很严肃的事了，还到不了这个层面。有人把油腻这个词挪用到这个问题上，也合适。总之大家都懂得是个什么意思。我严重地警惕和防范这个事情。怎么做到呢？这个时候就到了大家说的拼修养啦看造化啦，又是什么看定力啦看够不够聪明智慧啦…… 其实不必这么麻烦。有个良药，好似六味地黄，就是一味药，不是连花清瘟，就是真诚。我必须感叹中文里留下了这个好词儿！“诚”是回到本初，所谓不忘初心，“真”是你的能力所及。如何把你的童子功发挥到一个符合本心的极致境界，加上你对于各种邪恶势力的防范，你即可抵达真诚为艺的高潮平台。其实杜尚是这样做的，杜尚不是搞花样的情怀，不是崇尚哗众取宠，他是追求真诚的人，伪装成了一个达达分子。最坏的好人往往认识到这样一个道理：以不欺为欺。这里第二个“欺”字是艺术，前头的“不欺”就是真诚。但是能到这个境界肯定是太不容易了。

M: 到了现在这个阶段，在绘画创作上是否还会有沮丧、怀疑、求而不得的时候？

N: 目前所谓人的问题，要问自己的，是“对自己诚实吗？”。每画一幅画时有糊弄了自己的地方，第一个知道的怎么也不会是别人，而是画家自己。所以我没有沮丧和怀疑的时候，也可能过了那个阶段了，又没有求之而不得的情况。有，而这就是我们每天挑战自己之所在。但是这个求之不得四字又有复杂的内容，我目前在“求”并且想“得”的是所谓的“错误”和一种“不像我”。如果能得到更好进阶的‘错误”和“不像我”就是有了一丁点进步，也是高兴的。具体地讲也不是什么秘密了，比如限制自己使用颜料，是色相不是色量；不是左撇子的人要用左手画，不做妥善的预设（我一直不在画布上打稿），画面“意外”的发生可否保留的决定时刻是否能防范，哈哈 to prevent 就是提防回到惯性，回到惯性的时候如何惩罚自己……诸如此类。这些事儿太专业了同时又是小事儿，不值得多说了。这些是一个画家很像脱了裤子之后的私密话题，每个人比拼的就是脱了裤子之后的认知能力问题。惯性了套路了不行，缺乏了创作的动机也不行，重复了自己的“好”也不行，自己总是达不到一个“好”更不行；你说这是一件多么纠结的事情。还不如和马斯克去弄火箭。

M: 同样，到了这个阶段，依然使您在绘画上抱有好奇心，依然让您激动的点是什么？

N: 这个问题呢是好奇心，绘画上“激动的点”。我决定不自杀，好，那么你就要为了继续活而有一个动力点。我二十多年前选择了鲜花美酒、海天一色、果蔬鱼贝，当然还有周围的朋友之脸，有意地保持这份对于形体和色彩呈现的立体物件的好奇是保留了一个活下去的动力。有没有能力去表现我说的这些“开放物”，我当时认为我有，因为在纽约巴黎的墙上看马奈的画时我认为我有，我决定开放我的生活渠道，我决定了画什么和怎么画。这也就决定了我在那个时候的“今后”怎么活。当时也思考了一个比对的对象，就是我们今天都逐渐熟悉了的马克 · 罗斯科，罗斯科不是马斯克，罗斯科选择了死亡的母题，那么画够了这个母题之后他在浴缸里用刀片割开了手腕子的血管。我当时就认为我不是这个性格，我觉得齐白石心挺大的，那么就给自己一个开放的出口吧。然后再解决不油腻不惯性不招人烦不招自己烦的解决办法。黄和齐都解决得不错。尤其是黄宾虹，自己就认为六十岁才开始，周岁五十九，画画的乐趣和难题，今天通称挑战，还在后边等着呢，所以他心态好，他真实地看待自己也就真诚地面对了世界，特别是真诚地面对了念兹在兹的绘画这件事；黄神不成都不行。

感谢你带来的高度精准的问题！谢谢！

2022 年 6 月 2 日 北京

情动 布面油画 79.6 cm × 59.6 cm 2021

黑暗的康拉德 布面油画 90 cm × 120 cm 2021

芍药往事 布面油画 120 cm × 90 cm 2021

塞尚何许人也？看了纽约 53 街的展览，我实实在在地觉得他是一个很笨很不会画画但是因为执拗地强迫症般地画出来的一个典型。他小的时候画得之差令人惊诧。他的笨拙与偏执就是谁都拦不住的那种人：死抠结构，反复地画同一个物件，反复地变幻着角度地画同一个物件，画不好重画再重画……如此这般的一个强迫症少年。而这个特征却是美术史上的被人欢喜的优点，音乐家里更多。可能工程师里也更多。在这个人性特征上，如果你发现你的孩子有相类似处，你可以给别人发微信表达一下得意了。当然你还不好意思发朋友圈。

塞尚也有青春期（不是天生就是个大叔的样子的）。他画了大批的临摹欧洲古代情欲绘画的小画。画面躁动，多有女体，大概此时还不能画女模特。细致一想，他这辈子画过真的女性裸体吗？居然是一次都没有。他是压抑后的偷偷发泄的心理，因为他还喜欢画强暴的题材，不能画生活里的所以只能偷偷临摹古人的。他还画凶杀题材，这次都展出了，没有给他留那种青春期的事能不说就不说的面子。因此我赞颂这个展览的几个策展人：职业，坦诚，不装，而且老派，是一个很好的规矩策展的回归。毕竟前年或者今年，我们厌倦了进入展厅好像进了世贸天阶侨福芳草地那种地方，塞尚展使轻浮的人无法打卡。都是小速写，你的自拍杆都不好意思拿出来。

——节选自《倪军谈作曲家塞尚》

神圣大地 布面油画 80 cm × 100 cm 2021

马晓腾　MA XIAOTENG

1967 年生于北京市，原籍天津市。1987 年毕业于北京工艺美术学校，1993 年毕业于中央美术学院。现为中央美术学院油画系教授。

图片 / 由艺术家工作室提供 编辑 / 徐小禾

热烈的房间 板上丙烯 29.8cm × 40.2cm 2021

《野火》读后，它在我的肉体器官中留下了影像，让我这个没有经历过战争的人，好像也经历过一样。这些影像，是那种我想扔掉的影像。影像一旦形成往往很难扔掉，它像契约一样用几十年的时间完成了驻留，恍惚间真实不虚了，成了一种自找的伤痛。

——马晓腾

身体检查 布面丙烯 212.5cm × 122.5cm 2017–2021

短暂间隔

文－马晓腾

小雪落地就化了，摘下口罩，空气让人陶醉。走到马路那边，一共呼吸了两百口气，又戴上口罩，要进小区了。

从家去工作室的路是我的“林中路”。小区白天的中年门卫是个乡下人，有些跛脚。每日见面都要招呼一下，有时念叨一下天气，我把他视为“看林人”。

拉胡琴儿的老头儿跟前放着一个搪瓷杯，里面有一元纸币，旁边摆着一个印着手机二维码的纸片。

手里有纸币的人也都老了。

人们低头看着淡黄色的金鱼，看它们争食吃。湖边有很多画风景写生的老人，装配着专业的画具。小区广场上有跳舞练剑还有打扑克的老人，垃圾箱旁有等待纸箱的老人。我有次说：“我就要步入中老年啦！标志是扔垃圾后还向其他垃圾箱里看看。”引得老婆孩子大笑起来。人上了点儿年岁是个啥感觉？年轻时从未想过。

春天时，重看了伯格曼的电影《野草莓》，39 岁的人拍的“老年题材电影”，不对，不能这么说，只是他懂得老人，有颗老人心吧！妈妈经常向我抱怨，我爸年过八十以后经常小题大做，雷霆万钧。老年对每个人都是唯一的，是身心的探路。伯格曼的自传里，关于《野草莓》只写了演主角的老先生在片场掉歪发脾气的事，也是因为一种抑制不了的担心，一种属于老年人的担心。

早几年，我一有机会和美院的老先生谈天，总会提醒他（她）们写写回忆录，不为发表，只为留存。去年油画系的马路老师退休，在他新版的画册里刊载了年表体的自述，0 ~ 12 岁（-2061）费思量的标记，写到 1970 年十二岁就戛然而止。也许他所说的“炁象”至此已经圆满了？文末，用八页的篇幅，印上 1971—2061 每一年的年份数字，别无说明。想起与我同龄的河南女诗人杜涯所说：“童年即是一生。”

画室里来了四个人，他们是来检查用电安全的。三男一女，其中两位中老年男人，一位中年女士，还有一位男青年。一位中老年男人看到我的一张小马扎，就拉过来坐下。另一位中老年男人看到墙上挂的海报，说一看就知道是老东西。男青年春节前来过，他说：这块儿您收拾了，这两个箱子上次在那边儿放着。只有中年女士一直戴着口罩，她说：咱们商量商量怎么把您的工作室，装置得更安全合理。

隆福寺的三联书店，终于重装开门了。书架上看到了南海出版公司，新版的聂鲁达的回忆录《我坦言 我曾历尽沧桑》。书却比老版厚了许多，因为新版增补了 8 万字。老版就写得好看，现在迫不急待地想回去把这些增补的章节看了。增补的章节在开头目录上用一个小小的黑水滴标记出来，一共二十颗。像二十颗泪滴。印象深的有一颗叫回程的姑娘，还有一颗叫浓雾的赠礼。

林光翻译，他是个老编辑，文字好，译笔清澈。

工作室一角

工作室一角

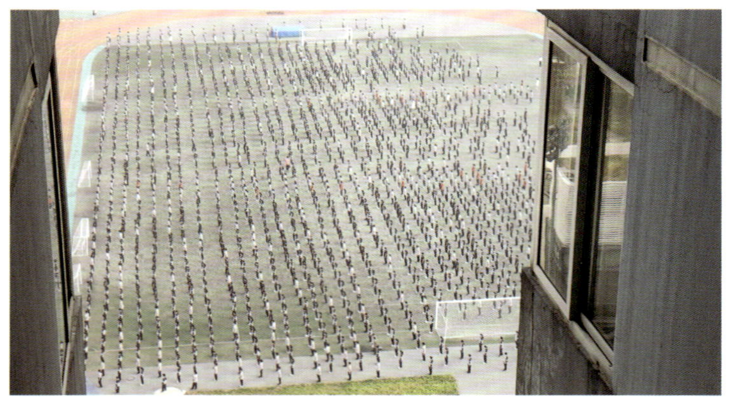

操场 手机视频 21 分 2 秒 2020

酒仙桥的红霞影剧院我以前去过，98 年的大片《泰坦尼克号》是在那儿看的。为什么记起是在那儿看的？中央美院在二厂中转办学时，离酒仙桥地区特别近，学院工会发的电影票都是红霞影剧院的。《泰坦尼克号》火起来了，系秘书发电影票时还说去时最好带条手绢，准备不时泪崩。

曹斐的“红霞”项目里，有用 VR 技术做的一个作品，戴上 VR 眼镜后，好像站在夜幕下红霞影剧院的门外，向台阶上望去，影院的屋檐底下点着清冷的灯火，照在广告栏里的电影海报上。周围没有人，我戴着眼镜转回头，20 世纪 50 年代的红霞路，一直延伸到远处，路两边是三层高的苏式单元楼房，楼上点点灯火闪闪，昏黄的路灯照亮空无一人的街面。一阵难以抑制的伤感袭来，几乎将我击倒。

下了电梯，经过一扇窗户。向窗外看窗下有一排很细的小树，树后有一个操场。以后再经过这儿，就总是停下来看看树，还有操场。

夏天，读完了一本从 1987 年开始读的书，大冈升平的中篇小说《野火》。为什么用了 34 年？因为总是读不完就放下了，放下了的书不少。这本书隔一段时间又总有机会想拿起来再读，读就要从头读。终于读完了，这是我前所未有的阅读事件。我再看到这本书就可以安心了。

大冈升平有过太平洋战争的参战经历，做过战俘。《野火》写了一个叫田村的日本兵在菲律宾的小岛上逃亡的经历，最后直到啖人肉以活下去。使人想到这是非虚构的记述。这个浪迹天涯的田村要面对来自敌我两方的袭击和险恶，决无荒诞。以前看到一句话，大体是“回忆就是在肉体器官中寻找影像”。阅读者会在阅读后获得某种类似记忆的影像，它会残存在肉体器官中以待将来的“回忆”。

《野火》读后，它在我的肉体器官中留下了影像，让我这个没有经历过战争的人，好像也经历过一样。这些影像，是那种我想扔掉的影像。影像一旦形成往往很难扔掉，它像契约一样用几十年的时间完成了驻留，恍惚间真实不虚了，成了一种自找的伤痛。

梵高画的歪斜的房子，鲜艳欲滴的花木，还有像怪物一样的树和流云，诗人北岛认为那是饥肠辘辘的人眼里的世界景象，这也是经验的共鸣了。我没有挨饿的经验，树在眼前从不曾歪斜，甚至过于笔直了，它们总是整齐地排列在路边，像士兵一样一直延伸到公路尽头。没有人画过我印象中的行道树。

我很晚才知道有意识地去观看世界。有意识地观看被看作是一种特殊的行为。彼得·汉德克在《试论疲倦》里写下自己在一幅普桑的画前看了好几个小时，然后去了一家餐馆，"有一种容光焕发的疲惫"。为什么是普桑？在T·J·克拉克的书里，看到一句普桑留下来的话，"我是一个以研究沉默的事物为志业的人"。沉默，站在画前看画难道不是沉默的最佳姿式吗？T·J·克拉克在普桑《宁静的风景》前看了差不多六个月，几乎每次看完了回去写下当天看到了什么，想说些什么。之后出版了那本日记体的书，中文版十年前就来到了我的书架上，抱歉我只读了几页，我"沉默"的深度大有限了。

我对T·J·克拉克和彼得·汉德克的观看充满了好奇，甚至想到站在他俩的身后，去窥视他们的背影。我作画的时间是我伴随它衰老的过程，所以每日完成工作以后也只是感到"容光焕发的疲惫"罢了。

赵大钧先生的画都是"素描"，画里折射出他的感觉意识和心性状态。这和题材关系不大，但是有；和视觉经验的关系也有，但又不是那么直接。语感的传递抓住了观者的心神，是不能去说的。

中间美术馆的活动上，听上海来的作家毛尖坐在人群中间演讲，她说：她小时候去电影院看电影，当银幕上映现出八一厂、长影、北影……三大厂标时，就会兴奋得"大小便失禁……"

我深有同感，当时就想上去告诉她，碍于在座的都是年轻人，他们听了也许会诧异，也许无动于衷。影像的时代早就到来了。

小雨放学回来，带回来一本新台历，放在那儿。一本没有打开塑料护封的台历，是需要每天翻页的那种。这是他收到的同学回送的圣诞礼物。放在那好几天，没人动。它是不拆封就知道内容的那种"礼物"。还是我打开了台历的护封，把它放到一个合适放日历的位置上。几乎是两到三天翻一次页，这已经是很敬业了。

舅舅在世时，是习惯用那种手撕的每日一页的日历的，不知道用到哪年？1984年，日本电视连续剧《血疑》热播，接下来的一年我家里贴了一张年历，图片是山口百惠和三浦友和的休闲合照。我们那个楼的楼长，是一个矮个子的大叔，住在楼下。有一天，他来我家有什么事，走时一回头看见这张年历，随口说，"这不是光夫吗！"

"夫"字说成了"福"的音。不知道为什么？这个读音画面，印象特别深。

马晓腾

2022年春于望京

乌静物 金属 玻璃 电路板 33cm × 121cm × 29cm 2021

白嘴唇 No.3 布面丙烯 60cm × 50cm 2020

白嘴唇 No.4 布面丙烯 60cm×50cm 2021

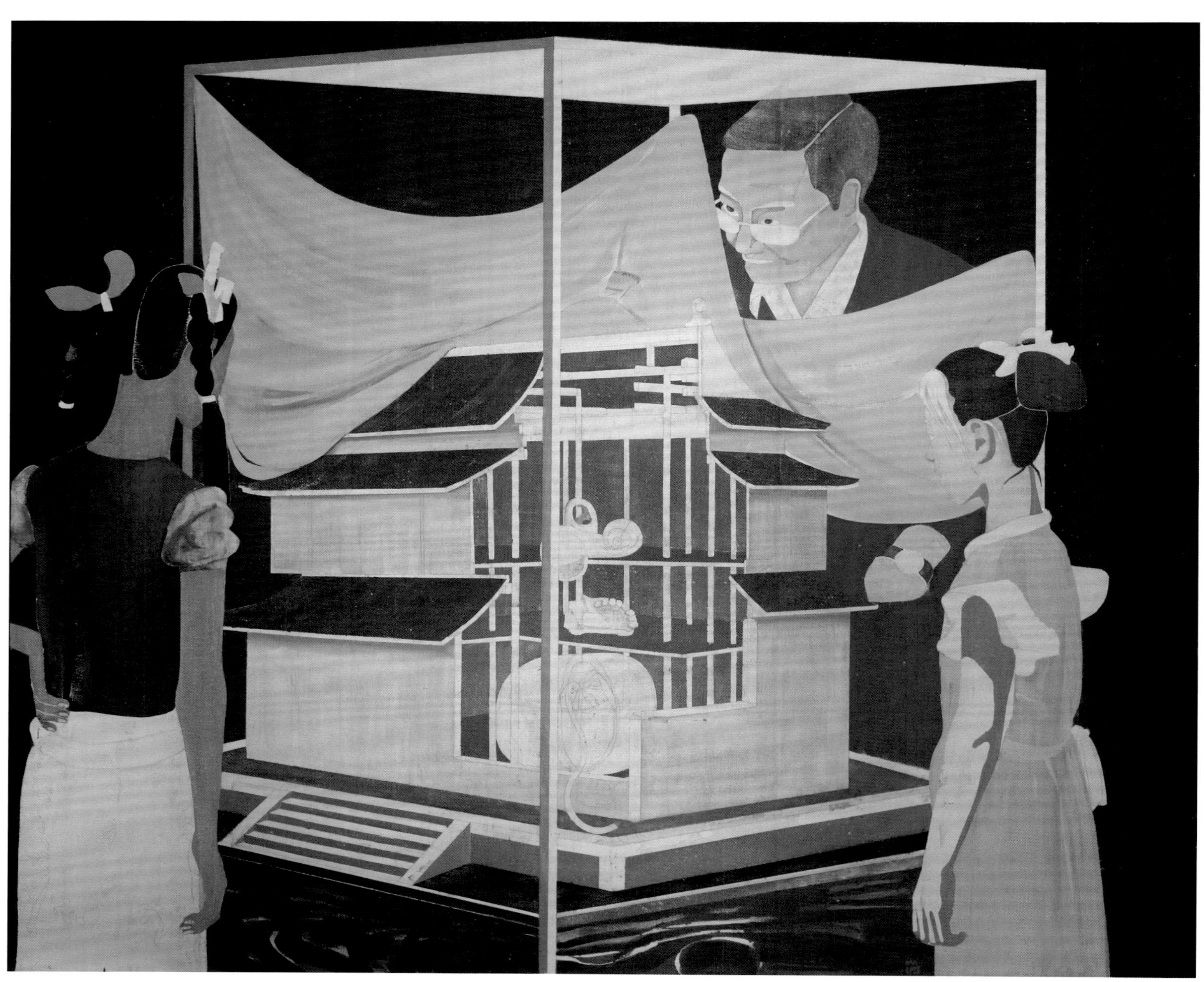

小型建筑 布面丙烯 133.6cm × 161.7cm 2021

小型建筑（局部）

自行车 布面丙烯 121.5cm×188.6cm 2021

自行车（局部）

罗敏　LUO MIN

出生于四川泸州
毕业于西南师范大学、解放军艺术学院，获硕士学位
现北京画院专职画家、中国油画学会理事、国家一级美术师。

图片 / 由艺术家工作室提供 编辑 / 刘雯

隐秘的时间和线索 No.6 板上布面 油彩 铅笔 75cm × 100cm × 4.5cm（厚度） 2021

由于她对传统主题的自觉选择，赋予她的艺术作品无以名状或难以解释的中国历史感。她的艺术作品的品质不仅体现在主题上，同时也体现在技术方面：作品所取得的成就与线条的精确度和对颜色的理解密不可分，细节与看待事物的方式有关，而非事物的本质。得益于罗敏身上拥有的画家天赋，她对花卉的处理方式较之任何学术研究都更具活力。对中国艺术的认同注定成为画家作品的核心；考虑到她的传承精神和接受的绘画训练，这是不可避免的。她的构图形式错综复杂，这也重申了她对自身文化传统认同的特殊性。她的作品与其说是借鉴早期艺术，不如说是对中国画的现代再创作，这可以理解为一位才华横溢的现世艺术家对随时间流逝而日趋古老的题材做出的精心处理。当代画作因其运用的传统技法而富有价值和意义，正如传统技法因其经受的当代处理而富有活力一般。

—— 乔纳森 · 古德曼

敏和莉 No.4 布面油画 100cm × 80cm 2018-2021

罗敏：笔随心走

采访－胡少杰

漫艺术＝M：回看您的作品脉络，前期作品多是对个人的生命经验的记录，近年的作品则是对个人记忆的整编，为什么对这种私人叙事抱有持续的兴趣？它只是作为一种个人情感的安放，还是说想要达成更普遍的情感共识？

罗敏＝L：首先是安放个人的情绪吧，我想艺术家大多如此。当然也肯定想到了“时代记忆”这样的话题。让作品既是“自己的”也是“公共的”，这个是最基本的问题，也是艺术创作的常识。

M：您作品的语言层次颇为丰富，有具象绘画的手法，也有中国画的手法，在构图与空间布局上更是别出心裁（显与隐、留白），想请您具体谈一下，您是如何来营造画面的？

L：对技术的迷恋是我一以贯之的，但也是我想要逃逸的，这个问题非常矛盾，充满了挣扎和魅惑。之所以在画面中用了不同的方法，也是想突破一些既定的轨道。其实画面的感觉多数都是“碰”出来的，没有特别的设计，提前也没有做什么针对性的功课。

M：在“花鸟图”“花间集”系列作品中，并没有加入人物图像，滤除掉了叙事性，那么您在这类作品中想寻求的是一种纯视觉的表达？中国传统绘画中的花鸟多是一种文人精神的抒发与寄放，是一种诗意的语言修辞，您的这类作品是否是基于这条线索之上的承续？

L：之前我一直在画一些静物画，“花鸟”系列也算是静物的延续吧。如果说有受传统中国绘画的影响的话，可能跟我后来进了北京画院有点关系。这样的环境提醒了我，自己原本还有一些传统绘画的童子功，所以在这几年的创作中，这方面的能力派上了一点用场。

M：您作品中经常会出现一个或多个硬边的方形，像“敏和莉”“我们和妈妈”。这是为了在图像的碎片化拼贴中，寻求一种稳定感？它有来自西方现代绘画中构成的影响吗？

L：画的时候只是想切换一下镜头，不同时间空间的切换，使画面的观看体验更加丰富，也可以破坏一下所谓完整的整体关系。至于说构成的影响，我想只要是在营造画面，总是要有构图，但可能并不是刻意地去考虑所谓的构成。

M：《游春记》似乎是您近作中的个例，它在语言上更明显地续接了您前期现实主义绘画的脉络，而在构图上采用的是中国传统绘画中移步换景的方式？

姐妹 No.2 纸本设色 48cm × 38cm 2019–2020

敏和莉 No.3 纸本设色 37cm × 38cm 2020

敏和莉 No.1 布面油画 120cm × 150cm 2018-2020

总体而言，罗敏在艺术创作中呈现了自己的国际化视野，但又很好地保留了在地性特征，尤其是个人化的大时代边缘的私人表达。她的作品虽然极具现代性，但她并未把自己变成一个十足的当代艺术家，而是采用传统却又富于创造性的绘画语言，通过文雅的题跋形式留住了时间的痕迹。在我看来，罗敏作品是现实、记忆与符号的综合体。家庭相册和童年记忆提供了作品的人物对象，红领巾、麻花辫、花裙子、军大衣构成了那个时代的视觉符号。在此基础上，她又以花和鸟作为理想的媒介，以兼融中西的独特绘画语言，勾勒出自己“怀梦草”般的，幸福的“花间 · 慢”时光。

—— 吴洪亮

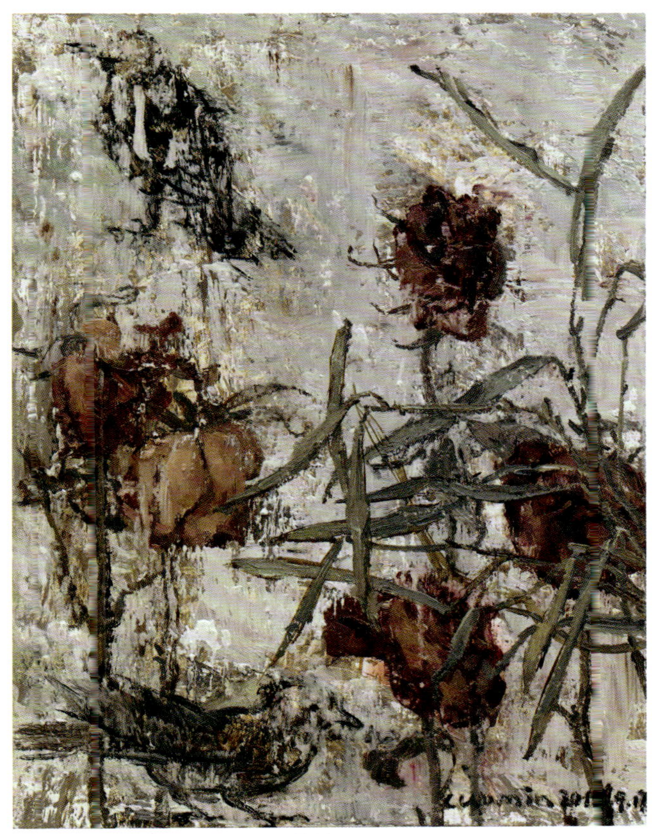

花间集 No.5 布面油画 40cm × 30cm 2019

花间集 No.7 布面油画 40cm × 30cm 2019

L: 这张画由于尺幅比较大，费了很多的时间和精力，虽然是由多个场景拼接而成，除了场景、人物，还有局部的一些花卉，还是力图让它们之间有一种必然的关系和逻辑，形成画面的整体与和谐。画完之后感觉还没有完全达到预期的效果，不过可为之后大尺寸的作品提供一些参考。

M: 而在作品《鸭先知》中，鲜有地出现了口罩这种直接对应现实的符号，您如何看待您的作品和即时现实之间的关系？

L:《鸭先知》画于疫情初期，当时的心情非常激烈，各种消息充斥在我们周围。现实生活和个人之间必定是相互关系的，我从来都没有刻意回避现实生活给自己的影响，当然，也不认为自己是完全的现实主义创作者。总之，这个问题没有过多地去分析，笔随心走吧。

M: 在您的作品中，相同题材您也会运用不同的材质来表现，纸本和油彩在材质特性上有颇大的差异。那么比较相同题材的两种不同材质语言的呈现，两者是一种互相补充，还是分别进入了两种不同的表达层面？

L: 最初是做了一些纸上作品，把这些作品当作依据和手稿，而后才开始画油画。由于材质不同，效果和方法也很不一样，趣味上也有很多不一样的感觉，总之有很多意外的收获。不同材质之间互相补充和渗透，这是自然而然的。

M: 在您有些作品中，会出现多组不同的时间标记，它们像是一组组密码一样隐藏在画面中，让时间成为作品的组成部分，其实是给作品加入了新的维度。而记忆，也是时间的产物。是否可以谈谈时间和您作品之间的关系？您怎么看待时间？

L: 画面中的时间是工作时的时间。最近几年，我分别在几个地方生活和工作，流动往往造成时间的断线，最初只是想记录当时的时间点，后来产生了个人情绪上的特殊意义。特别是前后拖延时间比较长的作品，自己面对它的时候就像看到了我生命的那时那刻；有时候我会很怀念那些被别人收藏的作品，就像拿走了我生命中的某一段时间。所以，在某种程度上可以说绘画等同于我的生命时间，绘画是时间的载体。

游春记 布面油画 200cm × 160cm × 2 2020

初夏 布面油画 120cm × 150cm 2020

3 年前，我开始画一些与母亲和妹妹有关的画 最初是用纸质材料，然后画到画布上。翻看很多母亲收集起来的我们的老照片，莫名就有一种伤感。匆匆几十年 不一样的时代，两代女人，由于血缘而息息相关，放在社会的一个角落，再普通不过，但却就是整个时代中平凡女人之命运缩影。从我依稀懂事开始，母亲就是一种强权的代言，由于和父亲性格不同，在我 14 岁的时候，母亲离开了我们，之后有好多年，她的形象在我的心里是模糊的。多年以后，母亲才又走进了我和我妹妹的生活。年轻时的母亲曾在一家国营的照相馆工作过，所以她习惯性地保留了自己从五岁开始各个年龄段的照片，细看这些珍贵的小照片，从中可以找到一条清晰的、个人与时代的线索，让人感慨。

—— 罗敏

繁花浅草图 布面油彩 油画棒 铅笔 120cm×150cm 2022

繁花浅草图（局部）

陈曦　CHEN XI

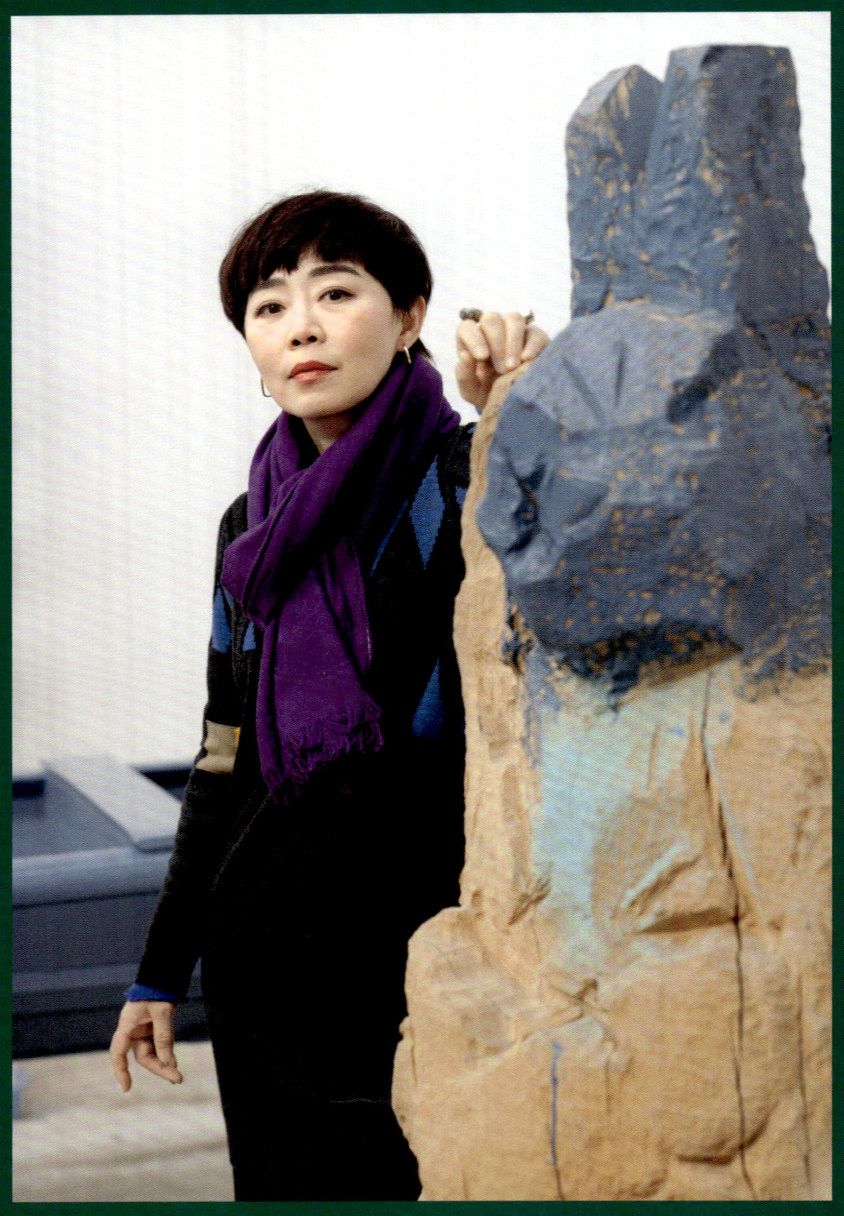

中国当代著名女性艺术家。
1987 年毕业于四川美术学院附中。
1991 年毕业于中央美术学院油画系第四工作室。
2004 年至今任中央美术学院教授、博导。
在九十年代后期以强烈个人化表现主义风格崭露头角，为“后新生代”的重要代表。后期风格不断拓展，2006 至 2011 年完成的“被记忆”系列，因其具有的广泛社会性、历史文献性及美学观念性多重意义，成为广为人知的重要系列。作品参加第 55 届威尼斯双年展特邀展：“历史之路——威尼斯双年展与中国当代艺术二十年”。举办 2011 年中国美术馆“被记忆”、2016 年香港大学美术博物馆“所以记忆”、2018 年北京民生现代美术馆“逃跑的兔子”等个人展览以及多个重要群展。近年的作品对现成品装置、雕塑等形式媒介都有介入，同时对绘画诸多新的可能性进行了个人独特的思考与表达。2021 年“规则之外——陈曦 1990-2020”大展于苏州金鸡湖美术馆成功举办。多年来作品在海内外频繁展出。作品曾获得 1993 年“首届中国油画双年展”学术奖及“第三届中国油画年展”佳作奖。

图文 / 由艺术家提供　编辑 / 徐小禾

与 - 外系列 7 号 布面丙烯 160cm × 300cm 2020

所有的艺术问题，即便再复杂与困难，陈曦也保持着这样的态度：充分展示人的生命的可能性。

吕澎

“何以陈曦——中国的当代艺术书写方式”研讨会

时间：2021 年 3 月 13 日（周六）下午
地点：金鸡湖美术馆
主持人：王春辰
嘉宾：尹吉男、吕澎、王端廷、郭晓彦、杨卫、舒阳、李国华、艾蕾尔、尹吉（女）、周婉京、鞠白玉、曾焱、藏策、晏燕、陈曦

从来不是孤岛（“规则之外”个展现场） 综合景观装置 600cm × 400cm × 180cm 2021

迷途（“姓 · 名”展览现场） 综合景观装置 绘画 布面丙烯 木质雕塑 5 件 2021

暗黑的光 铸铜雕塑 248cm × 111cm 2019

王春辰：“何以陈曦”，不仅仅是一个策展的问题，而是如何认识陈曦的问题。一个艺术家的构建是靠什么完成的？是由历史、社会完成的？单靠一个人能否完成，现在真的变成一个问题。最近大家把 20 世纪 50 年代的蒋兆和、傅抱石当时应景的作品晒出来，而这些应景的作品会对艺术家的构建产生另一层思考和认识，包括茅盾、曹禺，后来都停止了创作，历史对他们强制某种构建，这些都超出了他们个人的能力。

大家也都了解陈曦，但是具体了解到多大的层面，这是可以提问的。我想历史的构成，是由不断迭代的、重述的写作来完成的。这个工作已经成为全世界范围内都在做的事，而且世界上写中国当代艺术的学者越来越多，最近德国出版了研究徐冰的英文著作。这个时代需要做这些工作。下面就请吕澎老师先讨论一下。

吕澎：之前对央美的一批艺术家还是有所研究，一个艺术家的创作从 90 年代开始，因为 90 年代当时央美几个年轻学生都做过有影响力的展览，在我记忆中非常深，他们一直走到今天。我觉得陈曦有一种自由和解放，因为只要和前面东西拉在一起比较一看就可以看出来。

我还想到作为一个个人艺术史很容易折射整个历史的发展变化，可以讨论很多问题，每个时期的问题，最后可以通过个案来分析艺术史，一位艺术家有很好的自身发展情况，就能为艺术史研究提供素材。

在很多艺术家那里，从 90 年代到现在的材料非常丰富，因为陈曦的作品 90 年代有了，我印象开始了，如果艺术家还没有断线还在做，那是因为什么原因延续下来，延续下来的价值除了个人工作和生命价值以外，作为艺术价值在艺术史上还有什么？这需要更深一步的研究。这就是这样的展览的意义。

王端廷：这个展览是陈曦迄今为止比较大的一次个展，有 30 年的跨度，这 30 年也是我认识她的 30 年。

20 世纪 90 年代初陈曦创作了一批新表现主义风格的油画，个性特别鲜明。我印象最深的是《大亨酒店》，当时她家和我家很近，那个大亨酒店就是位于她家附近樱花西街的一家饭馆，这幅作品入选了 1993 年“首届中国油画双年展”并获得了“学术奖”。这个展览梳理了陈曦 30 年的艺术历程，在一定程度上反映了 30 年中国当代艺术发展的轨迹，她的个人艺术史算得上是形式主义绘画蜕变为观念主义艺术的一个比较典型的标本。

陈曦的艺术是通过在新表现主义的基础上不断做加法而向前发展的，也就是说她保留了绘画手段和表现主义宗旨，又不断拓展了创作的主题和媒介，使得自己的艺术容量越来越大，内涵越来越丰富。陈曦的创作基本上是以系列作品的方式来推进，那些系列作品也构成了她艺术的分期。2008 年她创作了“中国记忆”系列，通过电视机屏幕呈现中国社会的变迁，也就是从那个系列开始，她的创作开始了从形式主义向观念主义的转向或拓展，因为该系列作品的手段属于现成图像的复制或挪用，这是一种源于观念主义始祖杜尚的创作手段。与达达主义的现成品借用和波普艺术的机器复制手段不一样的是，几乎所有中国观念艺术家都是用画笔来进行图像复制的，陈曦也是用这样的方式来复制图像。她的电视机屏幕图像实际上是来自报纸和画报照片。这个系列的作品在这次展览中有比较完整的展示。她最近几年的创作集中在“兔子”系列上，通过兔子形象反映世界政治、经济和文化等方方面面的巨变。除此之外，她还把创作媒介扩展到雕塑、装置和影像等领域，但所有作品都保持着她独有的表现主义品格。

从形式主义的角度看，陈曦赋予了表现主义以新的功能。一般来讲，表现主义更多的是表现个人内在情感，但是陈曦将表现主义变成了一种叙事手段，从她 30 年创作中可以看到中国 30 年社会的变迁，从 90 年代刚刚兴起的消费主义热潮，人人都追求物欲满足、金钱至上的社会风气，到今天的生态危机、人工智能等事物在她的作品中都有呈现。她的作品既是她个人情感和生活的记录，也是反映外部世界和社会变迁的镜子。她的绘画突破了单一空间的局限，心理空间和现实空间交织在一起，共同组成了她的画面，所以她的画面看上去是多空间的叠合和各种碎片的拼接，在一个画面里有着庞杂丰富的内容。她把表现主义从个人情感宣泄扩展为社会和历史叙事，这是对表现主义规则的突破。

从观念主义的角度看，陈曦的艺术具有较强的混杂性，她的艺术也可以叫做后观念主义。观念主义的本来意旨是反艺术、反美学，亦即对本体的颠覆，而陈曦把图像复制变成了一种具有抒情和叙事功能的绘画，使得观念主义变成了形式主义和写实主义。当然，这不是陈曦一个人的艺术特点，所有当代观念主义艺术都具有这样的性质。

从性别的角度来看，陈曦是女艺术家，但她不是女性主义艺术家，她并不特意强调自己的性别身份。她的作品几乎看不到对性别的标榜，女性性别的辨识度是比较弱的。女性艺术经历了从现代主义的“无性别化”，到后现代主义的“唯性别化”，再到当代艺术的“去性别化”三个阶段的演变。从陈曦艺术中可以看出她的性别意识是比较淡薄的，她不追求男女的平等，作为一个艺术家，她或许不认为男女有差距。

不管是大作品还是小作品，陈曦的绘画都让人感觉是一气呵成。她的画非常流畅，好像是游戏的产物，看她的画不累。这是一种绘画天赋的体现，也是所有优秀画家共有的特征。

郭晓彦：看过展览，我在想，一个艺术家在今天，是如何建构起自己的叙事策略和叙事主体的。艺术创作，以什么样的态度，是如何去建构自己的叙述。在今天个性主义被非常放大的情况下，很多创作往往忽略了对社会历史过程问题的审视。而在今天的展览里面，陈曦是想站在一个有历史观的观察视角。

她作为艺术家在翻译当下感受的时候，注意到的这些问题，说明她是站在一个有观点的位置，去试图呈现这些问题“发生”的社会机制，这是她作为艺术家创作的视点，也是她叙述的立置。艺术家的位置，尤其对女性艺术家来说，可以说是在一个“无依之地”现实空间中被建构的，如何用自己独立的语言建构叙事，在这个展览里，我们也是可以观察到很多的问题，包括作为女性艺术家的感知中的权力指涉。对于一个女性艺术家，处于边缘或者隐藏的位置，也许正是一个介入的位置。

杨卫：我同意郭晓彦女士的意见。陈曦的作品具有女性主义或者说女性艺术的视角，从 90 年代以来，她的作品中一直具有这样的特征，但是陈曦的作品很强硬，里面有很硬的东西，从她的作品标题就可以看到她骨子里有一种很硬的东西。尤其是进门的那件不锈钢作品，那么的尖锐，这样的作品在女性艺术里不是很多，因为过去我们一直是把女性艺术定义在阴柔方面，但是陈曦代表了女性艺术另一个纬度，比如她对玩偶的表现，玩偶本来是一个很可爱的、很软弱的形象，但是在陈曦手里面衍生出了另外一层意思，她把玩偶的意向改变得更加有力量甚至有点残酷了。所以我觉得陈曦的作品仍然有女性主义的因素，她是提供了另外一个纬度让我们观看女性艺术。

我们这一代人都面临着一个中年危机的问题，我现在看到身边很多朋友都在这个危机中停滞不前了，无论是成功的还是没成功的艺术家，这个现象非常的普遍。但陈曦好像没有这个危机，相反她的创造力越来越旺盛了，这一点非常难能可贵。

当然，现在有一个问题更加复杂，因为我们正在面临一个全新的社会，和改革开放 40 年历程完全不一样的社会。过去这一代人原有的方法，在今天新的社会语境里是否还有用？我看到许多先锋派人物现在都已经投靠体制了，这让我非常痛心。在这样的背景里陈曦建构她的个人艺术史我觉得非常有价值，也许若干年以后当我们回顾这段历史的时候，会发现许多潮流都是昙花一现，往往是靠一些个人在支撑着历史。

最后讲一点，陈曦 2018 年做的那个展览也非常有意义，给人一种感觉就是跟很多同代艺术家不太一样，很多人在这个年龄段都已经退化了，慢慢走下坡路了，但是陈曦有一种才开始的感觉。从这个角度看我觉得陈曦还有很多可能，我也很期待在这代艺术家里面，或者在当代艺术里面，能够出现类似于传统艺术的现象，即越老越厉害。

舒阳：我和陈曦同龄，艺术专业教育经历也有点像，所以看她的作品有一种共鸣。可能我们教育的养分来自 80 年代，从改革开放以后大量西方信息涌入——80 年代可能也有被理想化的部分——所以我有一种很强烈的同步感觉。

刚才杨卫说了，我也把陈曦作品大概看成三段。陈曦早期 90 年代的创作，我觉得其实来自 80 年代对社会的关注，也源自在学院对艺术的专业素养。所以来自知识的视角，是天空的视角，俯瞰众生的视角。这种情怀是一种社会关照。这也应了 90 年代栗宪庭先生说的“关注当下”——这是中国当代艺术成熟的一种标志。80 年代的中国当代艺术整个都翻版各种现代主义艺术的风格和样式，90 年代才真正开始关注我们自己的生活。陈曦的这种观察生活，试图用一种个人生活化的方式，不同于过去早期中国主流艺术的现实主义传统，也不同于像过去艺术的政治宣传这种方式。她还是用现代主义的方式和视角，这个视角基于福柯谈到的现代主义启蒙性的英雄视角，有点英雄情怀的角度来看世界。

到了陈曦创作中期“中国记忆”这个部分，我觉得这个部分很显然和前期作品差异很大。从这批作品可以看到，陈曦的绘画手段发生了很大变化，像照片一样是写实的，表现的也是新闻电视画面里面的内容，直接像新闻联播电视里面的画面。电视本身就是一个传播媒体，所以她的视觉经验——从绘画的方式到试图传达对媒体社会权利结构的关注——认知是一致的。看起来作品和之前非常不一样，但实际上还是对我们社会生活的一种关注。但是她的视角已经发生了很大变化，不再是天空的视角，是平视的。面对当代媒体，站在当代这样的环境里。在这种环境里，不再是高高在上，包括对社会权力运作的结构性观看。我觉得这是视角的变化，可能也是中国社会的变化。

刚才吕澎先生提到了艺术家的个人艺术史，实际上不仅仅是艺术史，也包括了社会历史，艺术也承担了社会历史叙事的部分。如果没有艺术，历史也是不完整的，社会也是不完整的。所以从这个层面来看陈曦的创作，可能 80 年代传统对艺术认知的养分还在起作用，但是视角发生了变化。

家庭生活 布面油画 145cm × 110cm 1990

大亨酒店 布面油画 180cm × 160cm 1993

中国记忆之女排在世界舞台 布面油画 180cm × 150cm 2007

从陈曦创作最后阶段，我看到了后期比较个人化的一种创作方式。这个创作方式我认为，其视角基于今天所谓全球化背景下对于艺术信息的了解，包括去到国外看展览，去国外实地生活，更加深入卷入全球化的过程里面。因为艺术家的这种国际移动，可能也是在 2000 年以后中国很重要的一个话题。这样的背景下，陈曦可能更像国际常规意义的艺术家的个人化的工作方式。这种工作方式，当然更多可能一方面挖掘自己内心的认知，另一方面工作方式上面更加自由放开。可能陈曦过去的专业教育——那时候的专业教育传统主要是以绘画性为主，但今天选择性非常大，因为可以在自己的视野里面相对更加自由地选择。到今天我认为陈曦这个状态，就是艺术家经历了非常个人化、自由创作的状态。这个状态可能某种程度上和我们了解外面很多国际艺术家是同步的，我觉得更容易去对应今天所谓的国际当代艺术的景观。

当然每个艺术家有自己选择的具体情况，这可能要去做个案的研究，像陈曦为什么选择兔子那样。实际上背后的这四张画还是可以看到陈曦今天面对自我的成长过程的一些情况，比如说受艺术历史的影响、对现代性的认知。我觉得在这个作品里还是很强烈的，但是也把晚期现代性或后现代性这种方式都很自由地做了一个呈现。

周婉京：陈曦老师的《如何向死去的解释所发生的》这件作品，刚好就在我们这次研讨会场地的身后，作为我们研讨陈老师作品的背景，这让我们的讨论本身变得很有趣。如果我们细看这四张作品，从左到右描绘的内容分别是：基督教的《哀悼基督》、博伊斯的《如何向死兔子解释绘画》、陈曦自己的“黑兔”系列以及“机器人哀悼人类”这四张。我们从这四张作品的顺次位置中，能够感受到一个画面主体的变化。而这个主体的更迭，也有点像福柯所研究的历史中的主体变化——从监狱史的主体到人文科学史的主体再到性史的主体，不同的主体所代表的是不同的时代，使用的也是不同的方法论。这一点，与陈曦创作中想要涉猎不同议题的初衷不谋而合。

这里面牵涉到一个前面诸位老师都提到的问题，那就是性别的问题。陈曦在处理这些主体时都是去性别化的，这意味着她没有想要用男 / 女这些二元对立的结构来框住她笔下的形象。同样的，类似中 / 西、表现 / 写实这些的二元结构也不是陈曦要处理的对象。她的范畴更大，要处理的问题已经跳出了男人 / 女人这样的一般情境，而进入对人的存在的普遍关心中去。

正在显形 雕塑 空心樟木 直径 300cm 高 400cm 2017

早上我和郭晓彦、曾焱两位老师一起看展的时候，在策展人王春辰老师的序言中看到“昆仑剑客、雪山飞狐，松弛有道，剑走偏锋“这样的叙述，我觉得很有意思。因为这句话其实说的是陈曦“女侠”的气质，这既是关乎她个性的，也是关乎她创作的方法。我认为，说“女侠”也许不够准确，陈曦的“女侠”是偏重于“侠”而非“女”的。她和同时代或新一代强调女性主义的艺术家不同，她没有在下笔之时为自己预设一个“女”的帽子，她关注的也不是私人叙事或者女性絮语。相比之下，她的笔法和她的创作题材变化很多，与当代都市和全球事件的连接性强。某种意义上讲，她就像海德格尔在《林中路》中讲的那样，将自己无蔽地敞开于这个世界，她的创作就像是在不断冒险。

当然，这不是说陈曦老师的作品完全不处理女性的隐痛。只不过，她避开了女性在历史中被建构的边缘化身份，转而着眼刻画一个人（非男非女，正如她的兔子）在社会中的摇摆不定。这种晃来晃去的状态自然是现代性自身的矛盾，也是几乎每个现代艺术家都曾经历过的，被波德莱尔在《现代画家的生活》中写下的那样，“现代性就是过渡、短暂、偶然，就是艺术的一半，另一半是永恒和不变。”

第三点，依旧是打破二元解构的问题。我觉得陈曦从 1990 到 2020 年的创作，可以说是呈现了中国当代艺术的横截面。同时，她以她独特的方式发问，在问中国当代艺术是否还需要被称之为“中国当代艺术”。她绘画中的参考体系从来不只有中国，而很多当代艺术家也不只考虑本土在地性的问题。似乎“中国”这个词慢慢在隐退，这让柯律格曾经提出的“西方是这样，中国是那样”这样的区分更显得站不住脚。所以，陈曦这次展览还有一个意义，就是帮助我们从一个不只是“中国”的切口重新进入当代艺术，审视当代艺术亟需解决的问题。也因为这个原因，我们总能从“女侠”陈曦的身上看到一种蓬勃的生命力。

艾蕾尔：上次看到陈曦个展主要是“兔子”系列，这次看到历时 30 年的艺术作品，主要有两个方面想谈谈。我这两天刚好发表了两篇关于女性艺术的文章，一篇主要谈 20 世纪 80 年代以来的中国当代女性艺术，当时我还翻了一下陈曦的作品，与印象一致，她的作品没有非常明显的女性主义议题，但我在她早期作品中还是看到了女性意识和女性经验，较典型的一个作品是《她》，这个名称的本身就具有性别暧昧。然而，隐显的性别意识和经验无法自主构成清晰的女性主义议题，所以我一直没有说服自己将她纳入女性写作与策展。今年 3 月 8 日那天，陈曦做了一个采访，她说“只要我们还在谈论女性这个话题，女性的问题就一直存在”，这表明她还是关注女性议题的。但她目光转移得极快，虽然关注性别问题，但不限于此，她更关心全球文化、政治、信仰等宏阔领域。

这就是第二个方面，涉及她 30 年艺术的内在逻辑——从个体经验到人类整体文化到信仰视角的转变。90 年代早期作品中，她从个体经验角度切入人的主体性，涉及日常生活中的个人，比如家人、朋友、陌生人等。2000 年左右，她还是更多关注现实世界的社会议题，这就是“电视机”系列。但随着兔子形象的出现，她的艺术叙事从关注世俗世界转向对人类文化、精神的追问。

尤其是《如何向死去的解释所发生的》这件作品，显示出她的观念逻辑并不是封闭的，可以无限敞开。她将审判主体不断延伸，建立了圣母—基督—人—动物—人工智能几个阶段。在这组作品中，背景被处理成为虚空状态，排除了可辨别的地域、文化特征，这也表明她的视野从文化领域转移到纯精神领域。至此，形成了一个贯穿 30 年的逻辑线：日常现实领域—人类文化与文明问题—人类的精神归向。现在，她试图通过绘画本身把社会文化、人类命运，把过去、现在、未来相关的终极议题纳入思考，这种超越性视角也给我们提示出一个新的问题：审判主体在人工智能之后将是什么?

尹吉：陈曦是一个视觉性的艺术家，每个艺术家和音乐家一样有自己的诗学品质，英文翻译词有时候会不一样，这种东西非常特别，在女性艺术家里面也非常特别。

其次陈曦在早期的时候，我认为我可以把她的创作解释为一个去中心三观经验，因为她把时间和空间解释成直观，就是直观的表象形式，是对日常视觉和空间的一种排斥，对感知和目的性行为有自己的决断，因为陈曦的东西里面有一种决断、行动这样的东西。

还有她早期那些作品在我看来是可以把她归结到现代艺术里面去，尤其是做的那些对人的肉体的思考，因为肉体在现象学里面也是非常重要的概念，用中国人的话就是天人之际，需要一个点爆出来。

她早期的那些作品很具有现代品格，因为她所表现出来的那种东西，因为科学和技术意味着没有人，或者说非人，她表现出来的东西完全不是古典时期人的形象，人们似乎在破烂不堪的东西上面。

我当时看到她这些东西还是觉得她的悟性，或者她心里想的东西还是蛮惊人的。再到后期陈曦 2018 年那些作品，我后来仔细想了，这个东西用什么样的方式解释是合理的，或者说可以成立的，我觉得也许可以援引一些现代批判理论，把这个问题解释成觉得真是到了一个图像消亡的时代，自 19 世纪 80 年代以及 20 世纪，这个图像和现实中的政治行为已经没有那么大的区别了，到这个东西没有的时候，现在只能反其道而行之，把你的作品做成可以“打到”人的东西，或者说悟，因为悟是有深度的，是值得探究的东西。

当没有人的时候，可能就会选择用一个其他的东西来表达她自己的想法，这是我后来想了很久之后，我觉得可以朝这个方向去想，但是也不一定对。

说到女性主义这个问题，我觉得波伏娃的立场我特别赞成，因为黑格尔那个主奴辩证认为你在争夺或者争取他人承认辩证运动之中，你的主体性才可以显得出来，女性问题是没有资格参与这个争夺和竞争的。

陈曦可能在现实中参与那个争夺和竞争，我觉得这点很值得尊敬，因为她在现实中就在参与这个争夺和竞争，是参与了这种竞争的。

很多作品做出来会被人看得着，如果以文化批判的这个方式去做，关于这个事，最厉害的人在我看来是列维纳斯，因为他曾经有一个脸孔的概念，简而言之你必须要承认别人作为一个人的存在，所有的人是为这个东西而争夺，成为一个人的这种存在，当然说得非常复杂，是一个现代学的问题。

到后来他们又做了博物学、考古学，甚至症状学等，我觉得陈曦的东西可能暂时还没有办法朝着这个方向解释，因为这个解释挺危险的，还是要谨慎。

但是有一点很特别，她的东西有一个物在那里，因为目光其实很难穿透一个物，还有一个深度在那里。

鞠白玉：在陈曦的作品中，我似乎明白了，艺术家在任何时代里都没有办法脱离历史进行自我建构，那就像我们在看待四僧的画一般，作者哪怕以为是逃离了，哪怕是隐匿在山林，时代的印迹也会藏在优美的线条里。可是艺术家又没有办法和历史洪流过于亲近，所以陈曦才会有“中国记忆”的系列，我以为那是一个虚构的集体的记忆，失真的记忆，集体宣传之下的记忆，所以艺术家补偿了、虚构了历史，用这样的方式告诉我们，这就是艺术家对历史的对质。

说到兔子，因为兔子最早在民生展览，对我这样的个体观众来说兔子就是不祥的，在全球化下的混乱中，它是骑士是逃亡者也是先知，而且所谓兔子面对的问题既是一个社会的问题，也是艺术界的问题，是她个人的问题，但是不断地逃，不断遇到新的问题，但是只要问题不结束，艺术就不会结束。回望过去，任何时候历史都是坑坑洼洼的，都是混乱的，任何一个艺术家去面对历史，表现历史，她身后的历史都从不会是平顺的，没有一个绝对的黄金时代，虽然陈曦在作品中保持着一种高度的理性与克制，但是对于了解她的我们来说，我仍然在她的作品中看到一条情感的元素，那就用一句小说里的话——“历史之所以存在，是因为人们在拯救所爱”。

曾焱：我认识陈曦有些时间了，今天是第一次最完整地看到陈曦的作品，我觉得很有意思。昨天在来苏州的火车上，周婉京塞给我一本书看，是关于汉娜·阿伦特的康德哲学研究，我不是学哲学的，只是随手翻到一个我感兴趣的章节——康德论哲学世界的三大古典问题是什么？说的是宗教、灵魂和世界。一下子印象很深。

今天看到陈曦的展览，我一边看，一边就想起了火车上看到的这三大问题，我想艺术家不也是这样吗？所有艺术家最后想表现的不就是这三个东西吗？对于中国艺术家来说，可能比较特殊，因为西方艺术家 90% 的人一生下来就和宗教同存了，宗教意识打下很深的烙印，中国艺术家缺少宗教这个问题，但是世界的问题、灵魂的问题，都在。

我看陈曦的作品，从 90 年代至今，似乎这三个问题的路径是反向的，可能大部分中国艺术家都是这样，先关注的是世界，想表达人和外部环境的关系，感觉她 90 年代的作品其实就在不断探究和世界的关系。

到后期一点，陈曦在她的“中国记忆”阶段还是关注外在东西更多一些，可能趋同的东西也更多一些，那个阶段大家都在关注一些政治性、社会性的表达。

到了“兔子”那个阶段，感觉她进入灵魂探究的比重大了，好像对宗教也开始有了一点兴趣，宗教其实就是信仰，也不完全是一种 pratiques 的宗教，可能更多是她对于比个体灵魂更上一层的探究。展览的个人简历里面写到她 2011 年去了以色列，那趟旅行对她触动很大，我不知道她后来的转向和那次旅行的触动有没有关系，这也是我对陈曦后期转变感到好奇的一个问题。

另外怎么达成对世界和对所观察问题的表达，对于艺术家非常重要。陈曦是一个女性艺术家，性别是天然存在的，不可能说她完全没有女性意识。但是我采访这么多位女性艺术家，我觉得不管是她们作品自然呈现出来，还是聊天谈到的，像陈曦这样的年纪或者更大一点年纪的，几乎都会有弗里达、布尔乔亚的影响，更年轻一点的可能是翠西·艾敏等。但在陈曦的作品或者谈话里面，我更多只看见德国表现主义绘画以及博伊斯社会艺术的影子。这在女性艺术家里面不太多见。我就想问陈曦老师，在这种选择上你是自觉的，确实是个人天性就这样，布尔乔亚等女性艺术家的作品对你就是没有那么大的触动力，还是说，你一直在特别有意地要让自己回避一种女性艺术家的痕迹？至少你的作品让我觉得，你在我所见过的女性艺术家里面相对是性别痕迹特别少的，不管是选择题材还是绘画方式。

晏燕：很高兴能通过“陈曦：规则之外 (1990—2020)”这个展览饱览艺术家三十年的创作历程。展览以艺术家绘画作品作为主体，同时展出艺术家的雕塑与装置作品，展览结构非常完整，令人印象深刻，饱满而厚重。

展览中最让我感动的反而是艺术家 90 年代早期的绘画，这些表现主义的绘画从生活出发带有一种自然而发的表达，简要而直接。这种表现经验与陈老师的“中国记忆”系列，以及“兔子逃跑”系列共同展现出一位艺术家在创作中的才华与坚持，不断创新的经历。在这个展览上它们的互相作用以此产生了化学反应，让评论者似乎更容易去理解一位艺术家的创作历程和创作价值。

回到研讨的意义和价值上来说，我想谈三点。第一，面对今天的时代发展与语境，对于绘画的研讨面临着困境，与这个时代资讯、图像生成的方式和媒介的飞速发展息息相关。从新闻图像，或者实事作为来源的图像，或基于重大新闻与讨论生成的图像创作，这种带有表现性与一定隐喻的图像，它的叙事结构和内容，与新闻的直接、准确与快速特质的差异，常常让今天的观众或者学者缺乏面对图像和剖析绘画图像的耐心，成为当下对于绘画讨论失语的前情。第二，今天研讨的“迟到”，也是表达一种惋惜，艺术家陈曦的创作及其每个阶段创作价值的梳理，值得被更早地关注、更早地讨论。艺术评论的机制一定也有背后的逻辑，也可能是这种“迟到”，让艺术家今天的绘画变得更有力量、更强大，或者说更想自我证明。这其中不是想突出“女性”这个话题，而是试图强调，在话语系统中，每个艺术家个体的价值和意义都诉求被平等地看待。陈曦老师正是通过个体的努力，去建立自身价值的。第三，我想谈绘画的受众，以图像叙事作为主张的绘画，在构图、立意以及艺术家思考等方面，艺术家承担了大量的工作，而只有将图像背后的大量工作一一进行文本梳理，才能够更好地向公众推介图像的价值。而今天的时代，图像的传播、图像的接受，都成为重塑图像意义的重要指标，学术机构、美术馆应该重梳理工作。但如何达成意义的传播与接受，同样是今天“艺术世界”系统需要整体考虑的，也是图像价值生成、图像话语生成的核心。

藏策：对于艺术家而言，个人的生命体验更影响着每位艺术家对于符码与意义之间特定结构关系的识别、转换与偏离。所以每一位真正的艺术家，都必定是“规则之外”的，只有偏离和溢出所谓的“规则”，艺术才会具有力量。陈曦早期的作品，现代主义的风格比较突出，更偏重表现主义形式，但图像所指向的对象，大多还是“直接对象”，比如那些有关特定电视画面的图像。随着她在艺术道路上的持续探索，“动力对象”开始出现了，而且与“直接对象”之间的张力越来越大。我特别注意到她 90 年代的作品里，有一幅题目为《她》的绘画，很能代表她在艺术探索过程中的这个转折点。这幅画虽然仍偏重表现主义风格，但图像所指向的对象关系，却已经超越了“直接对象”，进入了“动力对象”的精神空间。画面上如孪生姐妹般的两个女子，彼此互为镜像的姿态构成了一种略显怪异的对应关系，上面女子的面前有罐装食品，下面女子身旁摆放的则是有剩余食物的碗。画中的微妙之处在于背景中的空间关系——她们所处的并非同一个二维平面，地板的连接处是呈直角关系的，如果下面的女子是躺在地板上的，那么上面的女子其实是相当于悬置于墙面上的。如果换一个观看的视角，将两人的位置互换一下，那么也同样是可以成立的。于是这两个女子就成为一个人之间的彼此投射关系。于是这幅画所指向的“动力对象”就产生了一个很大的潜在意义空间，并由此向观者提出了更为深层的问题。我以为正是这种精神性的视觉探索，以及对复调性与对话性的持续拓展，才是艺术家陈曦可以不断超越于“规则之外”的精神脉络与动力引擎。在她后期的作品中，这种特征就更为显著了。比如在那些以“兔子”为视觉符号表征的系列作品中，一开始的意义指向还相对明确，画面中有很多文字符号，而在新近的作品中，则更多偏重于图像学的“结构相似”关系来指向精神性的“动力对象”，其生成的意义场域也就更为广阔了。

李国华：这次展览是陈曦的全面回顾展。她的艺术主要分为了三个阶段，即最初生命气息浓厚的表现主义绘画；第二阶段是观念性比较强烈的影像绘画；最后就是进入“兔子”，是带有对生命本质主义追问的绘画。而具体分析陈曦绘画的意义，我们应当与中国当代艺术中的“新绘画”现象联系起来。所谓的“新绘画”是指在 1990 年代后，出现了一批与之前的“伤痕艺术”“乡土绘画”有着差别的绘画群体。他们成长在中国走向全球化的过程中，多元文化、消费主义社会以及前辈们的创作风格，对他们都有着浓厚的影响。

一方面在现实的影响下，他们的作品出现了“去功能主义”现象，并且远离对本质主义无穷尽地追问，转向当下对现实最为真实的直觉感受。另一方面，他们的绘画有更多的自主性，在视觉中展现了更多的自治性，既没有完全遵从西方艺术的影响，也没有屈从于国内民族文化运动的表达。当然，“新绘画”现象中又细分了很多，比如有卡通、青春残酷、影绘画等。“新绘画”的特征，在陈曦的中前期绘画中有着明显的体现，她并没有提出特别明显的价值主张，她的作品有的只是个体生命强烈气息的传达。至于后来的“电视机”系列，虽然有主观的观念设置，但是也并没有特别表现出艺术家本人的主张，或者对错的表达，而是一种客观事实的展现，呈现出艺术家作为一个个人，在当下这个变化多端社会中的所感、所悟。当然，在近期的“兔子”或者“玩偶”系列的创作里，艺术家回归了部分对生命本质的追问，这或许是因为随着艺术家年龄的增长，对生命有了更深的体悟，又或者是艺术家的一种自我更新的方法，以区别于自己之前生命的不同阶段。

最后，从陈曦身上，我们看到了作为艺术家的一种非常良好的品质。她一直在坚持创新，坚持不断对自己的更新。我们从她每个阶段的绘画看，在图像和方法上都有重大差别和突破，这种变化几乎是否定式、推翻式的创新。而这一点，也对抗了当下绘画让人感到疲惫、无味、没有创造性的问题，也让她逃离了过分商业主义对她的禁锢，让她与肤浅或者过分符号化的流行绘画保持了距离。

尹吉男：看一个熟悉人的作品有点困难，因为太熟悉了，我想可能在座的我是认识陈曦最早的。她上大一的时候，孟禄丁老师带他们全班同学到我们那个房间喝酒，基本见证了那个情况，在一个特别大的房间进行交流。这次展出的作品当中“兔子”系列我没有看过，今天把这个补上了。我们怎么能够用一个比较陌生化的方式看一个熟悉的人的作品，毕竟是一个难题，需要发现熟悉人作品中陌生的东西。

我细细地看了一下，其实她的变化有几个阶段，变化特别多，大家可能陷到她的某一个系列或者某一个阶段，这当中还是有两个东西是一以贯之的。

尽管陈曦的风格多变，但她的作品当中有一种速度，这个节奏非常快，如果比作一个车的话就真的是在飞奔，兔子的速度是追不上的，非常快的速度，这个速度一直存在，好像让你不能喘息的那种速度，好像从来没有减速过。

再一方面里面还是没有摆脱一种非常传统的东西，那就是原始的绘画性。她特别强调笔触、抒写性，没有一个画真正做到完全宁静的平面性，都是一种躁动，情绪非常凝聚的，那种东西参与感非常强。这两个东西在她作品当中是比较持续的。

我在读这些东西也发现，讨论速度是要关注发力方式的。晋唐的书法是有速度的。书法笔法的失传是从宋代开始的，当然现在更慢，现在草书速度基本上是楷书的速度，甚至不及古代的楷书那么快，慢速写不出来那个力度，速度和书写性也有关系。到了宋代由于印刷术技术的发达，复制书的速度提高了，变成批量性的生产，加快了复制速度，这两种复制是不一样的，大家不再仅仅通过手工方式复制。过去智永写《千字文》如果要写 800 本，要手工复制 800 本，慢速是无法完成的，要迅速地写。

毛泽东的汉语是真正的一种现代人的汉语，鲁迅和胡适的汉语不完全是现代汉语，夹杂了很多文言词汇，毛泽东的文言词汇已经被现代化了。过去剑法和书法都讲“快利”“劲利”，都是讲速度的。毛泽东的汉语当中是有速度的，有很多军事用语。因为他是打仗的，他面对的是文化程度不高的农民士兵，对他们讲鲁迅的话语他们可能听不懂。毛泽东讲的是更加通俗、更加直白的汉语，那么这个汉语的速度就是比较快，在毛泽东作品中有大量的军事用语，士兵都听得懂，比如上岗、下岗、放哨、前进、冲锋、吹响号角、战斗、打击、攻击、捍卫、保卫、防御、撤退等，一堆词汇，现在已经应用到我们的生活当中了，没有人觉得这些语言是军事用语，兵贵神速要讲速度，这种语言是加快的，是非常快的，完全不一样……

“何以陈曦——中国的当代艺术书写方式”研讨会现场

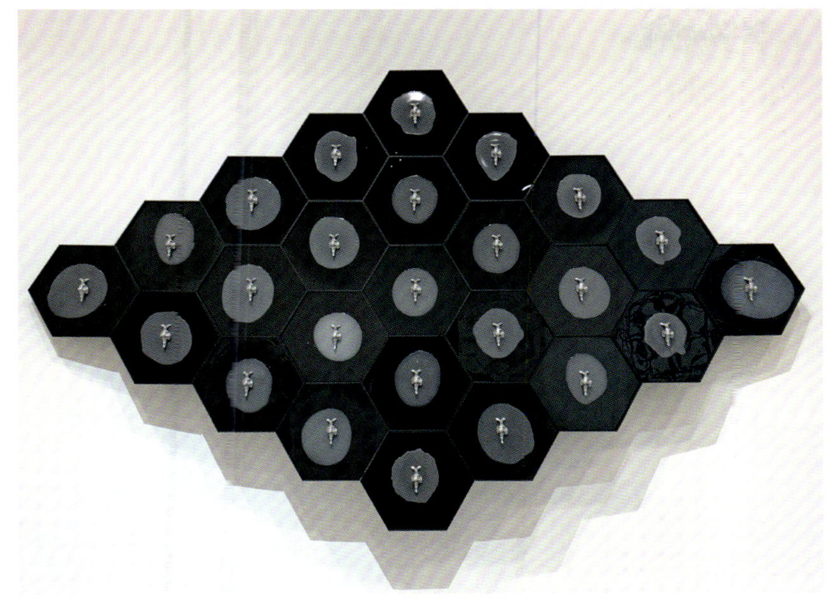

异质共生 综合材料 60cm×60cm×25 2020

有菌观察室 声光绘画装置 300cm×500cm 2019

自由出逃：陈曦走向当代的四步（节选）

文－贾方舟

与许多女性艺术家不同，陈曦的艺术视角从一开始就没有将自己囿于一个自处的私密空间。她的作品从主题到风格都不是在特定的性别视角中完成，即使画满身泡沫的浴女，也是在敞开的公共空间。她的兴趣长久停留在都市市井生活的方方面面，她敏感于时代沿革、社会转型中的重大变故以及容易被人忽略的细枝末节，但对这种敏感的表达又是独特的。例如同样也关注社会转型的喻红，喻红对社会事件的关注是从作为一个母亲的“我”目击女儿成长这个私人化视角出发，从而进入对女儿成长的社会背景的关注。陈曦与同时期同样运用表现主义手法描绘都市生活的申玲也不同，申玲的作品是带着明显的女性视角和自述性特征，而陈曦的作品则是对喧嚣的都市、对充满欲望的消费社会中的市井众生相的冷眼旁观。陈曦在作品中全然隐没了“我”的在场，因此，她的作品不是记录自己的生活经历，而是作为当代都市生活的一种见证。

自1991年从中央美术学院油画系第四工作室毕业至今，在将近20年的创作生涯中，陈曦的作品风格不断处在“自由出逃”的过程之中。1997年的个展，她的作品以强烈的表现主义风格来描绘都市生活的各个片段，以其质朴、粗犷、野性给人留下深刻印象，让人以为那就是与她的心性相吻合的风格。然而到2004年以后，我们又看到她先后推出的两个系列作品，“皇后的新装”和“中国记忆”。这些作品一反过去的表现主义风格，又回到学院写实主义的立场，甚至步入放弃绘画性的照相写实主义。而当这两个主题的创作完成之后，她又一次“出逃”，徜徉于《物语》和《它世界》（2013—2016），以更加自由的方式寻找‘绘画’还有哪些新的可能。当她继续沿着这条“自由出逃”之路前行，我们终于看到她追随“逃跑的兔子”进入柳暗花明的“新村”——2018年她在民生现代美术馆举办的个展，可以看作是她20年心路历程的一个制高点。至此，我们看到了多变的陈曦是如何以“出逃”的方式完成她“走向当代的四步”。

2018年，陈曦在北京民生现代美术馆以“逃跑的兔子”为题举办个展。从题材、主题到表现方式，她再次在自我颠覆中刷新自己，以一种超越人们预想的面貌展现出她在艺术上取得的最新成果。

为什么一只小兔子居然会在这个展览中扮演主角？主题形成的最早起因，是她20世纪90年代阅读美国作家约翰·厄普代克的小说“兔子三部曲”（后来增补为“兔子四部曲”），书中主角是一个绰号为“兔子”的年轻人。这部作品给陈曦留下深刻印象，以至于她总是把“人”和“兔子”联系在一起。兔子作为大自然中一个弱小动物，生性胆怯，随时可能面临生存的险境，因此逃跑成为它的常态。它不得不随时竖起它的两只超出正常比例的大耳朵以保持高度警惕，不断增强它的防范意识和逃生本领。所谓“狡兔三窟”，不是它有三处居室，而是它的住所必须有三个可以随时出逃的口，这样它才不致被咬死在洞里。因此，兔子逃生必须百分之百地成功，否则面对的就是死亡。正因此，陈曦常常从兔子的生存危机中联想到人，联想到人类中的弱势群体和个体。所以在个展“逃跑的兔子”中，“兔子”这个意象实际上所隐喻的就是处于弱势地位的、值得我们关注和同情的个体或群体。

陈曦将“兔子”发展为自己的表现主题，还源于博伊斯的行为作品《如何向死兔子解释绘画》。博伊斯对自己这件作品的解释使陈曦产生强烈认同：“艺术要生存下去，也只有向上和神和天使，向下和动物和土地连接为一体时，才可能有出路”。关于艺术的出路，这也正是陈曦一直以来思考的问题，而只有“逃跑”才有可能找到出路。为此，在近三年的创作中，兔子成为她唯一的表现主题。“黑兔”系列、《如何向死去的解释所发生的》四联作品、木雕《繁殖》及大型木雕装置《正在显形》等。由这多个系列作品所构成的展览，成为陈曦艺术历程中一个新的制高点。特别是那件大型木雕装置《正在显形》（300cm×400cm），这件作品以其浑朴、端庄和大气磅礴的风格成为中国当代艺术中不可多得的一件极有分量的作品。它挪用博伊斯《如何向死兔子解释绘画》的方式，让兔子怀中抱着一个人。似乎在向人类发出这样的疑问：你们在我们这个共存的地球上做了些什么？

2019年4月26日于北京京北槐园

生命张力的拓展——陈曦的木偶图景

文 - 杜曦云

和经济全球化共生的，是交通的便利和信息的通畅，这带来各种前所未有的变化。在发展中国家，这种变化显现得尤其明显。当发展到一定程度时，随着视野的不断敞开，这些国家的个体会逐渐摆脱地方文化的局限，从地球公民的视角思考问题。当然，他们耳熟能详的本土视角和文化记忆，也会自然地携带进来，以个体的方式。

杜尚曾说：艺术史每隔三十年就会一变。其实，何尝只是艺术史如此风云变幻？！ 1968 年出生的陈曦，能相当直接地体会到中国本土的各种剧烈变化，几乎每隔 10 年，就又是人是物非 / 物是人非。更有甚者，迟钝麻木或短暂离场的人们稍不留神，就跟不上快速刷新的时代了……

勤于动手的陈曦，作品每隔几年就会有大跨度的变化，从艺术语言到所指的观念。笔墨当随时代，因为她的生存处境在时时刷新着，精力旺盛地感知和思考着生存处境的她，作品自然也会水涨船高着。

她这几年的新作，如同一位全球穿梭者的文化笔记，不满足于浮光掠影的现象捕捉，而是对各种经验进行浓缩和提炼。很明显，在这个全球剧烈变化的时期，她试图对她所体悟到的全球文化生态进行简洁直观的个人表达，从空间和时间这两个维度。在文化加速裂变、共同体越来越繁多的不确定时代，这种宏大叙事是雄心驱动的产物，虽然在每帧图景中都跳跃着柔弱的小兔子。

兔子虽然貌似娇小柔弱，但它能灵巧适应各种环境，尤其是具有迅速大量繁殖的能力，和没有獠牙利爪的人类有相似之处。或许可以这样说：兔子就是我们。除了“兔子”这一高频率登台的形象 / 符号，其他动物和人也在陈曦绘制的文化舞台上轮番上演。如同巫师般，陈曦给这些形象都赋予了木偶般的质感——僵硬松脆、机械运转。她用大画幅和木偶的质感来涂绘这些兔子、动物和人时，视知觉方面的丰富悖论涌动着，生出各种有趣而耐人玩味的张力来。有时，她干脆挥舞刀斧在体量巨硕的木料上大劈大削，被趣味化的意涵传达着丰富的信息，例如用樟木雕出的《正在显形》、《繁殖》。

从主体形象和场景到质感，这批作品是反复斟酌的产物，理性色彩浓重。但陈曦又有表现主义者情绪激荡的一面，从她早年的作品中即可见一斑。这种潜欲在这批作品的笔触、刀痕中释放出来，不假思索、干脆利落。感性和理性的平衡，在陈曦的这批作品中，具体化为文明符号的各种图像，和宣泄心悸的用笔、敷色。如此这般，她把自己不吐不快的情绪，放置在生存处境中、时代背景前。

和她以往的作品相比，在平衡感性和理性方面，这批作品的尺度拿捏更为自然微妙。宏大叙事是抽象思维的产物，直觉却是具体而微而且瞬息万变的，在同时推进二者的过程中，生命的张力拓展开来，笃定地开放前行，面对浓雾中的未来。

2019 年 4 月 30 日于北京

内 - 外系列 8 号　布面丙烯　160cm × 300cm　2020

内 - 外系列 4 号 布面丙烯 230cm × 195cm 2018

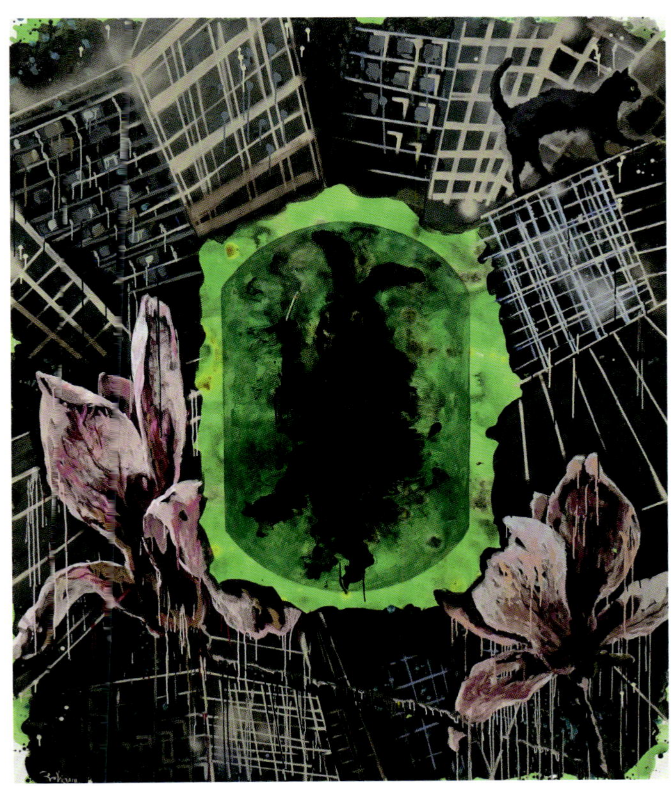

内 - 外系列 3 号 布面丙烯 230cm × 195cm 2018

时间的形象：陈曦的艺术历程（节选）

文 - 吕澎

陈曦已经意识到，我们今天的生活发生的改变已经不能够局限于周遭看到的现实，世界正在发生根本性的转变，我们观察的视线已经超出了历史所给予的范围，世界是不断转动并结构性关联的，全球化意味着政治、经济、文化以及社会生活的多重渗透和影响，我们绝对不可以用过去的思维模式来框定今天瞬息变化的生活。这就是为什么陈曦越来越多地采用不同的方式和手段来解构她的艺术世界。在中国仍然面临诸多现实问题而历史又留下太多包袱的情况下，全球性的种种危机也渗透进来，变化的速度是那样地让人难以承受，以致恐惧与无助的心理油然而生。当人文主义的关怀还是中国的重要话题时，西方国家早已对自由主义与民主逻辑的弊病开始了批判性的质疑。于是，对陈曦来说，比较、并置、综合以及归纳更具有概括性和历史性的问题，就成为艺术家近期的工作。陈曦从 2013 年开始进行了古今中外要素与符号的结合与并置，她把在媒体上看到的与自己日常生活中的物品放置在一起，以便碰撞出意想不到的矛盾与冲突。在《21 －今日之局》（2016—2017 年）和《21－昨日荣耀》（2017 年）里，陈曦使用了厄普代克的逻辑，让一只兔子来串联今天人类的——不仅仅是中国的——问题。同时，她也注意到当年博伊斯面对兔子的困惑：“如何向死去的解释所发生的”？这些问题是知识者都比较熟悉的，但是艺术家用她综合的手段再次提出：问题是继续存在的，人类并没有解决这些问题。陈曦借用了她几十年来的不同艺术手法：寓言式的，象征性的，讽刺的甚至文学的，最终，这些问题“所指涉的都是人的问题，我所忧虑的不是我个人或者某个人群的问题， 而是对今天的整个人类精神及行为的某种质疑……”。四联画《如何向死去的解释所发生的》，将艺术史作为问题的出发点，这样，圣母、艺术家、兔子以及人，在陈曦看来，都面临着难以解释的问题，而这样的串联却是一种象征性的古今中外的历史问题的呈现，它们是现实中的问题，同样，也是人类未来的问题。

正如对电视机的人工与技术性的敏感一样，陈曦开始意识到了人工智能对人类以及人类赖以共存的人文主义基础可能导致的严重威胁，“比如人工智能，现在发展得那么快，但我对这个东西有很重的疑心，我觉得照这样发展下去，人类迟早会被自己的产品干掉的。所以我现在有焦虑，有对人的深度失望情绪，包括对自己的怀疑，我现在会比较悲观。”正是这样的悲观甚至开始出现的恐惧，使得陈曦对人工和科技智能退避三舍，所以她在 2018 年 3 月民生现代美术馆的个人展览中更加“有意避开高科技的元素”，她承认“作为一个个体，我们对现实毫无能力， 我只能试图表露一种质疑潮流的态度”。

她知道这已经涉及了她根本无法控制的种种因素：权力、政治，以及可能危及人类的其他力量。她只能——哪怕叫“不得不”——坚守一个最为基本的立场：人的主体性！所有的艺术问题，即便再复杂与困难，陈曦也保持着这样的态度：充分展示人的生命的可能性。这个展览展示了陈曦的困惑以及对困惑的抗争，她归纳了从附中就开始的好强并勾勒出了少女的倔强与悲情，直到“中国记忆”所涉及的所有问题，题材的或语言的、艺术的或政治的、中国的或世界的、历史的或今天的甚至未来的。

沈敬东
SHEN JINGDONG

1965 年生于中国江苏省南京市。
1984 年毕业于南京晓庄师范学校美术班 。
1991 年毕业于南京艺术学院美术系版画专业，获刘海粟奖学金。
1991—2009 年南京军区政治部前线文工团从事舞台美术工作。
现在工作、生活于北京和南京。

图片 / 由艺术家提供 编辑 / 刘雯

生巳快乐生肖虎 布面油画 150cm×120cm 2021

关于幽默感和童趣，这是我的追求，也是我骨子里有的，但生活中比较分裂，既有深沉的一面也有童趣的一面。

沈敬东

最新国际玩笑 布面油画 100cm × 80cm × 4 2022

沈敬东：一切顺其自然

采访 - 胡少杰

漫艺术 =M: 把一些严肃的身份、图示卡通化、玩偶化，这应该算是一种对严肃的解构吗？这种玩笑式的表达，您注重的是如何把这个“玩笑”开好？还是想用“玩笑的方式”提示出某种严肃的思考？

沈敬东 =S: 两者都有，有这方面努力，但也提示不出什么严肃的思考。

M: 无论是“英雄”系列，还是“包扎”“小王子”系列，以及您近年的新作，您的作品在带给观者会心的“反思”之后，并没有强势地去批判，而是始终带着一种对这个世界的善意和温度。这是您一直想在作品中持续传达的吗？

S: 是的，我一直对这个世界抱有一丝希望。

M: 在近二十年的商业化大潮之下，当代艺术和商业文明的关系越来越紧密，在您的作品中可以看到您对消费主义的思考与回应。您如何看待您的艺术与商业文化之间的关系？

S: 首先我做作品是有话要说，想表达自己的想法。其次我的作品希望大家能理解。第三，希望我的作品能传播。第四，希望我的作品能卖掉，因为作品卖掉是别人对你最大的肯定。

M: 应该是从 2000 年之后，您极具辨识度的个人语言就开始被广泛认知，相对固定的语言风格却能持续地带来新鲜感，这背后的原因是什么呢？

S: 不断地学习。

M: 您除了架上的绘画作品，同时还创作了不少雕塑作品，您的绘画和雕塑作品之间是一种什么关系？

S: 我的绘画和雕塑是一回事，形式上不同而已。

M: 可以看出军人的身份经验对您的艺术创作影响颇深，这种身份经验给您带来了不同的看待世界的视角吗？另外，这种经验是否也是某种限制？

S: 人的经历每个人不同，所以看待问题自然不一样，这种经验是有某种限制，但到目前为止还没有限制我。

M: 您的作品中始终贯穿着的幽默感与童趣是如何保持的？在平时的生活中您是一个有童趣的人吗？

S: 关于幽默感和童趣，这是我的追求，也是我骨子里有的，但生活中比较分裂，既有深沉的一面也有童趣的一面。

M: 近年来因为疫情以及多方面的原因，我们生存的现实环境变得越发复杂、多变，这对您有影响吗？会体现在创作中吗？

S: 疫情对我来说情况不是变得复杂而是变得简单了，外出应酬少了，杂事少了，工作时间多了。我画过几件关于疫情的作品，除此之外，一般来说不会直接体现在我的作品中。

M: 2021 年您有不少展览活动，能否简单总结一下您的 2021？另外，对 2022 年有什么新的期望？

S: 2021 年是参加了不少展览，现在展览很简单，画寄过去就行，开幕式都不用参加，值得一提的是 2021 年我参加了威尼斯建筑双年展，我的作品，放在扫地机器人上的动态雕塑“国际玩笑”，受到了很多人的喜欢。2022 年一切顺其自然。

最新国际玩笑 布面油画 100cm × 80cm × 3 2022

百家姓系列 布面油画 50cm × 40cm × 16 2020–2021

国际玩笑 动感雕塑（雕塑加扫地机器人）2021

2021 年 5 月 21 日，第 17 届威尼斯建筑双年展“雕塑与建筑艺术展”在意大利威尼斯雅典耀科学艺术宫正式拉开帷幕。展览由中国《雕塑》杂志社与圣马力诺共和国国家馆共同主办，总策展人为意大利文化中心主席、圣马力诺国家馆策展人温琴佐·桑弗，中方策展人为《雕塑》杂志社社长、中国世界民族文化交流促进会副会长范伟民。展览以“How Will We Live Together?（我们如何共同生活？）”为主题，采取“走出去”在意大利威尼斯参加双年展与“引进来”在中国内地举办巡展的展示形式，在新时期开辟中外文化艺术交流互鉴的新模式，开启全球文化交融的新篇章。

沈敬东动感雕塑作品“国际玩笑”亮相双年展，作品以十二个代表性的国家军人为原型而创作，现场相互碰撞，活力有趣，在展览中吸引了许多观众围观，使其增添了新的意义。

国际玩笑 动感雕塑（雕塑加扫地机器人）2021

童雁汝南 TONG YANRUNAN

意大利威尼斯美术学院、复旦大学特聘教授；
20 余年如一日修行式、面对面的肖像艺术创作，来阐述中国山水精神，是对虚拟时代人类整体反思，在世界艺术领域独树一帜。数位国家元首、近百位美术馆馆长等世界名人为其做模特；参加威尼斯、库里蒂巴双年展，在意大利威尼斯奎里尼斯坦帕利亚基金会博物馆、德国哈根国立欧斯特豪斯美术馆、圣马力诺国立现代艺术博物馆等举办十多次个展，及法国大皇宫国家博物馆、日本新国立美术馆百次学术展；作品被莫斯科现代艺术博物馆、古根海姆基金、中国美术馆收藏；获国家贡献奖、国家艺术基金。

图片 / 由艺术家提供 编辑 / 徐小禾

2110-90 · 胡斌（广州美术学院人文学院院长） 布面油画 41cm × 33cm 2021

2009011 · 周跋 布面油画 41cm × 33cm 2020

2202080 · 钱筱莹 布面油画 41cm × 33cm 2022

1904150 · Paul Wassaba（科特迪瓦著名音乐家） 布面油画 41cm × 33cm 2019

2110180 · 尹吉男（中央美术学院教授） 布面油画 41cm × 33cm 2021

2110180 · 尹吉男（中央美术学院教授）　布面油画　41cm × 33cm　2021（局部）

从人类生存危机，回溯文化源头，反思艺术创作

文－童雁汝南

一、人类生存危机

面对全球的疫情，少数人自知人类在地球上生存了 35 亿年的生物面前，不是“万物之灵”，只是入侵者。而对地球来说，人类也只是一种破坏地球生态的病毒。地球若“打个喷嚏”或“发个烧”，通过海啸和火山来自愈，“人类文明”这历史一页就会像恐龙时代一样翻篇了。人到了必须深刻思考自己与世界关系的时候了。新冠病毒给了人类一个暂停键，同时给了我们内观和修正的空隙。“敬天”，“真实地活着”，回到一种最原始的真实存在。

二、反思人类文明

人类，自希腊哲人普罗泰戈拉提出“人是万物的尺度”、文艺复兴以人为中心的人文主义精神以来，到工业革命人类无休止地向自然索取，核、生化的危机，人工智能将消灭原生物种，元宇宙将替代我们的阳光和大地，这是人类快速“自我膨胀的自毁之路”。

美国“民主”灯塔的幻灭，价值标准再思考，世界权利中心分散。社会动荡撕裂的背后更深层的危机，是人类事物公共性的瓦解。百年未遇之大变局，站在界碑前，去思考其背景和未来。回到人作为人，艺术作为艺术的最本源、最公共性的问题后，再思考艺术创作的其他问题。

三、艺术创作的几点思考

Face to face 艺术项目从 1997 年到今天，从画身边的杭州满觉陇村民开始，到新疆，西藏，甘肃的山的最深处画当地的村民，那是离大地和天最近的人。十多年前开始在埃及和中亚文明起源的地方创作，之后持续在意大利米兰、威尼斯、博洛尼亚、西西里，德国波恩、哈根，法国，比利时，瑞士，蒙古，中东，南美，非洲的十多个城市驻地创作。面对面画国家领导、美术馆馆长等名人，在威尼斯双年展、库里蒂巴双年展驻地项目，美术馆机构展览。24 年来，千件作品，它其实是一个跨越时空的痕迹结晶。24 年同一题材同一尺寸同一技法，正面面对

2022 年 2 月 1 日圣马力诺总统 Francesco Mussoni 与 Giacomo Simoncini 先生参观圣马力诺共和国现代艺术博物馆举办的中国与圣马力诺建交 50 周年当代艺术邀请展——Face to Face 童雁汝南作品展

2021 年 10 月 22 日 --11 月 12 日 FACE TO FACE 童雁汝南广东美术馆个展现场

2006150 · 2C07290　汪健康　布面油画　41cm×33cm　2020

面的肖像刨作，相对日新月异的当代艺术，这个是修行式的工作。这已经不同于以前历史上的肖像画的意义，是世界观的表达，创作思想来源于上古的世界观和老庄思想。希望对这个快速发展的单行道上的当代艺术，来一个停顿，来一个回溯，来一个内观，脱离横向单项度思考，进入一个纵向维度超越。

思考艺术的原始意义，在艺术史中寻找定位

1、回溯中国文化源头，回归世界共通的原初秩序。

艺术的起源与人类起源是同步的。有专家说，巫术是中国独特传统的核心根源。巫术礼仪活动中绘画、雕塑、音乐、舞蹈是对自然界虔诚的直接表达。

艺（yì）的原初意义，先看看同音同源的几个字：

一：《说文解字》讲：“惟初太始，道立于一。造分天地，化成万物。”“一也者，万物之本也”（《淮南子·诠言》）。

医：“醫”，古作“毉”，“古者巫彭初作医”，医和巫一起，达成天地人和的纠偏的方法。

易：《易经》阐述天地世间万象变化，大道之源。

艺：古作“埶”“藝”，种植草木，是草木崇拜。草木植根大地，枝叶向阳向天，是天地的造物，天地间的链接，天地对悟的直接通道。“艺”我认为是艺术家天地观的感性直接的表达。纯粹表达时，天地人就链接就合一，表达纵升呈现。

我几乎所有创作源泉都来自于上古天地观和老庄思想，认为创作就是艺术家和天地相关照，与宇宙相晤谈。心灵独运，凝神忘我，生命流淌，宛若天作。以达完满的、自在的、内省的、再生的天地观，回归世界共通原初秩序。这就是“道”，是本源，是公共性。

2、不是现代艺术。

艺术肖像是艺术家天地观的载体，就如同中国文人艺术家的山水和塞尚的苹果，艺术创作是艺术家世界观感性的直接表达。肖像画作为“肖像画”已经没有意义。那么，为什么选择画肖像画？人脸是人的信息直接的载体，如脸书、人脸识别系统。肖像画是西方艺术史上谈论的大部分内容，也是自考学以来美术课堂的大部分课程。选择创作肖像，不是选择主题的思考，而它就存在，是老庄式的不选择的选择。

摒弃了现代艺术中构图、透视、结构、色彩的形式讨论美，指向达通天地的大美。我的肖像画，不是现代艺术中再现性或表现性的肖像画。从向外表达表现而向内后达“无我”的零度表现，“庖丁解牛”式的物我两忘。我不会主动和别的艺术家拉开，在主动拉开的过程中，就陷入了另一种对形式的追求。把美术史上所有的前者，那些被割裂的东西全部都打包在一起，成一个整体，整体地去看。它不会否定某一者，但在内核上可能和某者有很大的差别。比如梵高和德国表现主义的不同画家，他们关注自己作为艺术家主体的感情的表达，是向外不是向内的；苏丁和弗洛伊德，这些画家都比较在乎对象的生动性和潜意识，是身心分离的不是合一的；刘小东，超高才情和社会问题的敏感度，反而成了升华的阻力。

2021 年 10 月 22 日 -11 月 12 日 FACE TO FACE 童雁汝南广东美术馆个展现场

3、超越当代艺术。

二十四年如一日（1997-2021 年），跨越欧美亚非拉，修行式的面对面各民族肖像写生创作，似乎不变的题材、尺寸、构图、技法，这在当下艺术界是个个案。

所画模特同时包含总统、馆长、难民等，意义在于消解每个生命个体执着，超越种族、移民、身份等社会问题。十方一切众生相，无我相，人相，众生相一切皆虚妄。二十四年如一日的、如参禅般的面对面的写生，其实就是对当今信息时代、对专利式快餐文化的一种发问。

二十四年，千件作品，是跨越时间空间的劳作痕迹的结晶。越过了当代艺术中的 re-，post-，不是横向平面的日新月异的概念转换。用整体的自觉之力、无目的的意义，超越当代艺术局部的批判和解构，恢复其内在原动力。

信息极大过剩的时代，我们不需要几十年前猎奇式的创新。从互联网的虚拟，回到公共性的重建，面对面的肉身真实，有温度的感召，真实心灵的回归，追溯源头的反思，和纵向维度的超越。

4、对艺术史的整体反思，对所谓的“人性理性光辉”的反思。

艺术史的代代相传，中国魏晋到明清至今，一路下滑，不知有没有触底，这是“人法人”的结果。西方反思自古希腊、文艺复兴、印象派、当代艺术至今放大人性理性光辉的艺术。当“人法人”，人的自我放大时，艺术的所谓“表现力”提升，媒介更新，内容丰富，但离艺术的源初越来越远了。

去伪存真，去伪“人为”，需回归孩童般的上古天真。人法地，地法人，天法道，道法自然。当艺术家主体“我”个体隐退时，如埃及、中世纪，一些不知艺术家名字的历史，塞尚晚期、贾科梅蒂、莫兰迪；西汉前，八大、弘一、黄宾虹晚期；这才是人类艺术最高峰的作品，才是通“道”的作品。

5、作品最终指向。

通过肖像画，让模特自己和天地宇宙进行原初映照，反观自己，来归复人类理性秩序于天然生命的自由秩序，重获完满的、自在的、内省的、再生的精神。从画面回观自己，进入与宇宙万物关系的深度思索，回到本真状态，获得一种新的原初动力。连接自下而上的天道法脉，是与天地宇宙晤谈的工具，也是内观修行的道场。整体宇宙和我们整个面孔整个身体生命个体，无漏无量的天人合一。自我反观的途径，是以有察觉力的纯粹体验归复人类理性秩序于混沌自由的秩序，是进入通天地的当下自在，是唤醒生命的终极圆满。

达到这个境界是没有方式和步骤的，但是它还是有几个前提。首先它需要把对象中外在的、附加的、已有的、主观的成见放下，对物不作分析的了解，要直接纯粹地从当下所感受到的事物里去找，使其成为自身的东西。放下以自我为中心的欲望，包括认识的欲望和主动表现的欲望。耳止于听，心止于符。以此为前提，才有可能打开个人生命中的障壁，与天地万物的生命融为一体。去找寻其被屏蔽了的，人作为人，最原初感知天地的能力，拒斥人类理性的干扰，挣脱认知的束缚。历史上艺术有通过喝酒、吸毒、性挣脱束缚。但更有通过“坐忘”，恢复觉知，来通达自由之境。用暂停或“退步”来反思单行快车道上的人造时代。

老庄思想起步的地方，不曾把艺术作为追求的对象。他的体认本无心于艺术，但不期然地又归于具体艺术中升华上去。老庄的“道”，是创造宇宙的基本动力，但我出发点和归属点仍旧会落在特征各异的面孔之上。超越，“道”都是由具体的艺术活动升华上去的。有一切的超越精神，都是从能见、能闻、能触，一时一地、自用自成而来。这种超越是内向的、纵向的，在形式上不是显而易见的。画一个面孔就是通过个人特征的具体形象构建一个新的世界，这更体现多样性和整一性之间的共生关系，归同了异，无同无异。超越是棒喝，是一跃，是纵向提升，是高维思考。人对宗教最深刻的要求，在艺术中都得到了解决。它是一种整体直达事物内部的自足圆满，与宇宙相通感，通向无尽之境。

写于 2019 年，后修改

童雁汝南是20多年来肖像画界的伟大创新者之一，他所描绘的形象超越了模特本身，体现出超越时间和空间的特性。他理想的创作的画作（通常为41cm x 33cm）规格揭示了艺术家的意图，即去除形象的社会特征而集中在个体生命本质上。明显而简单，差别与无差别间就像一场博弈。童雁汝南的肖像画可以被描述为“灵魂”：他关注的是一个连贯而复杂的社会心理状况。

——马西莫·斯加林格拉（曾担任2014年、2015年世界双年展艺术总监，威尼斯双年展科特迪瓦国家馆馆长）

画家在达到“目无全牛”的境界时，却把内在的本质性的那些东西用一种笔触无意之间表达出来了，你看不出来他是刻意要表现这个立体、这个块面，没有刻意的经营。当然实际上是有的，但是已经成了他的本能的肢体动作，他是无意中显示出来的。这就是我理解的童先生的艺术的妙趣。

——邓晓芒（著名哲学家）

贾蔼力　JIA AILI

图片 / 由上海油罐艺术中心提供　编辑 / 朱松柏

1979 年生于中国辽宁丹东，现于北京生活及从事创作。高古轩画廊代理艺术家。

莽原稿 布面炭笔 丙烯 690cm × 990cm 2021

艺术是心灵的光，照亮思想的尘埃。

—— 贾蔼力

葬原稿（局部） 布面炭笔 丙烯 690cm × 990cm 2021

贾蔼力个展“莽原”展览现场 上海油罐艺术中心 2021.11.10—2022.08.28

《莽原稿》（2021），是贾蔼力迄今为止最大尺幅的绘画作品。全景视觉下色彩、结构和造型在多维度的形态里被置入一场对话，对物质的解构方法和开创性的透视与构成也是艺术家一直探究的创作之路。他在画面上营造出一场“大理石上的天神之战”，那是莽原之初的景象——那里并非荒野，因为过去重重叠叠，留下废墟或大厦。人迹在时空交织中穿梭，无序和理性的角斗场上，万物盘旋上升落下，过去、未来和当下同时降临。

—— 油罐艺术中心

星尘隐者 布面油画 400cm×600cm 2015-2016

《星尘隐者》（2015—2016）里的三个人物被置于广阔的天地之间，悬浮的球体和远处的闪电透露着神秘的真相，惊心动魄又引人入胜。历史的意象与个人读解相交融，日常化的场景与惊人的潜能共同存在。静立于画布之前，可以感受得到艺术家 “跟画布搏斗” 的若干个瞬间。

—— 油罐艺术中心

贾蔼力个展“莽原”展览现场 上海油罐艺术中心 2021.11.10–2022.08.28

奏鸣曲 布面油画 540cm × 1000cm 2019-2021

大型四联绘画《奏鸣曲》（2019-2021）中，贾蔼力展示了卓越的画面控制能力，视角和色彩以不可思议的方式交织，形成了令人震撼的奏鸣曲。他强调空间与深度，一个个凝练的多面体在画面中穿行，形成超验性的视觉语言。不同向度的形体彼此嵌入和穿梭，如视觉上的“奏鸣曲”同时绽开。传统的视觉经验被打破，代之以一个时空互为映照的非线性全景视野，一片由维与熵连接而成的景观，植满萌生未久的记忆。

——— 油罐艺术中心

《正午》（2021）是贾蔼力今年的新作之一，延续了艺术家一贯的冷眼观照，着力创建一个虚构与真实混杂喧嚣的奇异大观。来自不同纬度的碎片和黑洞搅动并挑战着已有的认知秩序，这股合力如暴风烈火骤然而至，瞬间与永恒在画面中共存。

——油罐艺术中心

正午 布面丙烯 400cm × 1000cm 2021

2021

年度艺术家档案

静帧与流光

梁铨　LIANG QUAN

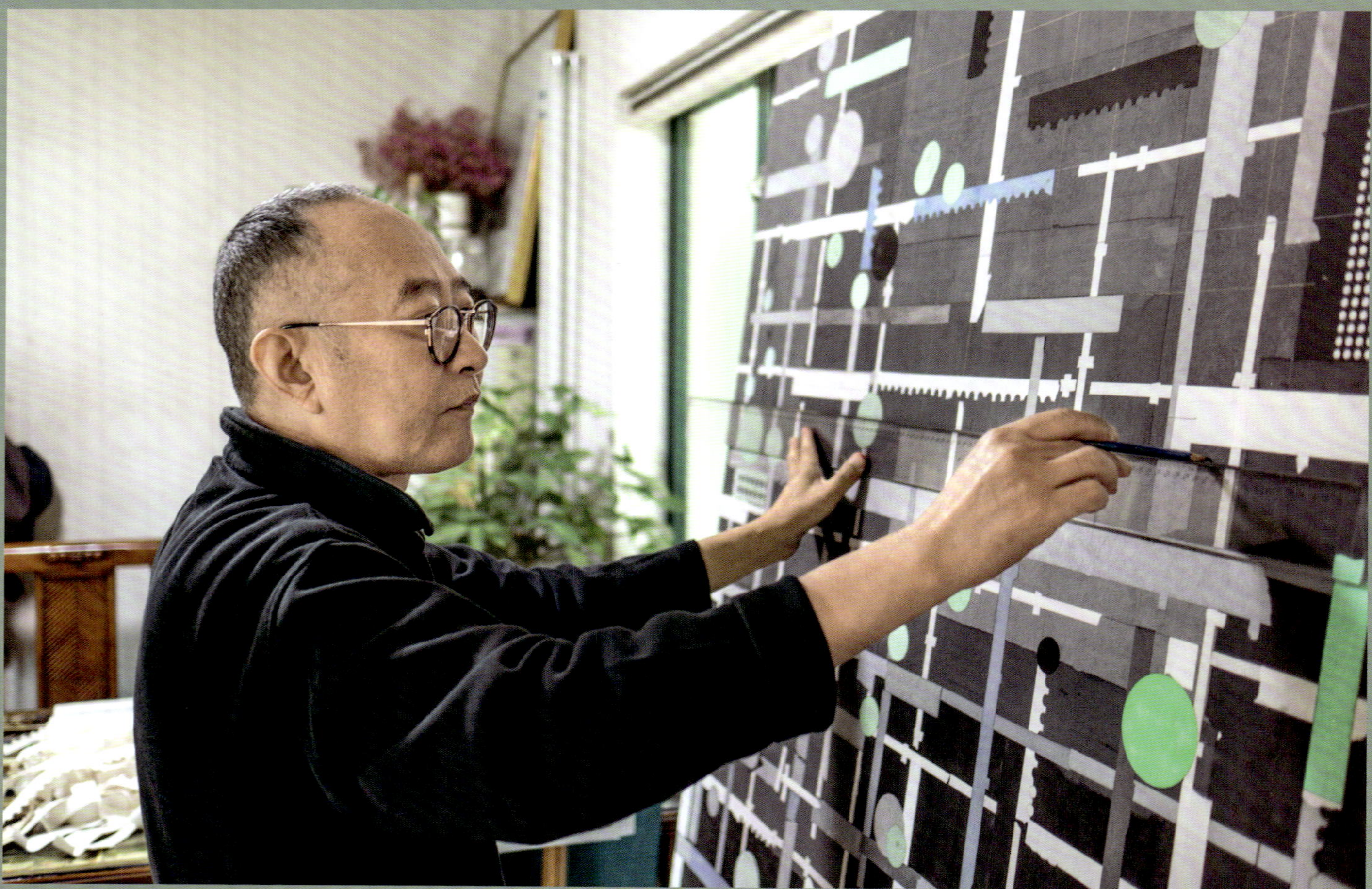

图片 / 由艺术家提供　编辑 / 左文文

1948 年出生于上海，祖籍广东中山，1980 年赴美国旧金山艺术学院学习，1984 年任教于中国美术学院版画系，现工作和生活于深圳。

梁铨是中国最早将传统水墨结合抽象表达的艺术家之一，构建了东西方美学语言贯通却相互区别的个人表达。写实和写意的思考用细碎的言语辩白，在形与无形之间重建秩序，细节的极致调和以至“空”的境界。水墨轻重有序的晕染，形的消融，真实被层层措置与堆叠的细节阐释，以一种近乎消失的方式置于现实中再次显现，空白意味着无限。表达上的让步和不明确指向，用不对抗不强加的态度应对瞬息万变，梁铨以其最具代表性的水墨拼贴，铺开淡然悠远的禅意。

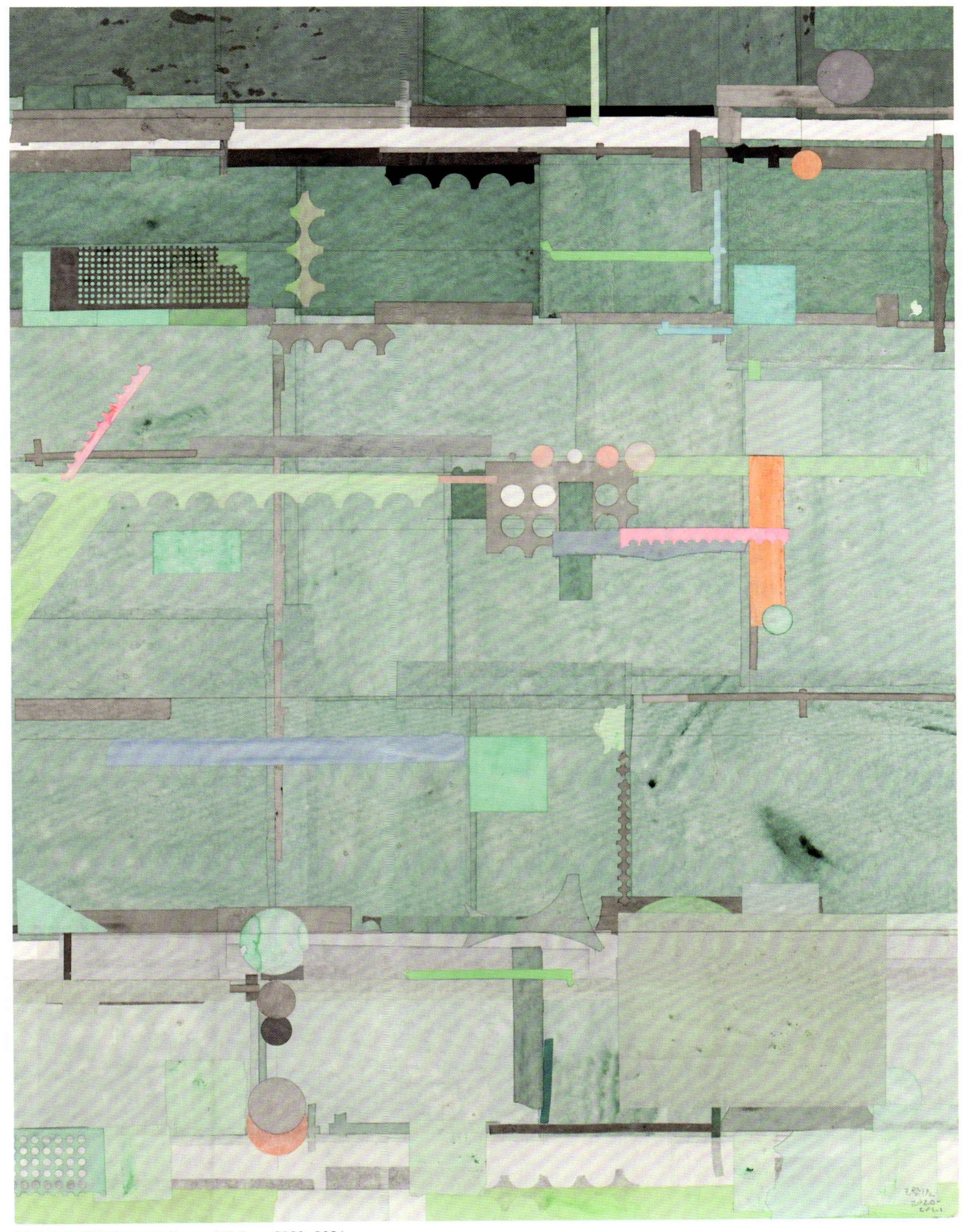

无题 色 墨 宣纸拼贴 161.8cm × 122.3cm 2020–2021

至于梁铨的作品，那些看似轻薄、平静的源自洗衣板的平行线以及淡淡的色块，仿佛端出一方“清静”的湖水。而此处的“清静”是如老子那样断然被表达出来的。再细读，它们的边缘常常是坚定甚至是锋利的，而内部是生动甚至激荡的。这种矛盾性的博弈 在梁先生的建构下达到了画面上的恰切。

——吴洪亮

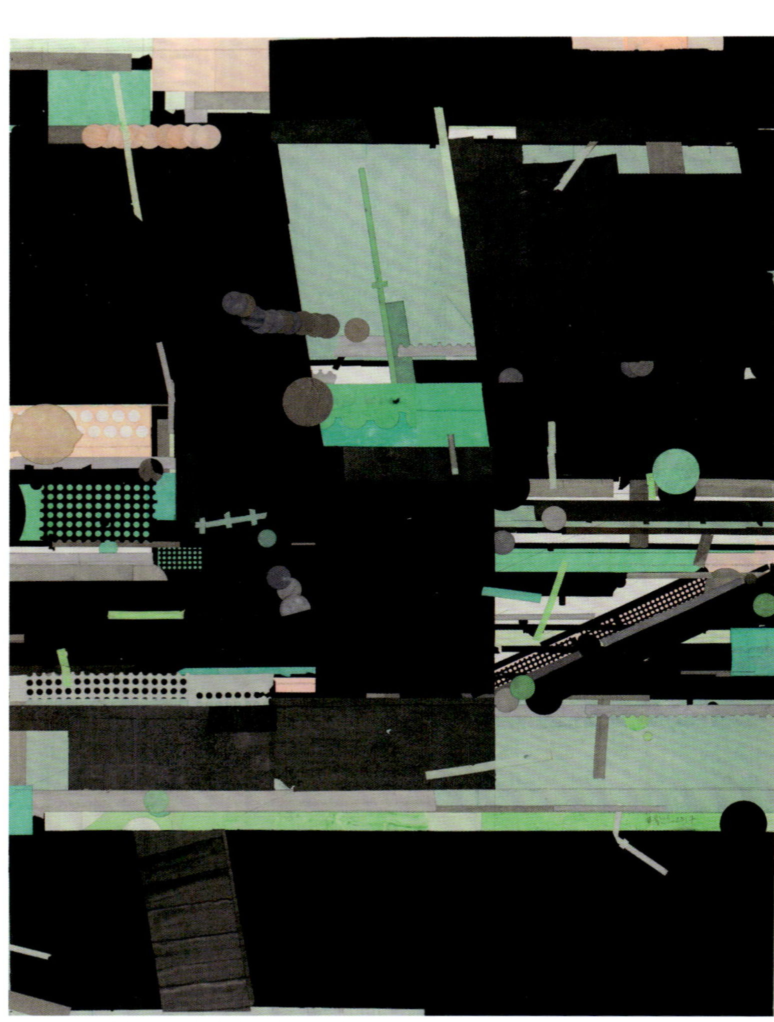
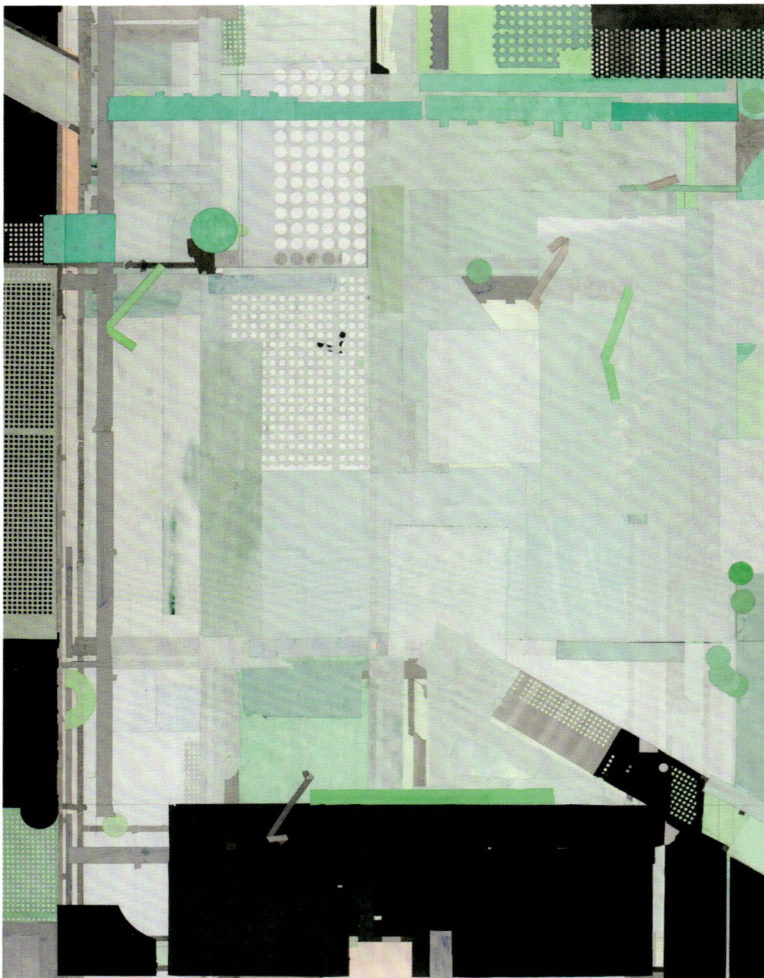

紫藤花下（双联） 色 墨 宣纸拼贴 163cm × 122.5cm × 2 2017-2020

自述

文－梁铨

现代艺术中禅宗哲学的回响微乎其微，不冷不热，可能油尽灯枯，销声匿迹，都是禅的境界。一直以来我都以禅宗的信徒自居，但真正将之印证到自己的创作上，也就是这几年的事。翻看十多年前的作品，如烟的往事虚无缥缈得就好像没有发生过一样，那些五彩斑斓的经营位置和年轻时的豪情壮志，遥远得好像是别人的事。我已经从一个阶段迈向了另一个阶段。我的画面不再固守于面面俱到的“满”，而转向对于“空”的追求 风格转变之时，我的心情很平静，甚至没有任何心情。

以画面来实现“空”的境界，可以说易如灵机一动，也可以说难如看山跑马。这种“空”和文人画的“空”不尽相同。文人画的以“空”表现“实”，但是如果单纯想表现“空”本身，又当如何行事呢？它绝非是落一笔那么简单，但是如若落了一笔，这一笔落在何处？落笔之处顿时就失去了“空”。落与不落之间不能有任何区别，否则一念之差，全局的境界也就随之成为梦幻泡影了。

很长时间，这种“空”的悬而未决成为我的一块心病。在逐渐转化风格和苦思冥想之中，时光如同旋风般飞逝，我进入了一个面壁参禅的阶段。这种状态一直持续到某一天，我在河岸信步游荡，看见某处的荒地上杂草无处不在，草的形状没有任何规律，看得久了，什么都像，但实际上还是什么都不像。我突然觉得有了一点头绪，虽然依然很飘忽，但是大局已定，其他的就可以不用担心了。你看，小河边的土堤翠绿欲滴，有着飘拂的垂柳和鲜嫩的青草。

这些在风中微微飘荡的野草，看上去是那么的清新，那么的脆弱，那么的微不足道。微不足道是一种魅力，至少是为了自己而开放。我在如地毯般的一片新绿中选了一株纤细的车前子，它那羽毛般细小的叶和穗因为隔得远，看得不甚清楚。我盯着它看了半分钟，然后将视线移开。仅仅一会儿，我已经不能从这一片纷乱的绿色中再将它辨认出来了：世界是细致而真实的，看起来所有的事物都微不足道。

确实如此，世界不一定是有意义的，但是它肯定是细致而真实的……

用微妙细节的喋喋不休来互相抵消实际效果，以期实现整体上的空泛化，这未尝不是实现“空”的一种思路。一如文人画以“空”来表现“实”；而反其道而行之，处理得当的话，恰到好处的“实”同样能够表现“空”的境界。杂草丛生的地面 任何一株草都自然而然，它们不必成为其他草的榜样或是规则，它们的鳞次栉比也并没有寓含着什么惊天动地的伟大意义。世界的原本意味就在于此：毫无意义的细节各自存在，这世界上原来没有那么多规律可讲究。

以细节的堆砌来实现“空”的境界，平静、无规律而静谧的线条必须要彼此抵消引人注目的效果，才能够给人以一种平心静气的禅心之感，才能够让人感觉它们只是自己呈现在那里。

这些林林总总的线条，它们各自存在时看似没有意义，但是当它们毫无规律地组成一个整体的时候，画面就完整了。“丰富”和“空”在这里实现了统一。平平淡淡和轰轰烈烈并无任何不同，对“空”的追求使我的生活态度发生了实质性的变化，我以为那是比在艺术上的探索更重要的事情，实际上，这两者也是同一问题的两个方面。

曾几何时，我也学会了像那些普通的老年人那样每天出去散步，去河边的花园，时而静静地坐在树下，神思不属。心情平静，已经过了喜欢深思的年龄、只是坐在那里而已。有些时间里，我都不思考；也有的时候，纷繁芜杂的念头接踵而来。这些念头来去如风，彼此之间没有任何关联，它们只是对往事的一种非此即彼的回忆碎片而已。这种毫无规则的回忆碎片，它们的出现和消失，呈现一片没有任何规则的乱数效果。某一瞬间，我会回忆起很多年前的一天，那一天没有发生任何事：下一刻来临之前，它（这段回忆）转眼间已经烟消云散，另一天的回忆则随即浮现在眼前。值得一提的是这一天并不是刚刚想起的“那一天”的延续。即非它的“明天”，也不是它的“昨天”，而是不知道是前是后以及相隔多久，彼此之间难以构成任何关系。而这一天，也没有发生任何事情。

我的创作还在喋喋不休中继续着，但是我觉得自己现在很好。我等待着、思索着，思索着、等待着。忐忑不安，我已经想不起任何问题，抑或是那些问题都已经解决了，也有可能从头到尾就根本没有存在过任何问题。置身于这个毫无规律的、细致而又真实的“空”的世界里，我对于自己现在这种胸无大志的因循自守、宁静内敛也相当满意：我没有做任何事。

小茶室 色 墨 宣纸拼贴 160cm × 122cm 2014–2020

无题（双联） 色 墨 宣纸拼贴 120.5cm×90.4cm×2 2019-2020

梁铨是中国当代艺术发展的同行者，但并没有很多同道人。他从八五新潮的杭州到美国，再回杭州，然后到北京看了一眼，转头决定长居改革开放的最前沿但远离艺术生态中心的深圳。这一时期所跨越的几十年，正是本次展览作品生成的阶段。他的画作从表面上看，的确是越来越浅淡了，哪怕是黑色为主的画面，黑的都很怡然。此中的真味如好茶，再陈，色再重，依然是清透的。梁铨作品的质感，越来越如玉，在坚冷的质地中充溢着活力因子，而且已然有了包浆。所以，为了更为准确地呈现本次展览的理念，梁先生说展厅要干净，拒绝所有矫饰，安然品读为上。对此，我非常赞同。我们只需把画挂正，静待观众，旁观会心者能有几人就好。

——吴洪亮

无题 色 墨 宣纸拼贴 120.5cm × 90.3cm 2015–2016

无题 色墨 宣纸拼贴 91cm× 21cm 2013

无题（双联） 色 墨 宣纸拼贴 165cm × 122cm × 2 2012-2020

无题 茶 色 墨宣纸拼贴 161cm×122.4cm 2020

徐累 XU LEI

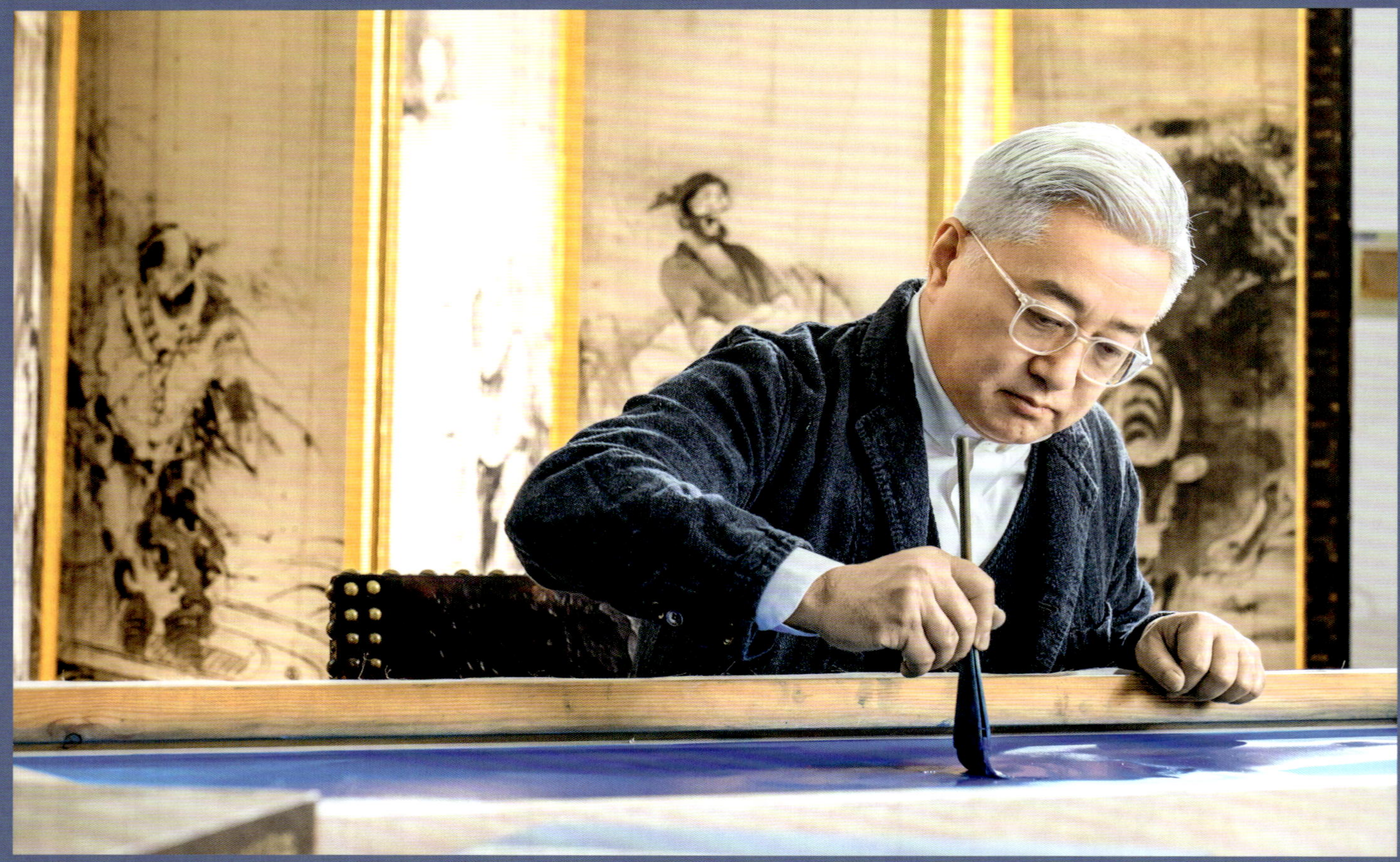

图片 / 由艺术家提供 编辑 / 斐子

1963 年出生于江苏省南通市，1984 年南京艺术学院中国画专业毕业。现工作于中国艺术研究院文学艺术院，硕士研究生导师，中国工笔画学会副会长。曾在中国国家博物馆、苏州博物馆、北京今日美术馆、北京南池子美术馆、Marlborough 画廊(纽约 / 马德里)以及旧金山、伦敦、中国香港等地的画廊举办个展。其作品为故宫博物院、上海美术馆、江苏省美术馆、苏州博物馆、香港 M+ 艺术博物馆等机构公私收藏。

鲁根的白垩峭壁变奏 3 纸本 90cm × 66cm 2021

鲁根的白垩峭壁变奏 1 纸本 90cm × 66cm 2021

鲁根的白垩峭壁变奏 4 纸本 90cm × 66cm 2021

徐累：时间的复数

文 - 董丽慧

从对时间的探索上看，徐累过去三十年的作品经历了“时间的停滞”“时间的轮回”“时间的交错”几个发展阶段，在我看来，它们又分别映照出画家从无以复加的悲剧性、一半释然一半悲情、到最终在混乱中重建秩序这几重心路历程：首先，以90年代“旧宫”系列为代表的，是回光返照式、悲剧性的时间停滞；进入新世纪，以“迷宫”系列为代表的，是渐悟至“成坏住空”宇宙时间轮回，但具体生命终究还是在无可挽回中消逝的怅惘；而顿悟或许发生在2015年“赋格”展览画册的错印中，多重画面无序的叠像，竟意外显示出某种野蛮生长出的协同原理。期间，亦可见作品空间由幽闭转向开朗，与艺术家心境渐趋开阔同步。

沿此路径，在2018年开始的“互”系列中，徐累对时间的体悟再度推进，尝试将艺术史经典图像组合、嵌套、折叠，呈现“可移动的时间”。与旧作相比，虽延续了错时（asynchronism）并置这一典型的徐氏创作手法，新作在东西方艺术大师的一系列对话中，显然已不满足于物理关系上的推拉摇移，也已从层层嵌套的画谜中重获清明，转而致力于滋养出图像整体生态的和谐有序：既不是杂糅而成的无序，也不是对既定章法的亦步亦趋，而是东西艺术元素自由长成了新生命的统一场。

新作《鹊华异色图》直接截取博斯（Hieronymus Bosch）关于天堂、人间、地狱三联祭坛画的中联《人间乐园》。十六世纪弗莱芒文艺复兴大师博斯笔下死去的人、送葬的人、飞升的人、浮游在水上的人、水面拥抱的人，以及怪异的生物，与中式田园和摇橹垂钓的中国古人一同，融入了十三世纪赵孟頫描绘的济南一带风景：鹊山化身西式石山，博斯笔下天堂远山叠影于华不注山。博斯的艺术具有持久神秘而诡异的力量，画面满布离奇的生物、怪怖的风景、各色奇异的仪器设备，在艺术史研究中被认为与炼金术、占星术、尼德兰谚语和画家本人独特的教派信仰有关。《人间乐园》虽因描绘“人间”百态而得名，但在马德里哈布斯堡家族的收藏目录中，它的名字是《色欲》（Lust），这幅画也长期被称为“草莓画”，而草莓，在基督教图像学中，是纵欲的象征。

博斯的草莓也出现在《鹊华异色图》中，隐秘连接起也被评论者称为“炼金术士”和“魔术师”的徐累长久以来对于人间事的窥探，并持续熔炼出新。尤其在新近《李公麟与乔托》《倪瓒与达芬奇》《弗里德里希与李成》这些由人名命名的作品中，更明显可见画家找到了指涉和观想人间的新入口：东西方艺术家的对视与共生。他们既是已逝去的生命，是具体的人；也是载入史册传承至今的神话，是大写的人。对应法国哲学家保罗·利科（Paul Ricoeur）对西方文化时间的两种区分，即“心灵时间”和“宇宙时间”：前者指现象学意义上、回归具体生命的时间；后者指形而上学意义上、抽象的宏大叙事。在崇尚现象学的利科看来，“心灵时间”显然比“宇宙时间”更有前途。

但是，在我看来，这两种时间，并非彼此对立、非要分出高下优劣的关系，而是休戚相依的关系，共存在人类过往的文化时间中，共同形塑出人类文明绵延的多重时间轨迹。正如人是渺小的，渺小如蝼蚁，只能把可支配的有限时间一点点构筑成具体的人生；与此同时，人又是伟大的，伟大常如神助，一代代人持续塑造出更具普世价值的人性，把有限时间绵延成无限。

如果说此前的作品《如影观》《节度使》《互行》中，徐累更多以字面意思上时光飞驰（如白驹过隙）指涉时间，注重以图文互为镜像比附时间，那么新作中的时间再度沉静下来，显现出时空复数的交相合一。以《吕根岛上的白垩岩变奏曲》系列为例，弗里德里希（Caspar David Friedric）十九世纪初的画作原型，为徐累提供了俯察世界的经典图式，继而，十二世纪的宋代山水、十五世纪文艺复兴圣像画背景、十六世纪卧莫尔王朝细密画、十九世纪浮世绘风景，在画家笔下变奏出新，俨然一支即兴而起、成员却个个训练有素的乐团。剔除了弗里德里希原作人物构成的故事线，《变奏曲》在万籁俱寂中仰天瞰地，意蕴体悟的无限可能。这是在参悟有限性之后，重拾的希望。在我看来，新作的再度沉静中，蕴藏着新生的微光，已迥异于徐累90年代“旧宫”系列作品对时间停滞的哀伤。

复归万籁俱寂，在和光同尘中，重又专注于交错时空中新生命的无限可能，而不止于在哀叹过往的抱残守缺中哀伤到不可自拔——哀伤是必要的，但哀伤之后的新生，才是东西方文明对话的共同意图所在，才是足以孕育出新生态的时间，是有望指向真正“当代”的时间。这里的“当代”，是相对“现代”而言的。如果将始自文艺复兴和十五世纪新航路开辟后，西方文明成果扩展至全球，最终在二十世纪末冷战结束后完成全球化时空观念建构的500年称为“现代”，那么，进入二十一世纪以后，在生态环境和生物技术等多种新挑战下，更多学者倾向于认为，人类社会将进入与过去500年“现代”全球化殖民征服相反的生存逻辑，人类终将（不得不）在生命存活的基本要求面前跨界共存，共同抵抗物种、种族、文化灭绝的恶性竞争，以共识、共情、共生取代占山为王的争胜与劫掠。

因此，徐累新作之“新”，不在于艺术形式上的简单拿来，也不是艺术技法上的拼凑嫁接，而是以找共识、存共情、求共生的“当代”之眼，尝试翻刻东西方伟大艺术共通的“生成”肌理。实际上，过去一个世纪，早已不乏中外学者指出，跨文化的往来流动，是促生伟大艺术现象的一个强有力动因。比如，以乔托为代表的文艺复兴初期艺术大师，可能曾受到西洋传教士带回欧洲的宋画影响。而扎根本土文化、兼容外来文明的气度，亦是今人仰望意大利文艺复兴终成人类文明集大成的意义之所在，同时也是曾盛极一时的魏晋风度、汉唐文明以及两宋艺术精品高发期的基本底色。

鹊华异色图 纸本 50.5cm×169.6cm 2021

相比崇尚狂飙突进、呼喊口号奋进的“现代”时间，“当代”应当是重回万物合和、万籁共生的日常时间，是既属于具体的人，又兼具人性普遍价值的时间，是弥合“心灵时间”和“宇宙时间”二元对立的、真正的“人间时间”。正如徐累新作中，“宋画第一人”李公麟和“西画第一人”乔托的洞天草木、倪瓒疏简体的“一个”和达·芬奇百科全书式的“一群”，一凹一凸，一阴一阳，一简一繁，均达成了既充分葆有个性又互为嵌体的复调共生。而又不止于以中国画为基底的“东中有西”“我中有你”，徐累新作也不排斥“西中有东”“你中有我”，在本质上是无分别心的。由此，李成的“蟹爪枝”融入弗里德里希的橡树林（《弗里德里希与李成》），取代了原作《读碑窠石图》中的旅人与《橡树林中的修道院》中点题的修道院、十字架，同样都是衰朽中见不朽的尘世回音。

在我看来，所谓万籁共生，就是和谐有序的野性生长、相依为命的澄怀观道。这看似悖谬的逻辑，却能在作品中完美实现，才是艺术独具的“造化”力量。在这个意义上，我认为，徐累新作中的万籁共生，是可为东西方精神世界所共享的、有望超越世俗界限和教派藩篱的，在现有诸种“当代性”（contemporaneity）理论范式之外、有待史论工作者重拾的，真正有生命力的，当代艺术富有机锋的“当代性”价值之所在。

作者为北京大学艺术学院研究员、助理教授。本文选自《变之变：徐累新作》之第二节“时间性：人间的万籁共生”

芬奇山居图 纸本 40cm × 92cm 2021

李公麟与乔托 纸本 50cm × 110cm 2021

李公麟与乔托 -2 纸本 50cm × 110cm 2021

兴会 纸本 50cm × 110cm 2021

海上月 绢本 107cm×86cm 2021

无间月 绢本 107cm × 86cm 2021

陈苏平 CHEN SUPING

1957 年生，鲁迅美术学院中国画系教授，现居沈阳。

图片 / 由艺术家工作室提供 编辑 / 徐小禾

作品 1 纸本 68cm×46cm 2021

作品 2 纸本 68cm×46cm 2021

从赫图阿拉到萨尔浒

文 – 陈苏平

这段路大概有一百公里吧，在沈阳的东边偏南一点，开车一天去回，可以看好些风景。

风景也没啥，跟辽东山里其他的地方没什么两样，断续的溪水、村镇、农田，路边的杨树柳树，每个村子都有文化广场，喜欢在各处插彩旗，到处都是，不知道啥意思。

赫图阿拉和萨尔浒是古代满人的旧地，另一个是他们打仗打胜了的地方，两地间好几条路，距离都差不多，他们走的哪一条呢，说不好。

这样说或者跟历史有点关系，但也可以说没有关系……有生命曾经走过、路过、存在过，这在我的想象里边，是有点特别的。

两处还有遗迹据说，没好意思看，我只对他们走过的路感兴趣，画两边的风景。

这样的路实在很多。手边有一本《奥州小道》，日本俳人松尾芭蕉的游记（在有名的萨尔浒之战后 70 年），应该更有意思吧，慕名去的不少，自然也想跟着去看看，不光是那条路，实在也是看自己的过往。

人总归是这样，活在现实和想象之间，无可如何，一个地方待久了就无聊，就想着别处或过去的好来，出去走走，走久了，又不免离愁别绪生出来，不能两宽……至于现实的路，差不多就是那样，偶然的意外，灰色的、碎片的，没有意义。把这些支离捏到一处，有点味道和光彩的，还是非现实的那些东西——经历、阅读、记忆和想象——在起作用，而那条路本身，反不是画画的目的了。这些情绪化的东西，一时也说不好它，总归是和过往的经验和想象有关系，是审美的所在。在我这里，固然是个人的局限，但却是比现实更真实一点的存在、是正经要表达的东西。

若无局限，现实也就没了边界。

随遇而安的走呢，或者更好，而且似乎还是正宗的走路法，只是那些情绪的个人的局限，还是一样无处不在，限定了你看现实的方式。

小时候在辽南待过，偶尔也回去看看，带着记忆和想象……双顶山还是老样子，但怎么看都不是了，都不真实了。

2022 年 3 月 10 日于沈阳

路上（随拍）

作品 3 纸本 68cm × 46cm 2021

作品 4 纸本 68cm × 46cm 2021

作品 5 纸本 67cm × 66cm 2021

作品 6 纸本 67cm × 66cm 2021

作品 7 纸本 67cm×66cm 2021

作品 8 纸本 67cm×66cm 2021

作品 9 纸本 67cm×66cm 2021

作品 10 纸本 67cm×66cm 2021

朱建忠 ZHU JIANZHONG

图片 / 由艺术家工作室提供 编辑 / 雯子

1954 年 1 月生于江苏南通市，1982 年毕业于南京艺术学院美术系中国画专业。水墨和青绿是长期从事的绘画方向，作品浑然幽微，中正肃然，以自己的绘画语言呈现对绘画传统的理解。作品曾获第十一届全国美展获奖提名、百家金陵中国画金奖、中国的四季美术展金奖等奖项。作品由中国美术馆、江苏省美术馆收藏。

空 • 度 纸本水墨 45cm × 68cm 2022

人们大多喜欢技法高超的艺术家，容易被华丽的技巧取悦和打动，通常喜欢炫技的艺术家也会得到很高的评价。我同样不会否定那样的作品，各种表现形式都有其作用和价值。然而我更感兴趣的，是思考每一件能够穿透时间的艺术作品中，那些普世的、恒久存在的永恒之“美”，那是数千年历史中艺术作品流传下来的共通性，也是人类生存的真理。有些东西人类不会过多留意，但缺少了却无法生存，比如“空气”“光明”以及“黑暗”，但这些却是人类生存的本源，而极少数人能够描绘它们。朱建忠，正是这样一位为我们提供入口观看这些生命本真要素的艺术家。他的作品没有任何过度的修饰，也不迎合观众，只有一棵树和不可名状的黑暗中透出的一丝永恒真理。也正因为此，朱建忠是我所珍惜，很庆幸今生可以遇到的少数艺术家之一。

—— 田畑幸人

造空

文 – 胡少杰

在朱建忠的绘画中始终可以看到一种终极追寻，关于时间、关于空间、关于世界的来处与归处。这在中国绘画的传统中是鲜少的，我们的山水画虽观想超然，多有物外之思，但终是不能全然进入一种超越主体的“无我”之境。山川溪涧、流云飞瀑，画的终是人间景胜，讲的终是凡尘心事。而朱建忠的画中没有丝毫的人间习气，像是混沌初开，又像是历尽万世后的重归洪荒。

朱建忠自然是超越了一般画家在绘画上的志趣，三矾九染，不为侍弄烟霞，不为经营云山，亦不为寄情遣怀，他关心的是这个世界的本原。我们在他的绘画上能够感受一种罕见的“空”，这种“空”无论是在今天的中国绘画中还是西方绘画中，都鲜少出现：它是空间，又是时间，不企图占据，但却始终绵延流转。看那画中长空下的孤树、空亭，像是等了几万年，空了几万年，又像是随时都会隐没在混沌里。时间和空间在朱建忠笔下的方寸中交叠、转换，这个世界的维度和秩序被重置，一切归元。而方寸天地、芥子须弥，绘画之大境，即是追寻这个世界的来处与归处。

老子《道德经》有曰：“寂兮寥兮，独立不改，周行而不殆，可以为天下母。”“吾不知其名，字之曰道，强为之名曰大。”古希腊先哲阿那克西曼德则把宇宙的本原称之为“无际”，也就是可以全方位扩展的无限物质，世界生于此，也将终于此。而直到今天，我们依然在对此孜孜探求，“元宇宙”的概念甚嚣尘上，成了当下最流行的前卫话题。我们始终关心这个宇宙的终极奥秘，也始终对我们所处的时空秩序进行着质疑与挑战。哲学、科学，一直没有停止追问、探求。而艺术，自然不能缺席。绘画，是朱建忠最朴素的探究方式，而我们要追问的恰是这个世界最朴素的问题。朱建忠的绘画是追问的方式，也是追问的答案。在这个花样百出的时代，用最朴素的语言，给出最朴素的答案，或许才是离真相最接近的答案。

影朦胧 纸本丙烯 193cm×252cm 2020

那么，如果我们再浅表的用现有绘画的标准去观看，并指认朱建忠绘画的价值，无疑是粗率的，也是不得要旨的，虽然我们能够在其中得到绘画高质量的观看体验，但是关于美学与情致的获取远远不是朱建忠绘画最有价值的部分。比如其画面中经常会干置一两处硬边的方块，如果从常规的观看标准来看，它会对完整的画面造成破坏，会有突兀之感，但是这却是朱建忠有意为之。他曾经谈到："我们现在看到的世界是不是真实，有多维空间吗？有平行世界吗？若时空不是我们以为的这样。那有过去、现在、未来之分吗？方块也是我想的可以同时存在的时空切片。实际也是对原有绘画的一种破坏。"那么这种思考与探究自然不是所谓"文人画"所涵盖的，他画中的空茫与混沌以及措置的方寸天地，自然不是人世情境，也自然不能以常情视之。一般绘者造景，高妙者造境，而朱建忠造"无际"之空，旷达无垠、内观无涯，实通绘画之大境。

在朱建忠近年的新作中，语言与风格依然如旧，对于朱建忠来说，变化出新并非所求，不为外界纷扰所动，长期内求于无限的精神追索，才是常态。回溯朱建忠的艺术脉络，其线索清晰，稳中求进，少有突变。如果非要指出近作与之前创作有一二不同，那么 2020 年的作品《界 • 无界之 2020》以及 2021 年的《无题》的浓重设色以及逐渐隐灭的图像或许是这个至暗世界对朱建忠创作少有的扰动？当然，只是臆测，其中缘由只有朱建忠自己明了。

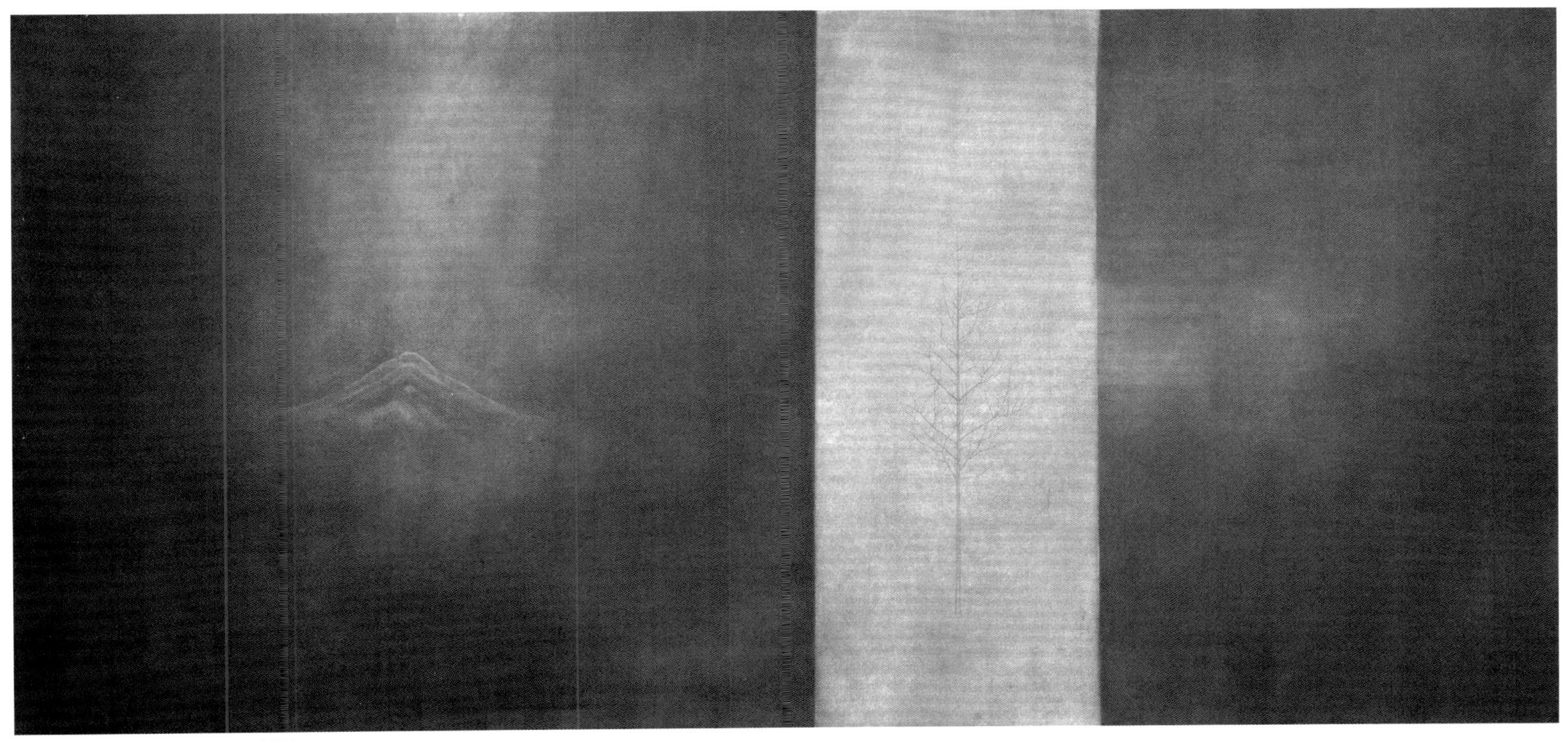

无题 纸本丙烯 200cm × 400cm 2021

梦影 纸本水墨 200cm × 510cm 2020

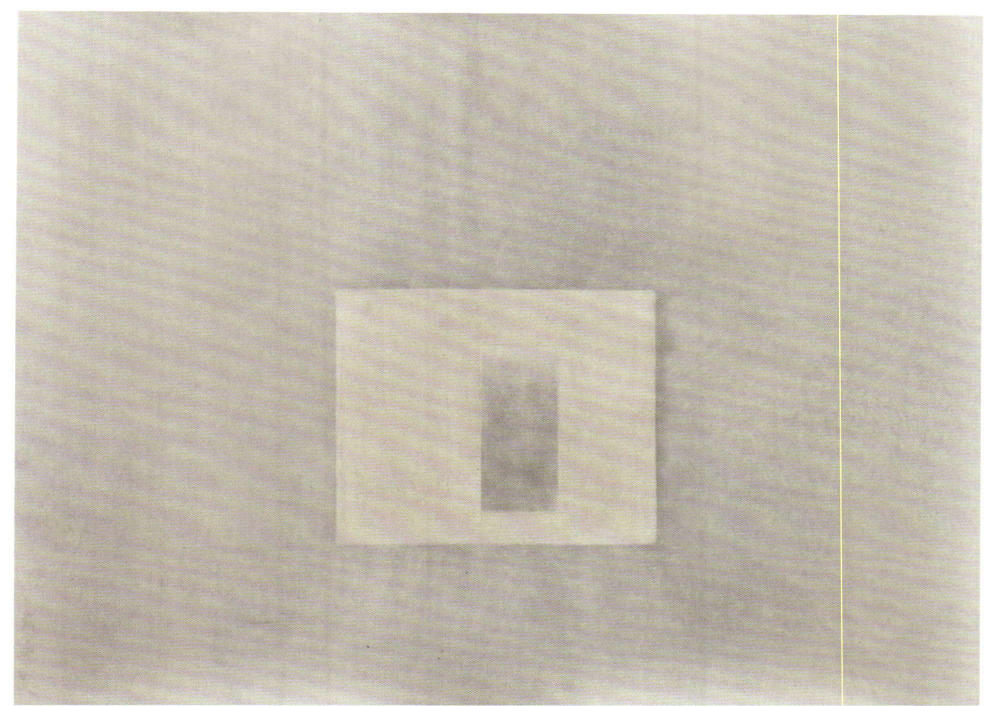

无题 纸本丙烯 96cm×130cm 2020

说空

哪本书里一位老和尚有句：真正的空是由空填满的那个空。空不是没有。

说留白

西方人说赵无极的画是从宇宙中拿了一小块，而这一小块又反映了整个宇宙。用西方人的语言来说东方人认知的空间存在和留白意思差不离。留白是要画画的人激活的，激活了的那个留白才能给予留白本该有的含义——天地之气之存在，我想这是我们东方人独特的对空间的理解。由此带来的空间存在，一是画画的人有那个能力；二是观看者有观看的感知力。

但视觉上留白确实没有，绘画又是一门有关视觉的艺术，所以我就试着把我理解的那个空，那个空间，那个白的存在画出来，视觉上有，实是我理解的“无”。

说方块

有位师父说我的方块：画面是个宇宙，方块是宇宙的一粒灰尘。绝妙。

我们现在看到的世界是不是真实，有多维空间吗？有平行世界吗？若时空不是我们以为的这样。那有过去、现在、未来之分吗？方块也是我想的可以同时存在的时空切片。实际也是对原有绘画的一种破坏。

——朱建忠自述

孤亭长空 纸本水墨 200cm × 400cm 2021

界 • 无界之 2020 纸本水墨 200cm × 400cm 2020

无题 纸本丙烯 150cm×150cm 2021

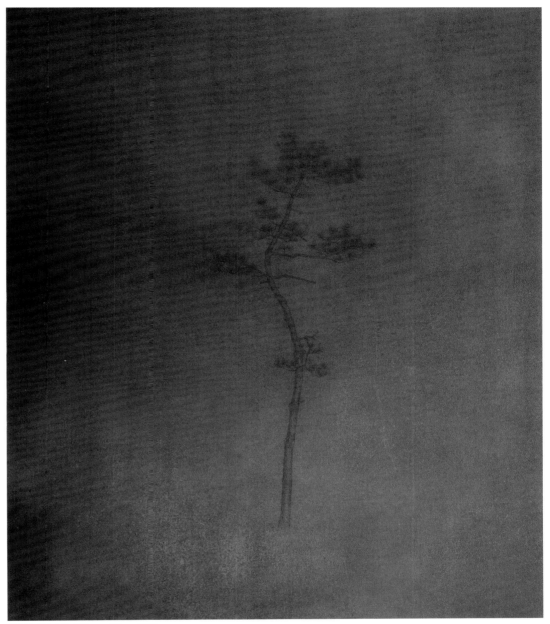

松入风 纸本水墨 193cm × 150cm 2010

内在的老庄哲学不仅仅是修养身性，还体现为一种对抗现实世界“平庸之恶”的态度。朱建忠笔下人格化的山川自然，也就筑起一座不可逾越的“围墙”，他者也就无法与其真身相遇。“影迹于山”，或是对这一时期朱建忠水墨画创作观念最为精准的描述。朱建忠在绘画中唤起了对生命价值的新体验：精神的完满才能弥补天地万有的缺憾。朱建忠也期待观者能够入其境，“迷失”在其精心构置的空境之中，养神养精养气，正所谓“道之为物，惟恍惟惚；惚兮恍兮，其中有象；恍兮惚兮，其中有物”。

——魏祥奇

张朝晖
ZHANG ZHAOHUI

图片 / 由艺术家提供 编辑 / 刘雯

"文革"时期成长于北京部队大院，自幼学习传统书画。中学时代在海淀少年宫接受西式美术基础训练，1988 年南开大学博物馆系毕业后在中国美术馆从事艺术收藏鉴赏工作。1996 到 1998 年，在纽约巴德学院攻读当代艺术硕士学位，获得洛克菲勒基金会赞助在美国考察当代艺术，曾经在亚洲协会美术馆和 Queens 艺术博物馆实习。1999 年回国后一直从事当代艺术研究和创作实践，2003 到 2006 年，在中央美术学院攻读现 / 当代艺术理论博士学位。在全国以及世界各地的群 / 个展 90 多次。2014 年在日本福冈亚洲美术馆举办个人展览，同年，获得首届南京国际艺术大展银奖。出版有画册、理论研究、文集和译著 12 本（册）。是中国少有的学者型当代艺术家，并被业内公认为有创新精神的水墨画家。作品被芝加哥艺术博物馆、福冈亚洲美术馆、澳门艺术博物馆、北京中间美术馆、南京德基美术馆、百家湖美术馆、日本九州艺文馆等国内外著名公共艺术机构收藏。

冰枝玉干 宣纸水墨 130cm×97cm 2021

我猜想水墨的光泽和质地之美的探讨是基于中华艺术传承中所独有的一种人文的审美的再发现，有可能提炼出可以跨文化和国界分享的当代审美品味。

张朝晖

编码 宣纸水墨 110cm×70cm 2021

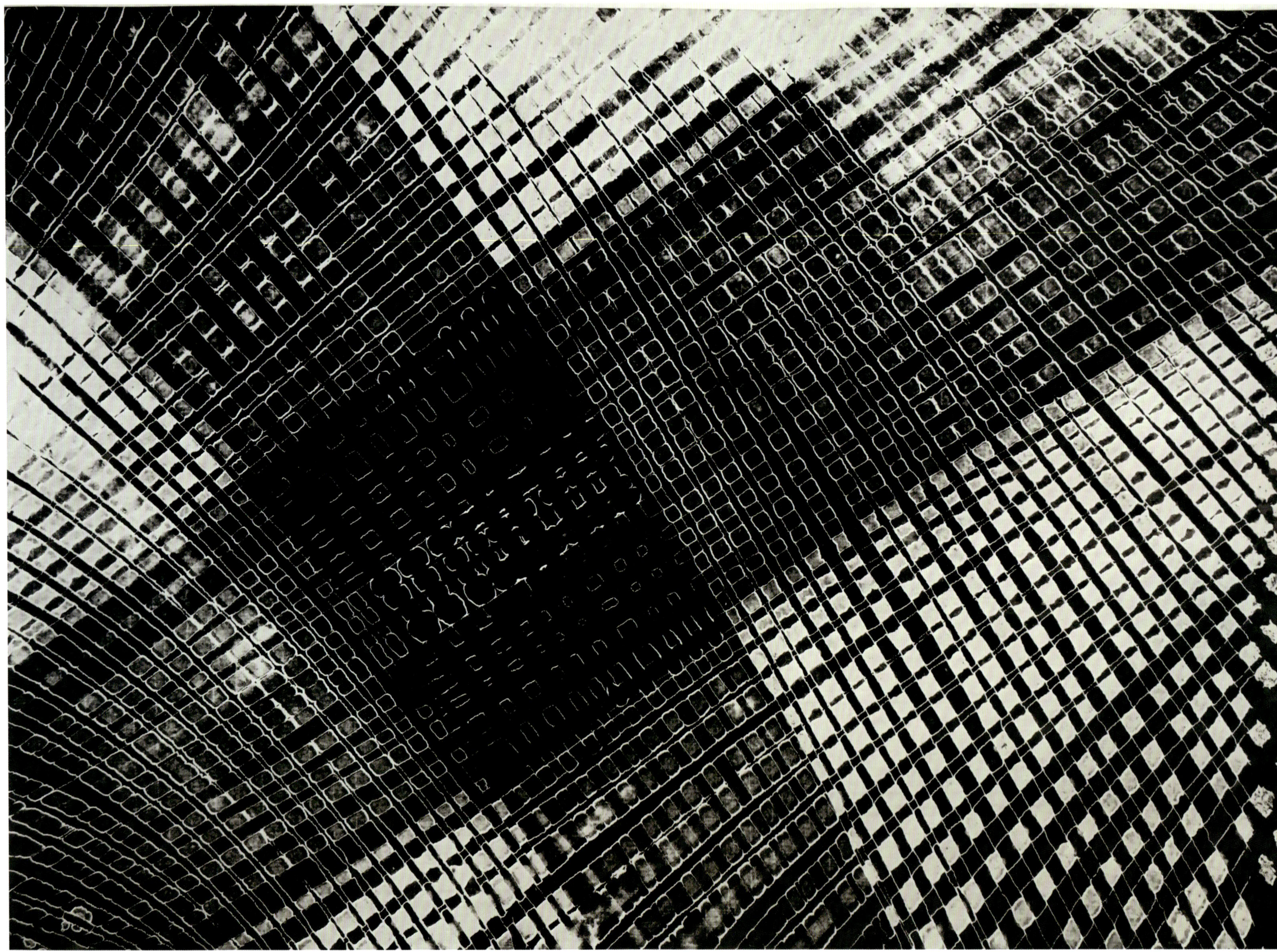

张朝晖：水墨的质地

采访 - 胡少杰

漫艺术 =M：从您这批新作品里可以看到一些变化，画面的结构、空间更加复杂，多了一些偶然性，这些变化的诱因是什么呢？

张朝晖 =Z：其实也没有什么特别的诱因，画画儿就是我日常性的工作，如果总是反复画同一种类型的画，会很无聊，所以总想画点儿新鲜的、不同的。尝试各种不同的试验，希望让自己眼前一亮。作为一个艺术家，只有通过这样的不断探索，才能获得满足，感到兴奋。

可能这就是出于水墨发展的好奇心的驱动，就像小孩儿带着好奇心进入一个山洞，走了一段之后，山洞又会分出岔路，里面有什么总能引起你持续的好奇心，尽管充满危险，但就这样一直不停地探索下去能获得很大的满足感。满足好奇心的快乐对我这个年纪的人来说非常真切而单纯。

M：进行水墨语言的探索应该也有十多年了，从一开始的山水图式，到墨线的排布，其实已经建构起一套成熟的语言体系，对于秩序性、空间性，以及光与线的关系研究已经卓有成效。而这批新作在之前的基础上似乎又有所突破？

Z：原来主要突出光感，还有水墨线条的排列组合。大致属于两个系列，一个是“光与线”，另一个是“光无限”。大概在 2014 年左右出了一些比较满意的作品。在那之后，其实我一直在想画得更有机感一些。像“光与线”，它比较理性，有构成意味，因为那时候我沉迷于极简主义艺术，想从水墨里面挖掘它的所谓极简主义的那种水墨自身的物质性，或者本体性。但画了一些之后，就开始想，能不能再往有机性上拓展一下。因为体验到了有机性与生命组织的灵动。其实从 2015 年左右我就开始进行了一些偏有机性的尝试，画了一批抽象作品，这些作品的笔墨味道比较强，类似刘骁纯老师生前所说的笔墨的现代性转型。

2014 年陈孝信老师在南京先锋艺术中心策划了一个全国性水墨联展，来我 798 画室探访，对这批画很赞赏，他还给起了个名儿，叫“爻变系列”，听上去像烧瓷器开片时产生的那种奇妙变化，即窑变。但他的原意是指八卦中的变卦，变化的意思，以体现笔墨韵味的变化莫测或变幻无穷，这个名字蛮准确的。但画了一段时间之后那种宣纸没有了，也买不到了，结果就很难深入画下去了。

再之后用别的纸画，就没有了那种爻变的灵气，没有了那种火燃烧时迸裂的韵味。但是也在画，我一直坚信可以再画出来，断断续续画了很多，但是一直觉得很模糊，不够明确、清晰和凌厉。也挺苦恼。但是这其中零零散散的有一些画，一年可能有三五张，它那种写意性和笔墨感也很强，很有意象感，不是纯抽象的，也有一些水墨意境的味道，这也使我挺着迷的，所以就一直没有放弃这方面的摸索。

通过这些尝试，在绘画语言观念和技法图式上，也都有了一些新的发现。比如说它强化了水和墨在宣纸上自然产生的纹理；在托裱了以后，它有水渍干后自然留下的白线或黄线，这种水纹边际线在以前的绘画当中往往被当成瑕疵。在老宣纸上你仔细看，像齐白石的那些老画，其实也有许多这个东西，但可能是因为他那种笔墨的透明性特别强烈，就遮蔽了这些纹理，也就瑕不掩瑜。我尝试着强化这个纹理感，在笔触和笔触之间，正面和反面之间，以及不同的纸质之间，慢慢地摸到了一些纸、墨、水、笔之间相互作用的规律，以便调动水墨画本身的自然的特点来为自己的想法服务。一直到疫情以后，从去年开始，就好像在山重水复之后，就柳暗花明，豁然开朗了。

做这批新画儿的时候，在保留了原来水墨韵味的基础上，这种痕迹线从中脱离了，它分成了两个或更多的层次，或者说界面，仿佛是传统胶片摄影的正负片重叠的物象感，又有版画印痕的厚重。这个很奇特玄妙。我个人感觉从画面上看，它更丰厚、莹润、饱满和充实。

之前的“光与线”突出的是中心的一道光，现在的画面，所有白线的地方感觉都有光感的存在。在这批作品里，我把原来的那种笔触的渐变、墨的渐变，所形成的空间和光感，给解构了，然后又重新建构了一种更加有机性的韵味，我觉得这样就和极简主义的意蕴截然不同了。这是很有意思的地方，介于意象和抽象之间，或者是不同的维度和界面之间，不仅仅是空间的关系，也不仅是感性和理性的对立，而且似乎包含着直觉和灵性的作用，传递出融汇和超验的视觉意象。

M：这是在您的创作中自然推进的脉络，更多是基于艺术语言本身的，那么外部的现实环境对您近年的作品会有影响吗？因为从您的新作更加复杂的图像中，多少会联想到当下的时代处境。

Z：对于我来说，我目力所及的生活的周遭和大脑可以理解明白的事理事务，就是最真实的世界。每天看到的、吃到的、感官感受到的和思维的触角可以触及的，才形成了我对世界最切身的认知。我觉得这是最珍贵的，我用自己的笔触呈现这个我能把握的世界。当然，还有一个乱糟糟的，更复杂的大千世界，作为一个艺术家，当然有自己的感受和思考甚至是不安和焦灼，我想都或多或少疏解到画面上，编织成情与理的视觉图像密码。

M：那您怎么处理和另外一个世界的关系？会主动地屏蔽它吗？

Z：也用不着屏蔽，因为它不会直接作用于我对真实世界的整体性把握。其实那个世界是通过各种媒体依据不同的目的和各自的利益倾向

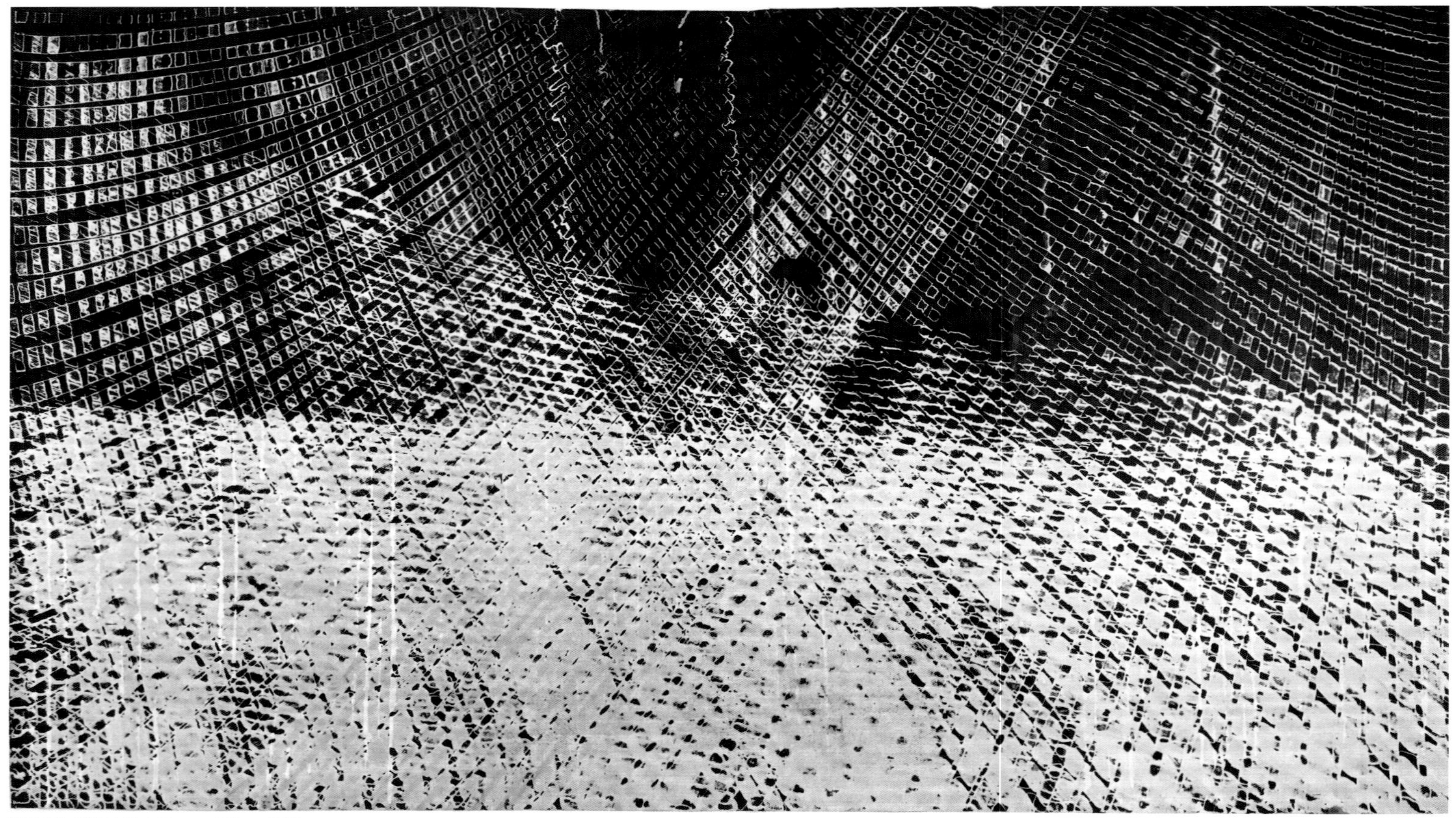

编天码地 宣纸水墨 140cm × 190cm 2021

我作为一个艺术家，总是觉得中国的审美系统是一个很独特的宝库。怎么把宝库里的精华部分重新呈现给这个世界，让它历久弥新？是我一直在思考的。

张朝晖

不断过滤出来的，是通过网络不断塑造出来的，掺和了各种人为的主观因素，所以它不是我亲眼所见或者肉身所切实感知的。虽然我也在手机和电脑上不断地刷屏，但那个东西它真实吗？我总保持着戒心和警觉，尤其是在全球疫情暴发以来，在健康和生命安全都不能完全保证的情况下，这个世界更充满未知和不确定性，而且各种舆论许诺都不断地自我颠覆。这样的大环境下，我觉得可能不如我吃顿美食更实在，不如我欣赏一片雪景更美好，不如我喝一杯泉水更靠谱儿了。当然，能用自己的艺术或者笔头记录下这样的境况，那就更有价值了。

这让我想到前一阵子我美国的一个朋友，他看了我的新作品，觉得很惊讶。他说在这么纷乱的世界，你又在美国待过大半年，后来的国际旅行受了那么多的隔离的苦楚，经历了那么多波折，怎么在创作中一点儿没受影响，反而呈现出那么好的状态。我就说这个混乱不堪的世界，可能会更加促使我回归到自己内心的世界。有些东西左右不了，索性就不去管它。或者说这个世界充满了太多扑朔迷离的不确定性，那么我把这个不确定性凝固为画面的确定性。用一种间接的、委婉的方式反映我的一种更微观的生命感受。我更愿意用这种方式跟世界进行对话，而不是非得直接突兀而生硬地表现出来。生活越是在粗粝、严酷而压抑的情况下，越需要诗意和灵性的自由表达。

M：您回看这些年的作品，这一路演变的过程，背后肯定和您对艺术、对世界认知的变化是契合的，和您个人的生命阅历的进程也是契合的。

Z：也许吧，但需要放在更长的时间内考察，会更准确些。有时候看画，能够回想到自己原来的教育背景和经历。你比如说像对冰裂纹的白线的迷恋，其实可以追溯到我所受的大学教育。因为我学的是南开大学的文博专业，我特别喜欢古代的玉器和陶瓷，陶瓷的各种釉色，不同地域和时期出产的瓷器有着各异的釉色和不同的美感。陶瓷和玉器都有各自的光泽和时间的包浆。谈到这一点，我后来又想到一个词，就是质地。从光到光泽，从肌理再到质地，是理解上的不小变化。先说光泽，光泽和光是不一样的，光泽感是有机体里反射出来的，有机体是含水分的，

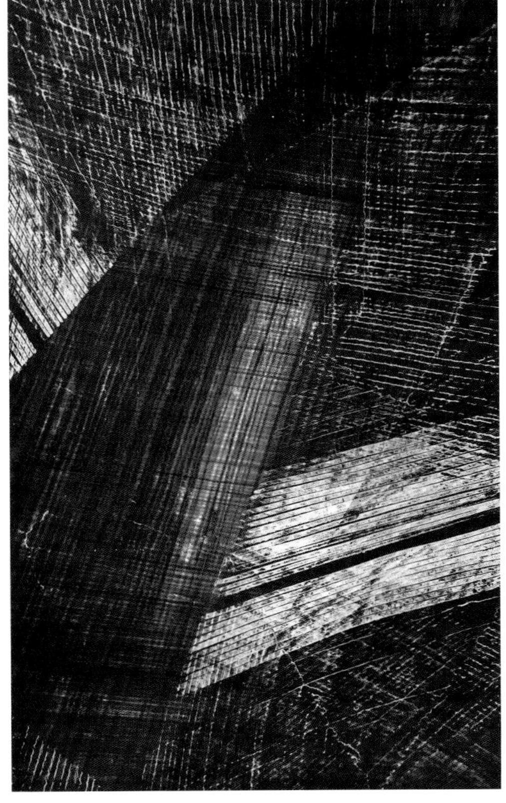

左：黑白结构 宣纸水墨 110cm × 70cm 2021

右：切换自如 宣纸水墨 190cm × 130cm 2021

黑白结构 宣纸水墨 190cm × 130cm 2021

所以说光照进有机体里边，它有反射和折射的作用，这个反射是有深度、厚度和温度的。就像细胞里是有水分的，无数的细胞里无数的水分，而且细胞形体轮廓是弧线或曲线的，最后反复折射，它的光就变得很耐人寻味了，可以想象相似结构的宏观世界就可能出现彩虹，微观地看这就是美妙的光泽。而我信仰水墨里面就有这种沁润出来的光泽。我发现，写意笔墨在宣纸上经过反复地画，也能呈现出类似的光泽感。

再说质地。它不仅包括肌理，但肌理是表面特征，而质地是表面和整体的统一。你看玉是有质地的，瓷器是有质地的。我觉得质地更高级。因为质地是把物和相、体与表统一在一起，没有内外之分和表里之别。任何质地之美都是由内向外发散出来的独特气息，一种感染力。所以我也在我的画里追求一种水墨的质地感，包括厚度、质感、材料属性等。水墨的质地感好像没有人提出过，极简主义也没有涉及材料的质地感，它说的是物质性。尤其是工业化材料。日本的物派艺术涉及的是存在主义和自然属性的关系。我猜想水墨的光泽和质地之美的探讨是基于中华艺术传承中所独有的一种人文的审美的再发现，有可能提炼出可以跨文化和国界分享的当代审美品味。

M: 无论是玉器、陶瓷，还是水墨，这种质地需要从它的物质自身的特性中激发出来，那么材料本身的自律性，和您作为创作者的主观性之间，需要如何平衡呢?

Z: 你提的这个问题让我想起上大学的时候，当时正值八五新潮，那些作品虽然挺震撼的，但是我个人总是觉得太标语化，或者叫态度化，就是要打破，但是用什么打破呢? 当时的那些作品，最起码不感动我，它更多是对传统的法则或审美规范进行一种破坏而已。之后，刘骁纯老师提出“建构才是最大的破坏”，就是说你得建构一个新的东西，你的破坏才是成立的。我也一直是这个思路，我不想突出我怎么样去破坏它，我想的是怎么样去重新建构起一个东西。那么这个东西起码能够触动人，起码让人觉得好奇。或者认为这个作品是在传统的艺术谱系中衍生出来的新的东西。当然，作为一个受过很多年美术史训练的人，一定会在内心深处不断给自己把脉，强调自己的感受直觉。在一个相对比较森严的法度之内，做到更鲜活一些，个人色彩鲜明而强烈一些。

M: 对，因为您提到的水墨的“质地”，也必然是因为有人的参与才能被建构出来的。

Z: 当然，它是一种互相作用的结果，这样不断地锤炼，至于锤炼到什么程度，百分之九十九点九九……追求一种无极，越纯粹越好，这就叫高成色。

色墨结构 1 宣纸水墨 110cm×98cm 2018-2021

色墨结构 2 宣纸水墨 110cm×98cm 2018-2021

光色结构 宣纸水墨 90cm × 72cm 2021

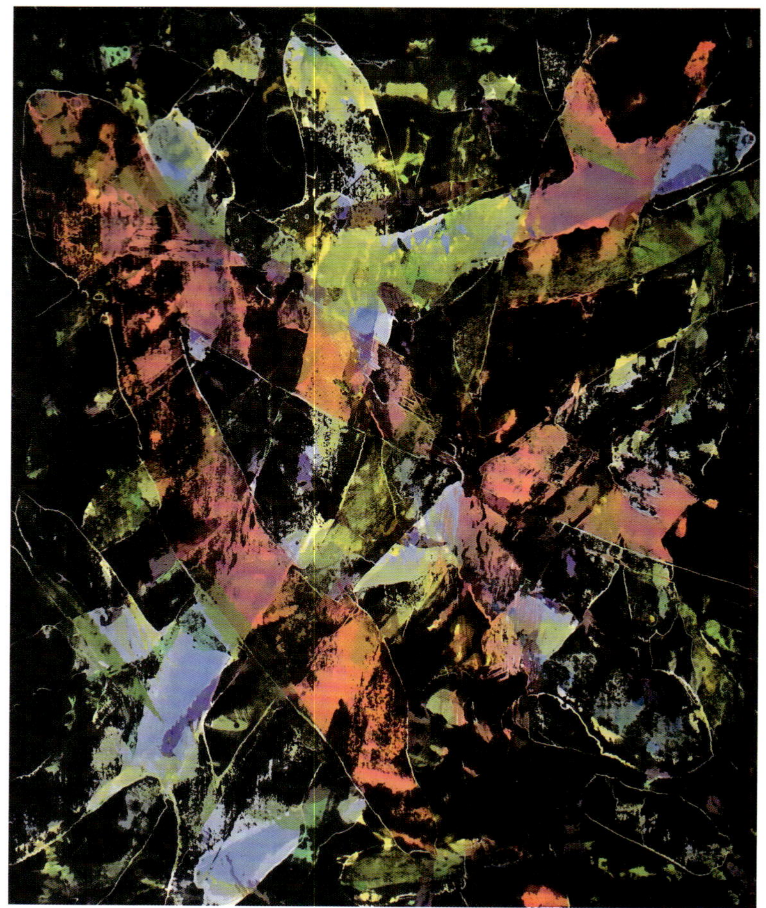
光色结构 宣纸水墨 91cm × 70cm 2021

M: 在今天的情景下选择这样一条路，其实还是挺难的。因为在今天多元化的、浮躁的时代语境下，很难再去追索一个极致的东西。这需要很强的耐心和定力，也需要一种责任。

Z: 去年我在美国的时候，和很多朋友谈起中国文化，就觉得整体上很多人丧失了信心。那些年轻一些的，也就只能靠财富来彰显自己的存在感，又担心别人的鄙夷目光，其实他们内心并不感到踏实，因为缺少审美和文化的自信。

而我作为一个艺术家，总是觉得中国的审美系统是一个很独特的宝库。怎么把宝库里的精华部分重新呈现给这个世界，让它历久弥新？是我一直在思考的。比如说贝聿铭在世界各地的建筑都有极高的艺术水准。他就很好地吸收了传统中很精妙的东西，像苏州博物馆、日本美秀美术馆、卡塔尔的伊斯兰博物馆，东方人和西方人都很推崇，因为他把中国传统的文人审美转化成了一种新的现代面貌。今天应该有更多像贝聿铭这样的艺术家。

M: 这种探索其实和通常意义上所说的让水墨从现代性中突破出来，进行所谓的当代转化，是不一样的？

Z: 这是需要进一步探讨的。我之前在微信上就看到有人说什么水墨怎么突破，我说我没有必要突破，因为没在固定而封闭的藩篱里面。你要突破是因为你被束缚着了才想着去突破，我没有那么多精神枷锁的约束，就无所谓突破不突破了。

M: 因为从 20 世纪 80 年代的水墨变革，以及后来的实验水墨，它其实是把水墨给放在了西方美术史的框架里，所以一直到今天，外界还会有一些关于水墨的现代性、当代性的讨论。

Z: 对，这更多的是一种线性的理解，它首先是参照西方的近代美术史、现代美术史、当代美术史这么一个时间脉络，然后觉得他们有什么我们就对应的应该出现什么。这是一种由来已久的狭隘和自卑，比较集中地体现是我们中国的美术史教育中的急功近利和格式化，不能以自由和开放的态度对待自己的文化遗产。其实在中国的美术传统中，瓷器、玉器等工艺美术和民族民间艺术被有意无意地贬低甚至屏蔽掉了。 将这样的态度也用来对待外来文化，显然贻害无穷。

我个人是学过多年美术史，也有在中国和美国的美术馆工作的经历，又在海外留学多年，所以不分南北东西，不论古今中外，一切都可以是不断成长发育的滋养。然后以自由而开放的心态去大胆经历就很好了，能完成并留下一些作品就更幸运了。

生命痕迹 宣纸水墨 130cm × 98cm 2021

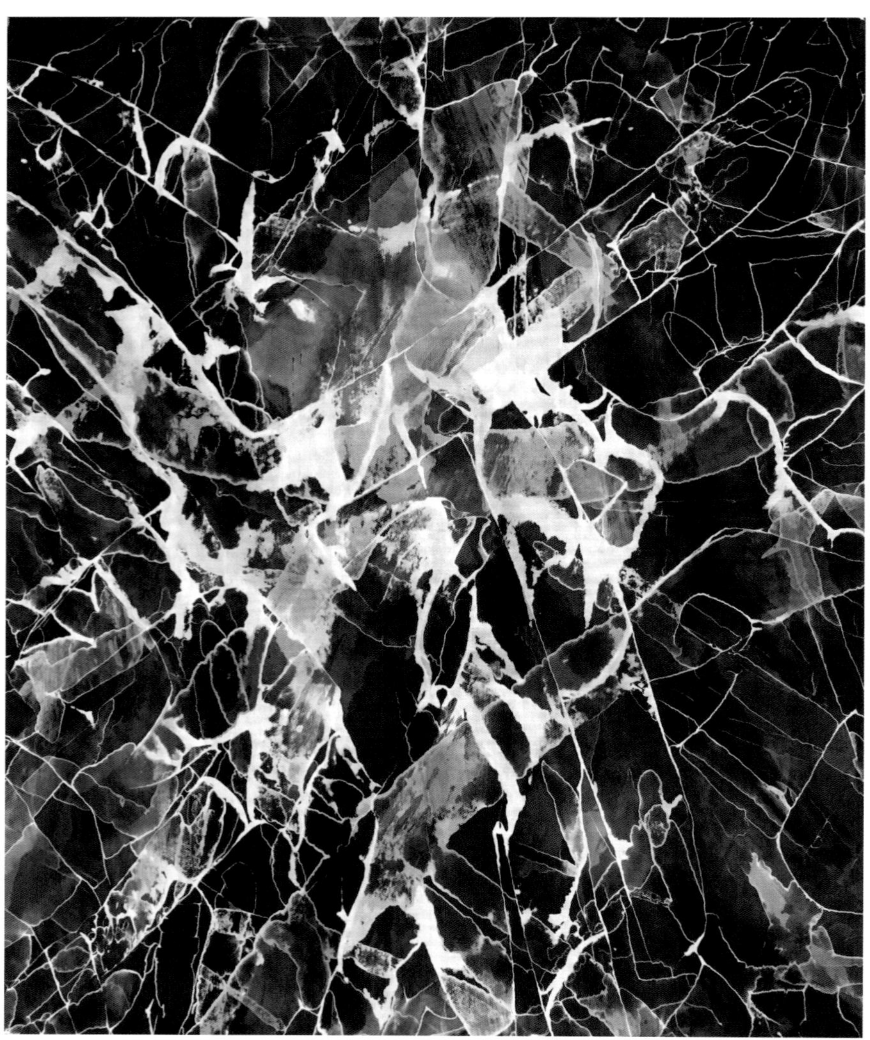

生命痕迹 1 宣纸水墨 130cm × 97cm 2021

冰枝玉干 宣纸水墨 110cm × 70cm 2021

生命痕迹 2 宣纸水墨 130cm × 97cm 2021

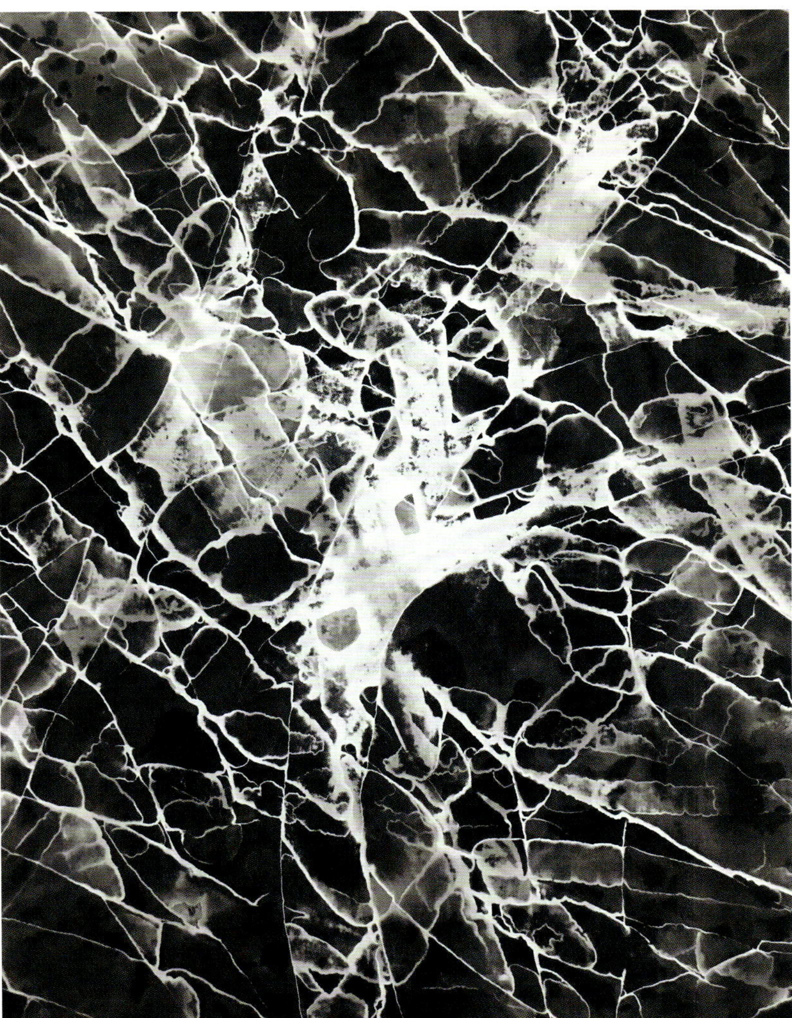
冰枝玉干 宣纸水墨 110cm × 96cm 2021

郭志刚 GUO ZHIGANG

1965 年生于陕西，祖籍商州，九三学社社员，曾在中国湖北多所大学任教，现为西安美术学院实验艺术系教授。出版学术著作有《何时为艺术》《骨症·一位知识分子的自我批判》、《魂兮归来，回向东方美学深处的当代性》。

图片 / 由艺术家工作室提供 编辑 / 刘雯

二秋．失眠书（局部 7）墨 360cm×870cm 2021

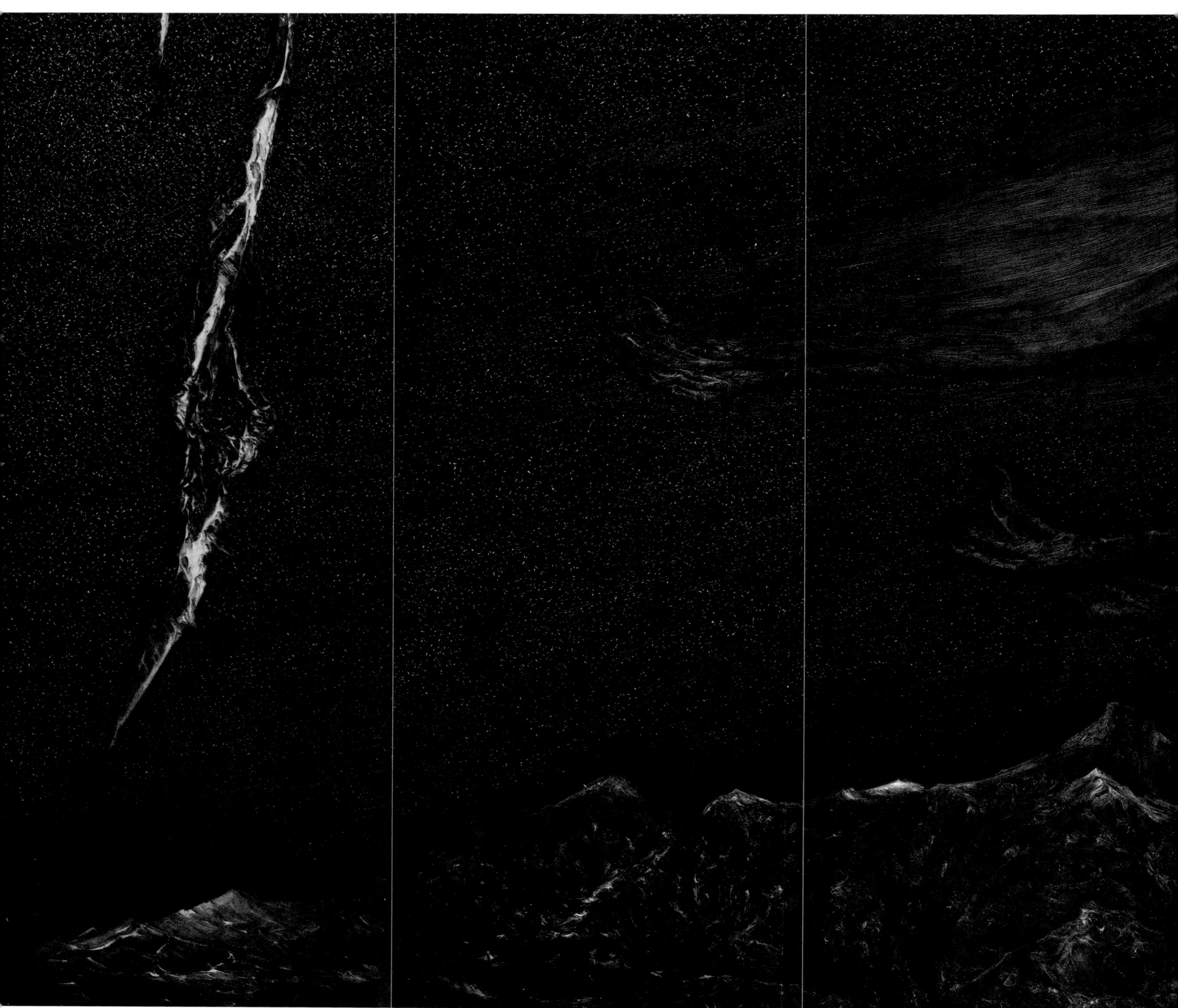

千秋 . 失眠书 墨 360cm × 870cm 2021

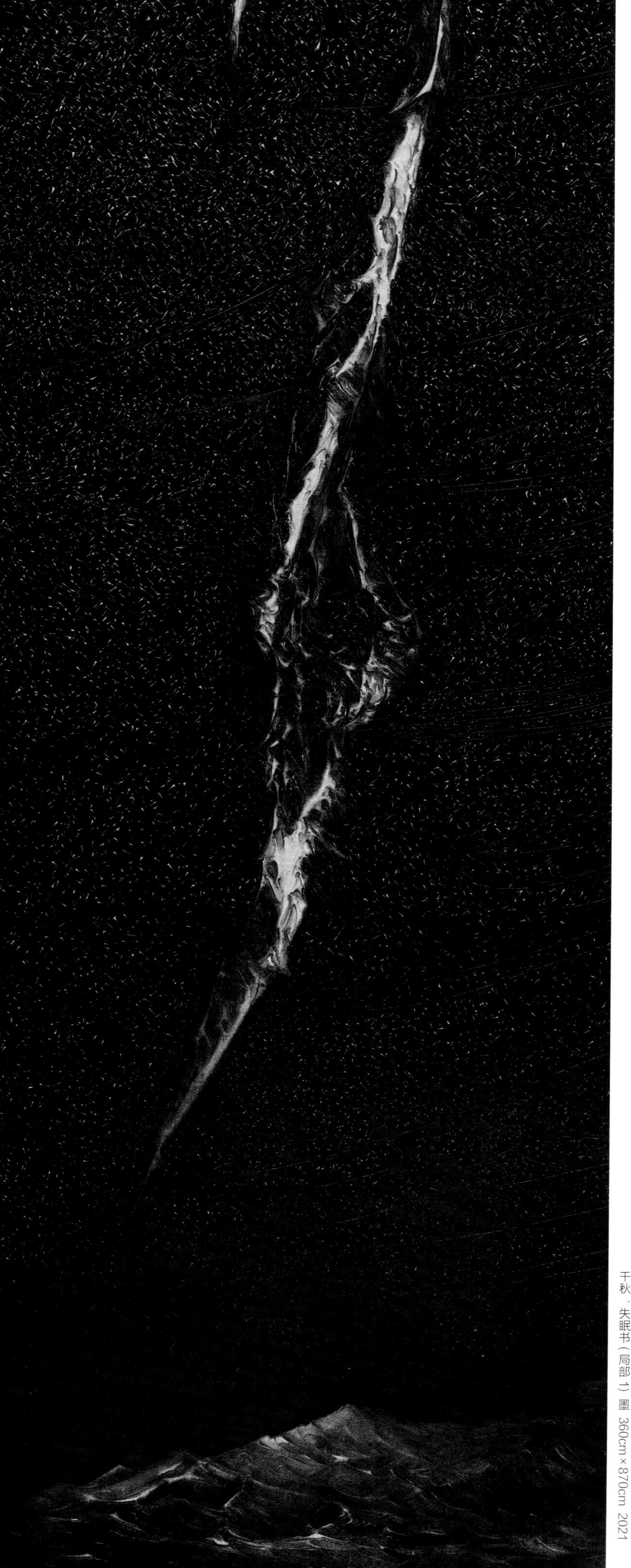
千秋·失眠书（局部1）墨 360cm×870cm 2021

失眠书

文 – 郭志刚

唉 我哭了
为我
其中有个我思念的城
城中有活着和逝后都记得的事
崎岖与跨海是这个梦里常出现的街景
古道的昔日繁忙还能印下那年的格局和风貌
它的港湾有一个凹陷空旷的造船坊
却没有指南针安装在船上
于是风浪让它的桅杆刚启航就失去了方向
沉没了

船 方向是海的那边
也有一个让男人女人都羡慕的城
鱼群傲慢地托起那个自由浪漫的街景
丝绸云霓弥漫的男女游荡于彩石上
迷迭繁盛的光
日夜穿梭在轮子和脚步的缝隙里
香料散发青春气息的瞳光里有滴水
那晶莹的球体里映像着世界的陆地和海洋
启航了

眼睛睁得大大
乳香莫名其妙袭来
华盖在我的身后悄然举起
惊喜的刹那疑惑迅然扑上身
呢喃中依袭的湿婆拍打我的脸
清净是需要神灵的庇护才能安然
繁花的遍地黄金仍难以割舍
牵挂中那梦中芳华的那一念开花
凋谢了

贫瘠之地有珍宝暗藏
玄机中杀戮也潜伏
夜黑极了
我惊恐却不敢发声
视网膜上仿佛听到诡异的叫声
噜咕噜咕的致命喘息声音
微弱的呼唤里还喊着我的名字
头皮裂骨又一次晕倒在无稽的街头之角
消失了

头与脸是白黑夹杂的痕
积沙是埋葬所有光的黄泉
沙石的粗痕磨砺着润泽的肤
衣不蔽体的我嫣然一笑
令人唏嘘惊悚正吸吮血的蚊虫
恼怒的它旋风起翅飞舞在我瞠目结舌的眼边

千秋．失眠书（局部 2） 墨 360cm × 870cm 2021

目不暇接的蛟虫越聚越密
布满血滴漫泻在正待拯救的脸上
溢出了

空中俯瞰天生丽质的你
惊艳与浓妆的凝香都不要
明眸皓玉的窗把我吸咐深哈
玉脂犹如风中巨树上的桃花
百橦千叠轻柔羽衣似裹着胸
欢喜的董美人悄然降临
胁迫自重的一切训导烟散
终想耐心等待的高耸入云刺穿身
把玩着精湛香清的流火的你
魂飞了

味蕾都是功夫所酿
眩目晕症的都市霓光有醇厚吗
情意结成的胆都与茶姻缘
水释放的都是自觉的心依旧恋
月亮的光映在一缕缕微妙浮动的茶渍中
夜的暮沉淀着茶洗涤烟云历史的垢
紫缕青烟的香炉飘浮山川的生
雨露叶滴的秋愁中想着逝去的渡
结不了

青瓷白晰印着无
手掌上也有一条渡海的舟
围绕着夜的星空中明理天下
在晨露启蒙的时光里遇见白
狭窄的舟里无与白紧密拥抱
掌上那似海涛涌动的皮肤纹羡慕的舞
五指形状似龙若玉的雪山之顶
寒冷的蓝紫色缝隙里仍有一线白光
指尖中漫弥溢出的热气已化身为无
流失了

没出息　又哭
你哭给谁呢　又没有人听
我的罪恶在这个世界无人知
而曼延的毒素却在身上生长愈烈
像蒲公英透明的针管刺得遍体鳞伤
啃食殆尽里面所剩无几的那个一丝幼苗
黑鹮还在变本加厉啃食着血液里流动的我
毒性越来越高腐蚀着体中的卵
累月被侵扰的庇护所中已没有一点绿洲
生的水的那边已然成为一个孤岛
所有奢望被风浪激活的力
都没了

千秋．失眠书（局部 3）墨 360cm × 870cm 2021

风雨的严重后果
冲刷活跃在土地上的祥和
沉积物是流动的水造就出的
斑杂的疏凌是对弱者的一个奇迹
消失那片土地和风暴媾合的气息
威风凛凛的炫目在夕阳下遍布着筑巢
黑压压的天空上是浩浩荡荡的攻击者
饥饿的我在风中呼呼嘶吼
声竭了

悉心的清脆鸟鸣
感情忍俊不禁被唤醒
我躺的石上四周水面上
鱼和翠鸟的叨咕大战正兴
潜入水中的雏鸟竟然嘴上有个鱼
湍流急越的水面上全是羽色艳丽的它
喧嚣的音符已成为交响的宏钟炸裂了堕落
栖息在独立天空中的敏锐的眼睛
脱落了

安稳的日子在哪
极乐的生活是交配
季节中没多久舞台就搭好
靓丽魅力粗鲁都会翩翩起舞
胸部的抖动怎能按下心跳的节奏
茸茸的摩娑是生下必由的斑斓
绝技
栖息在怪异缤纷的星彩之下的我
苟活了

沟水东流的情景
凤求凰的琴音沉浸心上
轰动的声响依旧飘浮在魔咒的尘世
爱忆伴随风中的朝露化为一池莹水
额颜相对的思是恋就姻缘树上那只鹊
鸣嘶弥留此生铭刻于心的那个人
独活的相隔天涯中缺失了负义的痕
轻佻的悲鸣自是慰藉晏清的秋雨
夜声中窗外池里的一曲逝与生的流觞
溢满了

自无有而成的境
创造的人间之道就在那
荒野的纯净反思着自我的欲
生灵的桎梏在眼前浮水上漂移
扩散的生长中那迷迭香蜿蜒你的鼻
栖息的河床上奔泻一群思想的冲浪青年
屏障叠栉中那群青涩的咆哮勇者
让波光粼粼的潮汐再次欢畅
渴望是在无怨无悔风暴的水滔之下将沉腐
淹没了

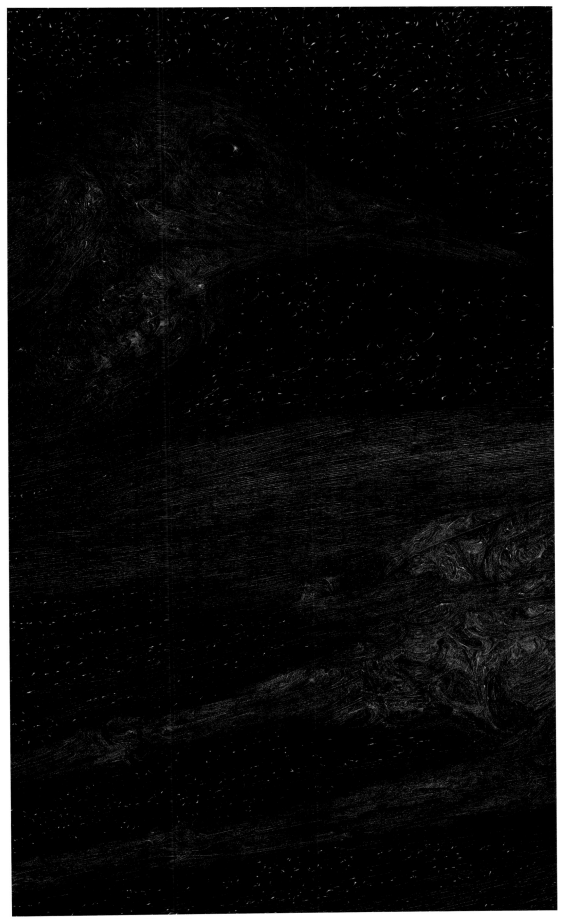
千秋．失眠书（局部 4）墨 360cm × 370cm 2021

知己非己的茂名之诱
天性迷惑着岌岌可危的生
隐居河池密竹的时光面觑着死
而彼此的心疾之外仍是执子之手
安慰不可缺在这没有生的世间里
白雪和销骨寄书着活的苦与逝的安
相执的酒碗中仍燃烧着水火不容的争
苟且偷安吧莫名惆怅的仰慕背后
隐藏着顶峰之腹那陈酿百味的一坛酒
满上了

再大的风都吹断不了
你我执拳相握凝成的脊椎
寒意的冷漠和世态炎凉哀泱啼血
万水千山的情感像雪潸然泪下在你我
竭尽全力的你和我都心念执着的彼此
洁白的绢素上渐渐刻上了密芒般白色的花
浩渺的花涡在流动像泥浆中被炽火灼烧
清露的泉正仿佛驭电过江瞬间击碎着火
刹那在黑红的脊椎上迸发出万灿奔舞的星
成就了

蜷缩是生死交替的轮回
一层层的漫长中都是这样
无论惩罚时勇猛异常的归宿
还是依附母体怀中的等待降生
不畏瀑布的狂野而溅入深邃的溪流
屈尊自己的而渴望向西遥面生的故土
抑或以痛苦的信仰里屈就肢体的沉思
所有不被装饰和熨平的自由肢体褶皱里
那蜷着的屈就的挺不起立不直扶不住的你
倒不了

一夜之间能消失的是
爱绝望之后的心灰意冷
能脱离此境的只有苦行僧
无聊旅程来打磨时光并遗忘
心脏的怦跳声越过海绵草褥的温床
忍受无垠像白雪漫野的孤独迷惑地
渴望激情的摩吻相拥像空气那样的自由
活下去不仅需要精疲力尽的超凡脱俗
仍在危险的醉人夜晚去绮思丽梦什么是活着
收场了

任性总是陷入危机
影响是活着现实中的负债
起飞中那生命中无限次惊悚
一直喃喃自语沉睡在沙中的虚脱
花絮让我的悲伤在生死间不断逃离
无比向往燃烧带来海风呼吸的强劲
冒着最后浪漫的肆无忌惮沉重压力波
毗邻都市时常发烧带给无终而果的钢铁气流
爱让我不知驶向的诺言归处在哪
天亮了！

千秋．失眠书（局部 5）墨 360cm × 870cm 2021

千秋．失眠书（局部6） 墨 360cm × 870cm 2021

何剑　HE JIAN

图片 / 由艺术家工作室提供　编辑 / 徐小禾

1978 年生于四川剑阁。2000 年毕业于四川美术学院中国画系并获学士学位，2000—2002 年于中国美术学院同等学力研究生班进修，2002 年至今任教于四川美术学院。现为四川美术学院中国画与书法艺术学院副教授，重庆市工笔画学会理事。

生日蛋糕 No.3 宣纸重彩 96cm×110.5cm 2021

在卸云了沉重的历史使命感，扬弃了传统的宏大叙事情节之后，通过对人、物、场域的描述，何剑将精英意识同消费文化巧妙地结合，将形而上的理性精神演绎为形而下的个体感受。所以现在来看何剑的作品，其最大魅力就在于艺术家通过个人化的视觉系谱来展现一条充满抗争的精神道路，并在日常的来回奔波中探寻已日渐消散的心灵童话。

—— 宁佳

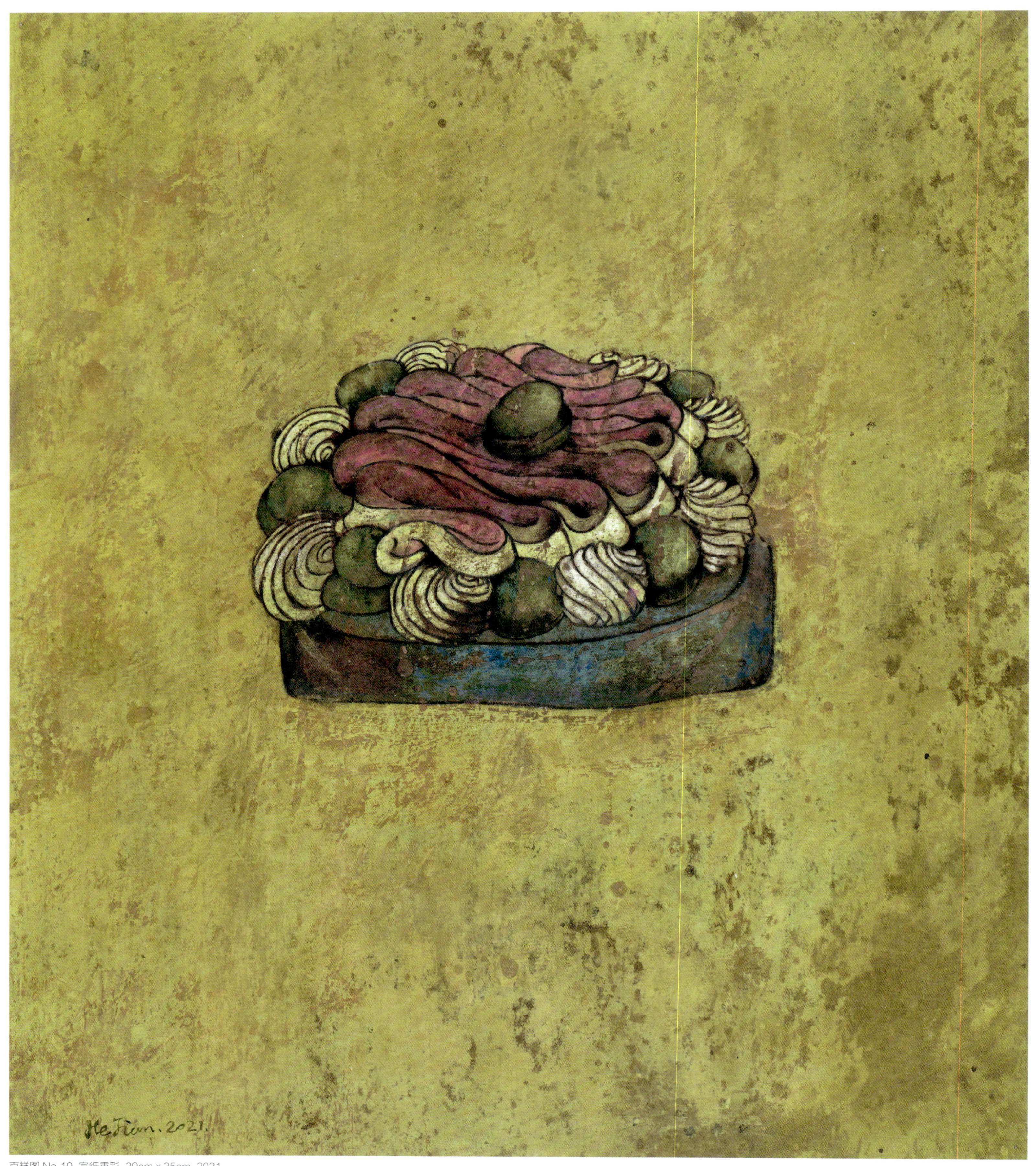

百糕图 No.19 宣纸重彩 29cm×25cm 2021

何剑：百糕图鉴与新的凝视

文 - 沙鑫

“百糕图”系列是何剑的最新作品，体现了他在绘画语言和创作观念上的推进与思考。同许多架上艺术家以光来凸显所绘之物不同，何剑的绘画似乎有意躲避光，或者尽可能地在作品中实践着对光的隐忍。情绪的克制和记忆的沉湎是何剑绘画的基调，尤其在2020年新冠病毒的全球暴发中，历经了人类整体性的生存创伤后，艺术家一改过往那种针对历史与当下的反思性制图，将个体的问题意识更加彻底而深入地融入无声的日常之中。既远离了历史喧嚣中的难解谜团，也在美学上对抗着由危机消费所带来的末日狂欢。

从“百糕图”（2020）系列中便能发现这一点。

“百糕”是艺术家对琳琅满目、形色香甜的糕点统称，象征着物质的丰饶以及与此相关的生命的闲暇。“百糕”所吸引艺术家的并非其可食性，而是作用于可食性之外的装饰，即一种掩盖材料身体的形式叠加。对食品的形式化处理，目的是激发人的品尝欲望和消费行为，体现了外在的视觉形式对人的感官和行为意识所发出的悄无声息的引导性。

在《百糕图》中，何剑有意将现实中令人垂涎和愉悦的糕点表现为色彩的失真以及形式的坍塌，糕点的各个形式部分相互挤压、变形、交融、渗漏，作为前景的物愈加模糊并不断地靠向背后的阴暗空间，在表面轻松的视觉情绪中暗示了略带悬疑的生命紧张。此时，作为人造品的糕点开始在自然的腐败中生长，以此完成了自身存在的天然性和作为存在物的事实性与绵延性。走向毁灭与沉沦的凝重感使其失去了有待消费的形式未来，进而以苦难和消融承载并诉说着消费社会对于生命景观的熟视无睹。

艺术家以一种黯淡与索然的审美立场层层剥离且除祛着现实世界虚伪的鲜活与愉悦，拒斥着在此基础上图像本身面对“旁观之眼”所展示出来的色情与裸露。“百糕”被从公共的消费世界中放逐，失去色彩、失去形体、失去光芒，以一种凝重而又受难的方式游荡，进而探触着陌生又易被忽视的事实世界的边界。

在创作中，何剑以漫不经心的松散线条和晦暗不明的掺杂色彩加速了“百糕”的凋零与衰弱，在如同废墟般残存的余晖中，毫不留情地暴露出“百糕”那引以为傲又自相矛盾地后现代拼装。在他看来，“百糕”所凸显的死亡之迅猛，恰恰源自日常生活中形迹渺无却又无处不在的“旁观之眼”。正是在其频繁出入的灼热注视下，一个受难与崇高共存的绵延时刻于此间发生。

一方面表现为审美的决断。即主体通过消费行为对“百糕”实现了形式的占用，这是一个主体性的决断时刻，一个脱离日常对形式进行选择的愉悦瞬间。人与物成为一对一的观看关系，经过消费决断达成一种观看的绝对，而非临时的、偶然与平滑的浏览。也就是说，能否转变视觉，创造出主体的决断时刻，成为糕点脱离日常展示，证明自身存在的关键。另一方面表现为审美的体验。即主体通过对带有华丽装饰的“百糕”进行一种破坏性的咀嚼服用，犹如一场“美”的献祭，表达着行为主体对肉身存在和生命奇迹的庄重体悟。就像古代祭祀中将质地精美的器物砸碎、填埋、消化一样，不仅完成了形式的销毁，也随之带来了时间的平静。这种平静取决于主体对食物的遗忘式消化，而非平滑地扫视以及唇舌齿喉所带来的短暂的快感。简单地说，无论是消费时刻还是服用时刻，主体都在尝试使糕点脱离日常的、毫无遮挡的商品展示和临时性的视觉折射，进而建立起人与物单线的、持续的、绵延的生命叙事关系。

“不甜”是艺术家对笔下“百糕”做出的审美判断。味觉上的失态与视觉上的坍塌在物的结构上是一致的。正如画面看似静如止水，却源自艺术家独特的绘画手法，一种在脆弱的表面上反复冲刷、刮扫的方式，试图祛除由“旁观之眼”所赋予“百糕”的色情美感。全面性的失控使“百糕”走向了一个面目全非的视觉结果，而作品则恰恰在这一过程中呈现出近乎物的史诗般的凝重存在。为了表现这种绵延叙事，艺术家将消费时刻和服用时刻揉捏起来，使其在光天化日之下得以直面“旁观之眼”的灼烧，变现为一种内化在主体意识中的有待被遗忘的飞地。神色的黯然既是“百糕”受难的痕迹，也是其神圣的显现；既面向沉沦，又靠近真知。

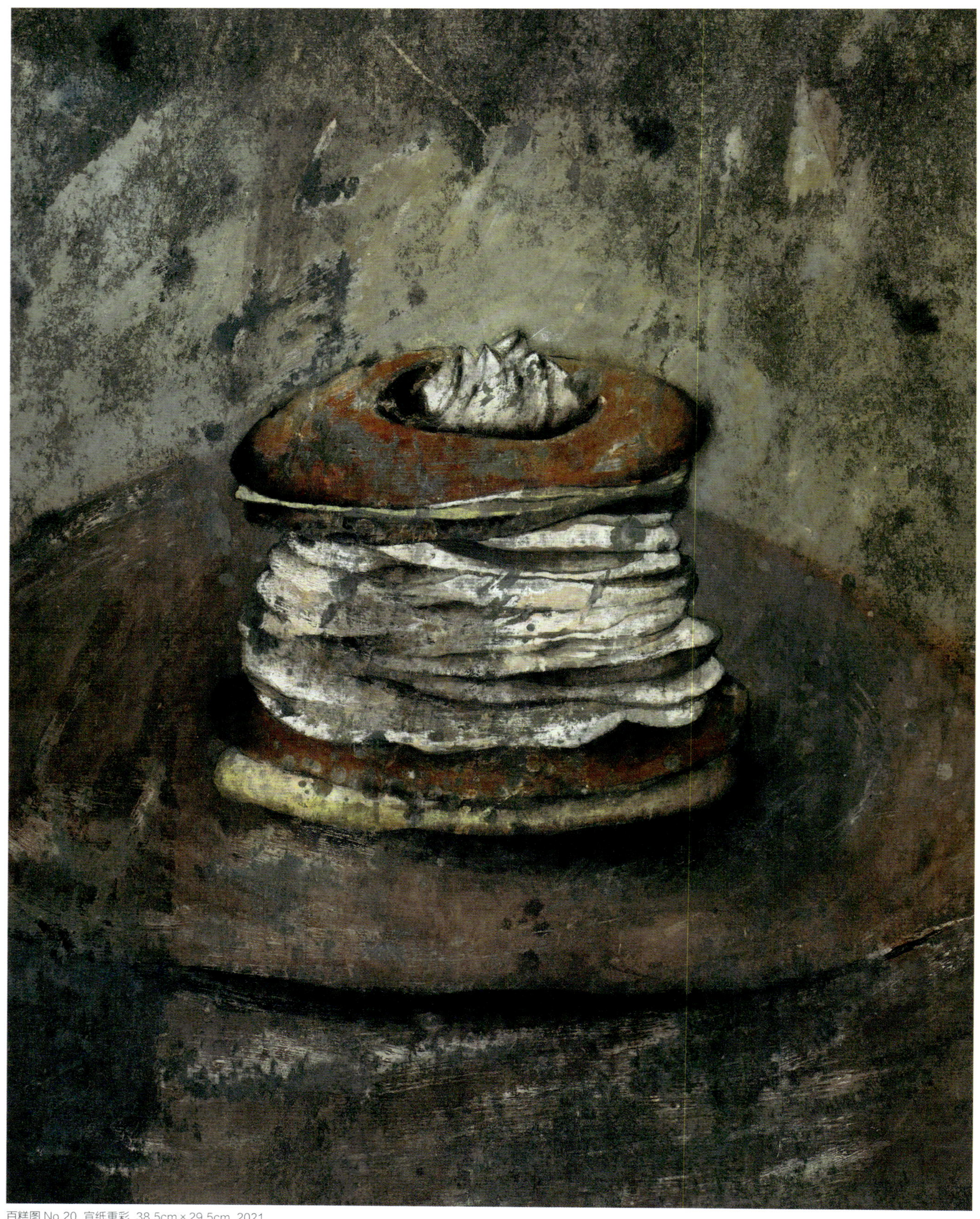

百糕图 No.20 宣纸重彩 38.5cm × 29.5cm 2021

生日蛋糕 No.4 宣纸重彩 95cm×121cm 2021

希望的田野 中国画颜料 墨 宣纸 45cm × 36cm 2021

天气正好 中国画颜料 墨 宣纸 190cm×170cm 2021

奖

在思考何剑的绘画时，我想到了敦煌石窟或是道教永乐宫大殿中墙壁上的斑驳画迹，以及这些壁画对神灵、菩萨和僧人的优雅描绘。在历史上，这些壁画始终都能唤起观者的敬畏之心。如今，何剑的绘画会给观者带来怎样的触动？何剑以壁画的方式来描绘日常生活中的场景以及童年的记忆，将他的作品带入了一个独特的时间维度，给观者带来了一种深刻的、超现实氛围的观看体验。他的作品必然具有某种二元性，以及相应的为跨越或超越二元性所做出的努力。他的作品看起来既神秘又日常，既带着耐人寻味的古味，又带着出乎意料的现代气息。他的作品具有显而易见的中国元素和符号，轻而易举地就可以融入到有关什么是遗产、价值、记忆、全球化、当代性等这些全球对话当中。他的作品似乎也在质疑我们的现代价值和信仰体系，委婉但也好奇地提出问题：谁是我们的神？我们把什么放在敬奉的祭坛之上？

—— Liya Prilipko

家系列之八 中国画颜料 墨 宣纸 147cm × 188cm 2021

祝铮鸣　ZHU ZHENGMING

图片 / 由艺术家工作室提供　编辑 / 雯子

1979 年 10 月生于浙江，先后就读于中国美术学院附中、中央美术学院国画系本科、中央美术学院壁画系研究生。现居北京。

仿佛 绢本设色 43cm×33.5cm 2020

生命如刹那，我试图忘记那个“刹那”中的“我”，在这个无垠的宇宙间，尽情地探寻真相，了解一呼一吸间灵魂的开阖。人、动物、植物，目光可及的所有一切，它们正在用不同的方式显示着自我的力量。它们自带隐喻，用各种细节捕捉着自身之谜。肉身易朽，而生长和死亡的主题不朽，哪怕只有一瞬间的平衡，我也可以体会到这种无常之美。

祝铮鸣

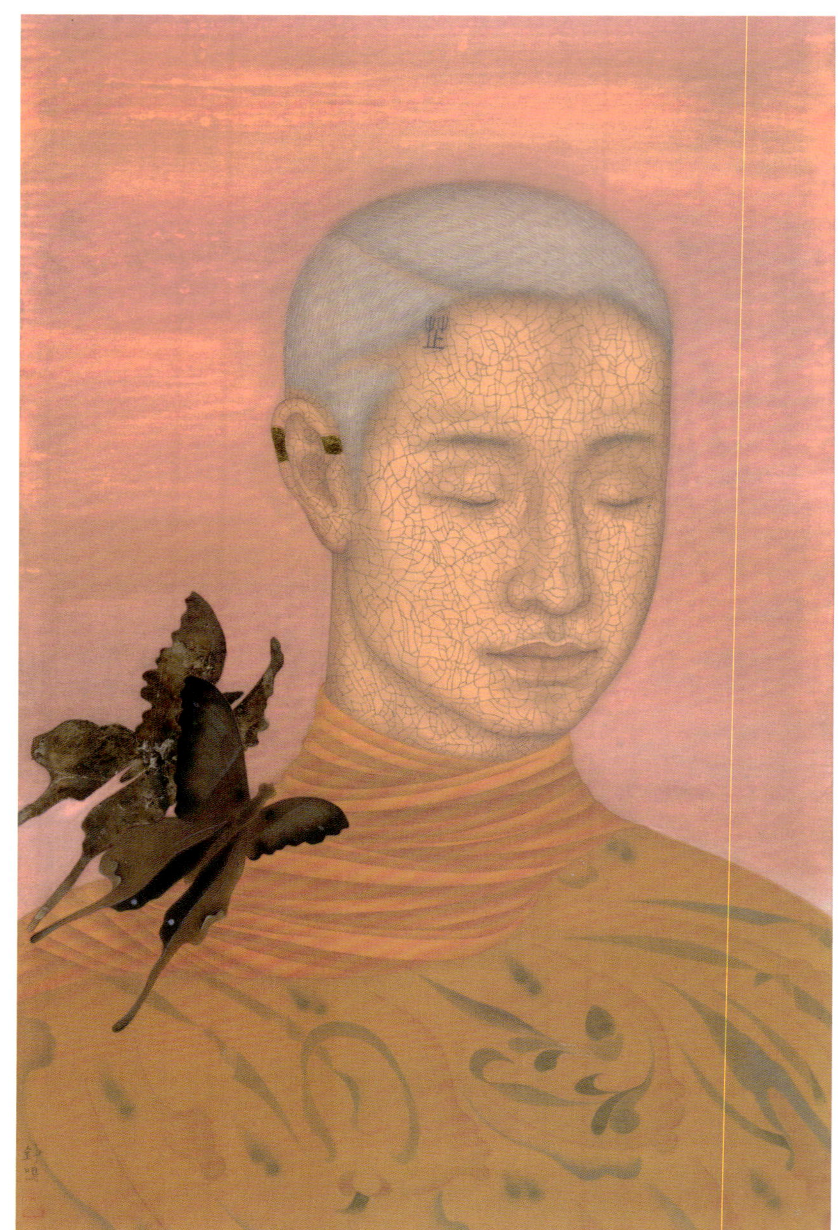

百年孤独之七十一 绢本设色 33.5cm × 52cm 2021

祝铮鸣的绘画

文 | 杨大伟

当前，我们的很多经验获取属于二手。

铮鸣试图通过图像的演绎让人们对现实本质产生兴趣。或者说，她更在意从图片转换至绘画而生成组合时的炼金术。等等这些反映出艺术家对于当代人当代意识的关注以及个体价值的重新思考。由于画面没有叙述性，铮鸣绘画中的人物通常占据着主观空间，平静、释然且永恒。在我看来，她所描绘的人物、动物的肖像似乎并没有作为肖像本身的意图，而是对普遍事与物的隐喻。或许她希望自己的绘画是在创造一个可以沉浸其中的空间，让观者可以建立起一种自我联系并触发个体存在的质疑，进而通过观看反观人们在支离破碎的现实中寻觅自我存在以及超越现实的本质。

铮鸣绘画中的任何角色没有苦难和欢愉，甚至面部没有生活经历的镌刻；无邪的面容与姿态也没有任何物理性尴尬，甚至没有更为明确的性别。他们在静穆的世界陷入了某种非常状态。服饰、动物、植物、织物等美妙却又平淡，在真实与虚幻之间消除了世俗的噪音，完美中弥漫着忧郁与肃穆。不过，忧郁的存在的确是客观的，甚至会让我们不断靠近。

赤神 绢本设色 103.5cm×120cm 202)

瑞隐 绢本设色 97.5cm × 152cm 2020

展览现场

遊目 绢本设色 81cm × 59cm 2020

无量意 绢本设色 82cm × 61cm 2020

长隐 绢本设色 112cm×198cm 2021

氣

漫艺术微信平台